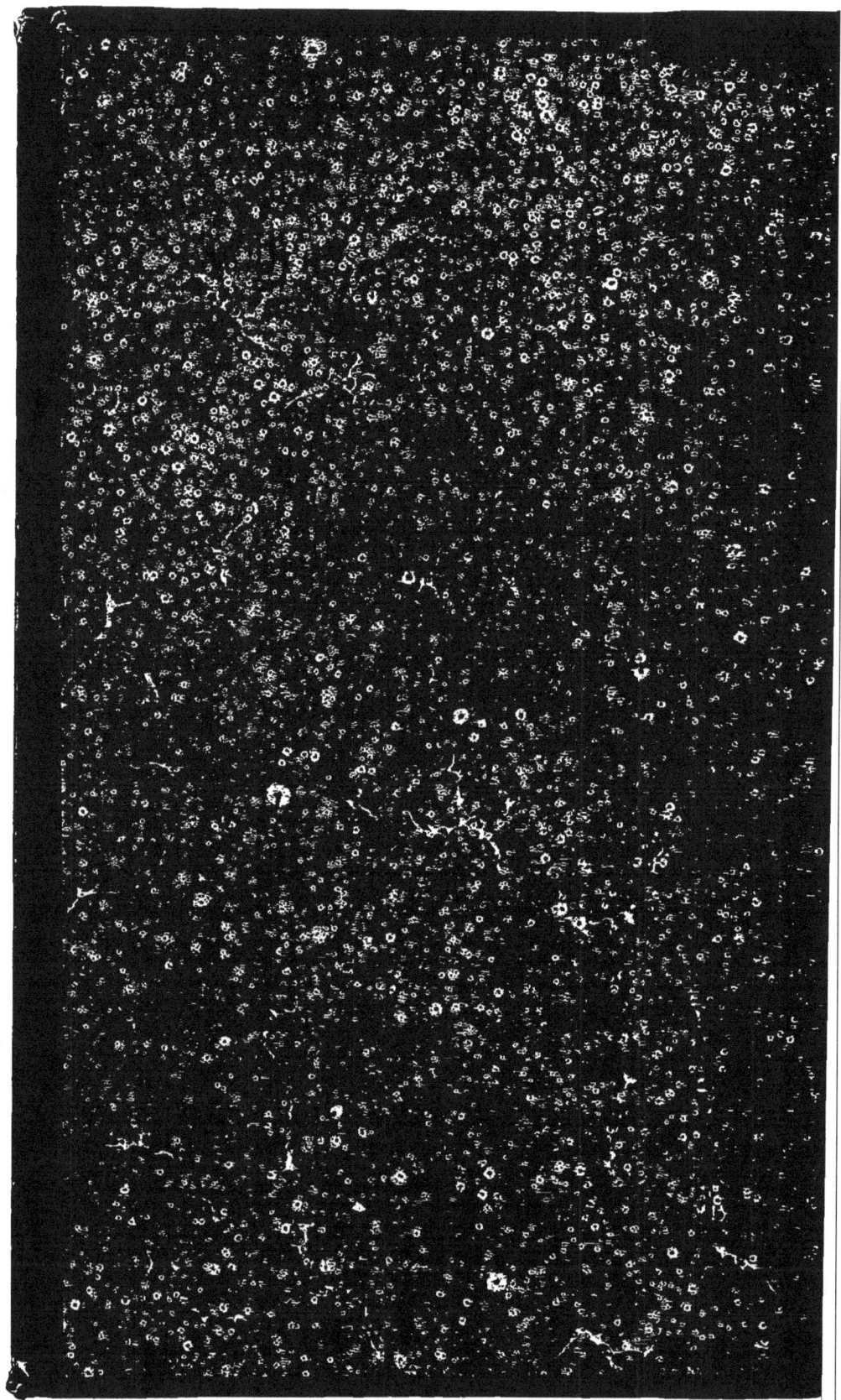

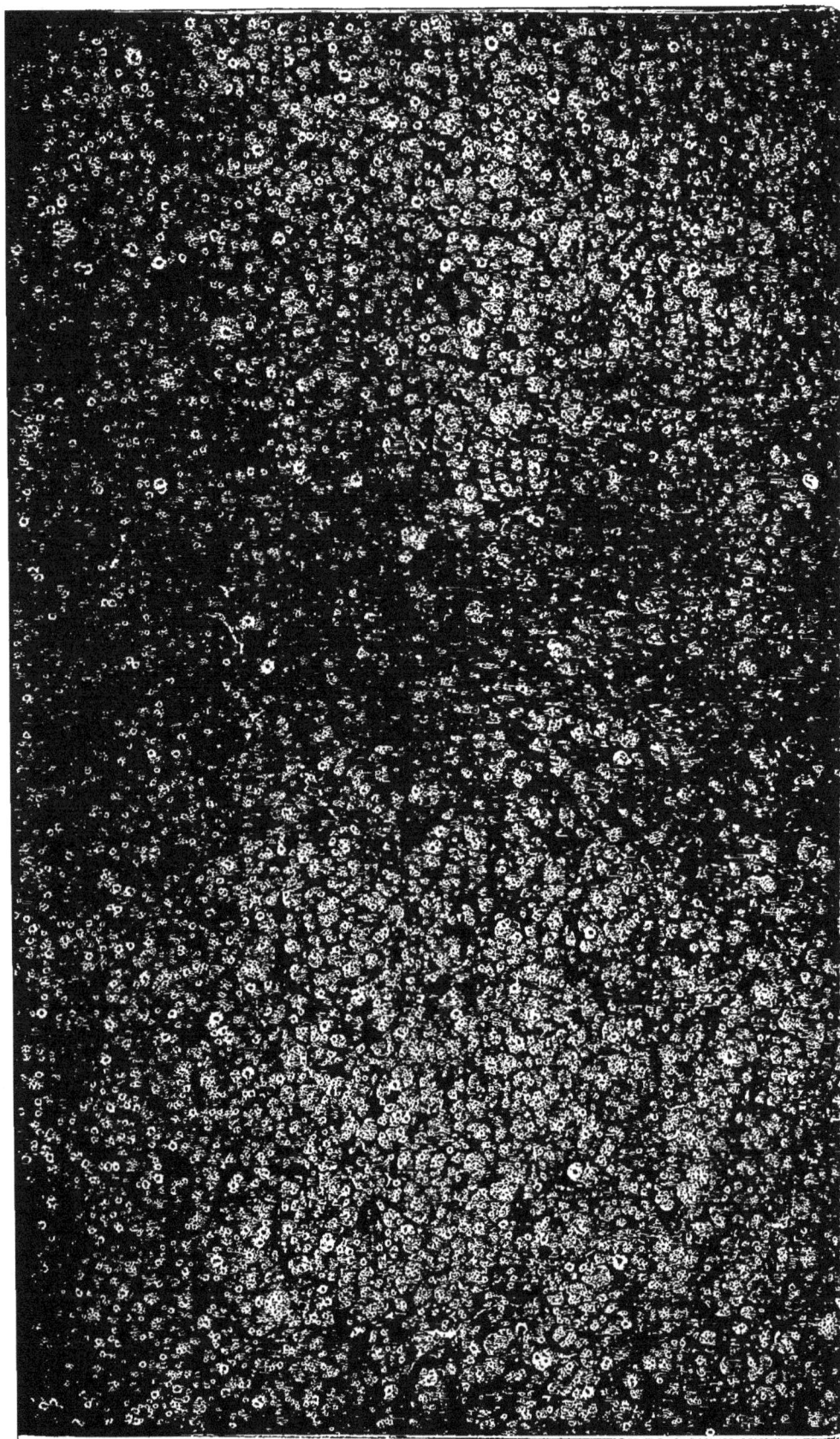

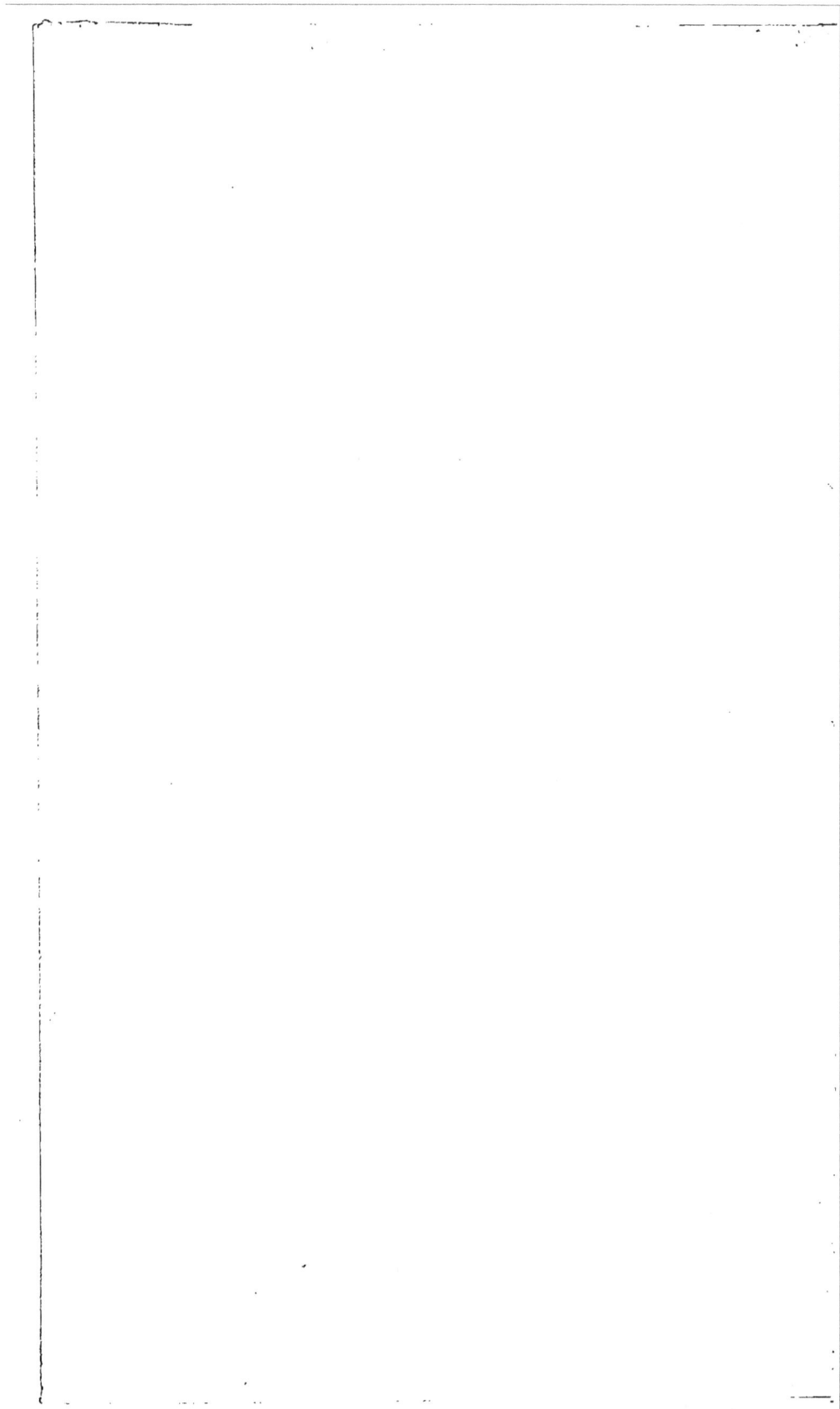

MÉMOIRES

SUR

LES CAMPAGNES

DE CATALOGNE,

DE 1808 A 1814.

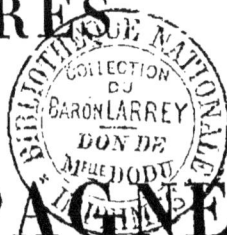

PARIS, IMPRIMERIE DE GAULTIER-LAGUIONIE.

MÉMOIRES

SUR

LA CAMPAGNE

DU CORPS D'ARMÉE

DES PYRÉNÉES-ORIENTALES,

COMMANDÉ PAR LE GÉNÉRAL DUHESME, EN 1808;

SUIVIS

D'UN PRÉCIS DES CAMPAGNES

DE CATALOGNE DE 1808 A 1814,

ET DE NOTES HISTORIQUES SUR LES SIÉGES DE BARCELONE ET DE GÉRONE; SUR L'EXPÉDITION DES ANGLAIS CONTRE TARRAGONE, EN 1813; SUR LES GÉNÉRAUX DUHESME ET LACY; etc.

AVEC UNE CARTE DE CATALOGNE, ET UN PLAN DES ENVIRONS DE BARCELONE.

PAR G. LAFFAILLE,

COLONEL DU GÉNIE.

PARIS,

ANSELIN ET POCHARD,

SUCCESSEURS DE MAGIMEL,

LIBRAIRES POUR L'ART MILITAIRE, RUE DAUPHINE, N° 9.

1826.

AVANT-PROPOS.

La Campagne du corps d'armée des Pyrénées-Orientales ouvrit en Catalogne la lutte de Napoléon contre l'Espagne. Quoique nos succès y aient été mêlés de revers, elle peut figurer avec honneur dans nos annales militaires; mais on chercherait vainement à s'en faire une idée exacte par les ouvrages publiés jusqu'ici : les faits les plus importants y sont omis ou à peine indiqués.

Attaché à l'état-major du général commandant en chef, j'assistai à presque tous les événements de cette campagne : j'y pris même quelquefois assez de part. Ce général me chargea en 1809 d'en rédiger un Précis officiel; et désirant que j'en fisse encore une relation plus détaillée, il me communiqua sa correspondance et d'autres documents qu'il avait entre les mains. J'eus ainsi, peut-être plus que personne, les moyens de connaître la vérité; mais trop d'obstacles s'opposaient alors à ce qu'on la mît au grand jour.

En 1819 et 1820, j'envoyai au dépôt central des fortifications deux Mémoires sur les Attaques de Gérone[1], et sur la Défense de Barcelone en 1808. C'était la Campagne du corps d'armée des Pyrénées-Orientales en deux parties séparées. Je les ai réunies depuis en une seule, et des considérations auxquelles je n'ai pu résister m'ont déterminé à la faire imprimer.

La guerre qui commença en 1808 dans la Catalogne n'eut presque jamais de liaison immédiate avec celle dont les autres parties de la Péninsule étaient le théâtre : elle n'en fut, pour ainsi dire, qu'un épisode dont le récit peut être fait séparément, sans perdre de son intérêt. Ayant commencé ce récit, j'ai cru devoir le continuer, mais en le resserrant dans un cadre beaucoup plus étroit, et je me suis borné à un Précis sommaire qui retrace fidèlement la marche, les vicissitudes et la fin de la guerre de Catalogne. J'ai ajouté quelques notes pour en faire mieux juger le caractère et les acteurs.

Je dois prévenir que dans ce Précis, et même dans les notes, je me suis particulièrement étendu

---

[1] Les Français écrivent ordinairement *Gironne ;* mais j'ai cru devoir conserver à cette ville le nom de *Gérone* (Gerona), que lui donnent les Espagnols, et que nous lui donnions nous-mêmes pendant la guerre.

sur les faits que j'ai été à portée de voir par moi-même : quelques-uns ne sont encore que très-peu ou très-mal connus, entre autres l'expédition maritime des Anglais contre Tarragone en 1813.

CAMPAGNE

DU CORPS D'ARMÉE

DES

PYRÉNÉES ORIENTALES

EN 1808.

CHAPITRE PREMIER.

Entrée des Français en Catalogne.—Occupation de Barcelone
et du fort de Figuières.

Les Français étaient maîtres du Portugal, et les généraux Dupont et Moncey, à la tête de deux corps d'armée partis de Bayonne, avaient déjà pénétré dans l'intérieur de l'Espagne, lorsque, au commencement de 1808, un nouveau corps d'environ sept mille hommes fut rassemblé à Perpignan, sous le nom de *Division d'observation des Pyrénées-Orientales.* Il était composé, en très-grande partie, de troupes des royaumes d'Italie et de Naples, et se trouvait sous les ordres du général de division italien Léchi. Avant de faire entrer ce corps en Catalogne, Napoléon envoya un général français pour en prendre le commandement en chef. Ce fut

1

le général Duhesme, qui avait déjà commandé comme lieutenant-général dans la campagne de Marengo [1].

Ce général arriva le 4 février à Perpignan. Le 9, il entra dans la Catalogne, se dirigeant sur Barcelone. Il traversa sans obstacle Figuières et Gérone. A Figuières, on logea même sans défiance une partie de ses troupes dans le fort. Le comte de Santa-Clara, capitaine-général de la Catalogne, s'apprêtait, non-seulement à les recevoir dans Barcelone, mais encore à les loger également dans la citadelle et dans le fort Mont-Jouy, lorsqu'on vit arriver en toute hâte, pour le remplacer, le comte d'Ezpéléta, un des hommes qui possédaient au plus haut degré l'estime et la confiance des Espagnols [2].

Ce nouveau capitaine-général, qui était parti de Madrid au premier avis du mouvement de nos troupes, envoya successivement deux officiers au-devant du général Duhesme pour le sommer de rétrograder, ou de s'arrêter du moins jusqu'à ce qu'on eût reçu les ordres de la cour d'Espagne. Voyant que ce général n'en poursuivait pas moins sa marche, et devant, d'après ses instructions, éviter tout motif et même tout prétexte de rupture, il prit le parti de le laisser entrer sans opposition

---

[1] A l'époque de la campagne de Marengo, les lieutenants-généraux commandaient aux généraux de division, qui sont les lieutenants-généraux d'aujourd'hui.

[2] Le comte d'Ezpéléta était l'un des trois hommes à qui la junte suprême, formée à Madrid par Ferdinand avant son départ pour Bayonne, avait voulu confier le gouvernement de l'Espagne, lorsqu'elle reçut des ordres secrets de ce prince pour faire la guerre aux Français, et pour convoquer les cortès.

dans Barcelone; mais, moins confiant que son prédécesseur, il se garda bien d'envoyer nos soldats dans la citadelle et le fort Mont-Jouy : il y distribua au contraire la plus grande partie des troupes espagnoles qui formaient la garnison de la place, et leur fit évacuer les casernes de la ville pour y loger ces nouveaux hôtes, qu'on regardait déjà comme très-suspects. Néanmoins le général Duhesme obtint que ses troupes monteraient la garde en commun avec cette garnison aux portes de la ville, et même à celle de la citadelle. Il établit à cette dernière porte, où les Espagnols n'avaient que vingt hommes, le poste principal de police, connu sous le nom de *poste de la place*[1], qui fut toujours composé d'une compagnie de grenadiers ou de voltigeurs.

Barcelone est située sur le bord de la Méditerranée, à trente lieues de la frontière de France, et presque à une égale distance des autres frontières de la Catalogne, dont elle est la capitale. Renommée par son commerce et ses manufactures, elle n'est ni moins célèbre ni moins importante comme place de guerre. Couverte d'un côté par la mer, protégée sur deux autres par la citadelle et par le fort Mont-Jouy, elle n'est vulnérable que du côté de la campagne, où elle est défendue par une bonne enceinte bastionnée, des demi-lunes, un chemin couvert, et un ouvrage détaché qu'on appelle le fort Pio.

[1] *Le poste de la place* est ainsi nommé parce qu'il est ordinairement sur la place d'armes ou principale place des villes.

A douze cents mètres au sud-ouest de la ville, le fort Mont-Jouy couronne le sommet de la montagne de ce nom, élevé de deux cents mètres au-dessus de la mer. Ce fort présente une triple enceinte du seul côté où il soit susceptible d'être attaqué : il n'en existe peut-être pas de plus difficile à prendre par un siége en forme.

La citadelle est très-forte aussi, quoique moins imposante au premier coup-d'œil; c'est un pentagone régulier, construit suivant le premier système de Vauban. Elle est placée à l'est de la ville, et touche à la mer par une lunette avancée qu'on nomme le fort Saint-Charles.

Le port est situé au pied du Mont-Jouy. Il est défendu par ce fort, par la ville et par la citadelle, mais plus immédiatement encore par les batteries de la Lanterne, ainsi nommées d'un phare élevé à leur côté sur la pointe de la jetée qui le borde. L'entrée en est fermée par un banc qui n'en permet l'accès qu'à de petits bâtiments de guerre, la passe la plus profonde ayant à peine douze pieds d'eau.

Entre le port et la citadelle se trouve le faubourg ou plutôt la nouvelle ville de Barcelonette, dont la fondation ne remonte qu'au milieu du siècle dernier : son emplacement tout entier est une alluvion de la mer. Le fort Saint-Charles, les batteries de la Lanterne, et une autre batterie intermédiaire, croisent leurs feux en avant de Barcelonette.

Dans l'angle que l'enceinte de la ville forme au pied du Mont-Jouy en s'éloignant du port, on voit

s'élever, sous le nom d'Atarazanas, de vastes bâtiments qui renfermaient autrefois l'arsenal et les
chantiers de la marine, long-temps florissante, de
Barcelone, et qui depuis sont devenus des casernes et un très-bel arsenal de terre. Pour mettre,
en cas d'émeute, les Atarazanas à l'abri d'insulte, les
entrées en ont été couvertes par deux demi-bas-
tions, qui en font une espèce de réduit ou de seconde citadelle. Toutes les portes de la ville sont
également retranchées du côté de l'intérieur.

Le souvenir de l'esprit remuant des Catalans, et
des longues révoltes qu'il a excitées, n'avait pas encore cessé de donner de l'inquiétude au gouvernement espagnol [1] : il devait, à plus forte raison, en
inspirer au général français. Suivant les ordres
qu'il avait reçus, ce général avait annoncé qu'il
devait marcher sur Cadix, et qu'il ne s'arrêtait à
Barcelone que pour attendre la décision de la cour
d'Espagne à ce sujet. La prolongation de son séjour dans la capitale de la Catalogne faisait de plus
en plus ombrage aux habitants. Il se trouvait avec
une poignée d'hommes au milieu d'une population
de cent soixante mille ames, qui, au premier mouvement, eût été secondée par la garnison espagnole, jalouse des troupes françaises et presque
aussi nombreuse qu'elles (elle comptait près de
cinq mille hommes). Pour la sûreté seule de ses
troupes, il sentait la nécessité d'occuper la citadelle et le fort Mont-Jouy; mais il n'avait rien tenté

[1] Voyez à la fin, sous le n° 1, une note historique sur Barcelone.

pour s'en emparer, lorsque, le matin du 28 février, un aide-de-camp du ministre de la guerre arriva dans Barcelone, et lui remit une dépêche où ce ministre lui mandait que *l'empereur le supposait en possession de la citadelle et du fort Mont-Jouy.*

Le général Duhesme reconnut qu'il avait eu le tort de ne pas deviner les intentions de Napoléon; mais il l'effaça par sa promptitude à le réparer; et, avant de se livrer au sommeil, il put annoncer, le jour même, que ces intentions étaient remplies.

En mettant une compagnie d'élite tout entière de garde à la porte, ce général avait déjà fait un premier et très-grand pas pour surprendre la citadelle. Il s'agissait de faire encore les derniers sans donner l'éveil aux autorités espagnoles, qui, plus inquiètes de jour en jour, venaient de demander qu'on retirât cette garde.

Aussitôt après l'arrivée de l'aide-de-camp du ministre, le général Duhesme appela chez lui, pour se concerter avec eux, le général Léchi et le chef de bataillon Latour, qu'il avait nommés, à son arrivée à Barcelone, le premier, commandant supérieur, et le second, commandant d'armes de la ville. Ce dernier était chef d'un bataillon du 16e régiment d'infanterie de ligne, le seul bataillon français qui fît alors partie du corps des Pyrénées - Orientales. C'était justement sa compagnie de voltigeurs qui était ce jour-là de garde à la porte de la citadelle. Le plan de surprise ayant été arrêté

par le général en chef, le commandant Latour se
transporta sur-le-champ à cette porte, comme pour
faire sa visite ordinaire des postes, et il donna ses
instructions au capitaine, sans cependant le mettre
entièrement dans le secret.

Dans l'après-midi, à l'heure accoutumée des
exercices, ce même commandant conduisit son bataillon sur l'esplanade et les glacis qui séparent
la citadelle de la ville. Il lui fit exécuter plusieurs
évolutions qui attirèrent une foule de curieux,
parmi lesquels on remarquait une partie des officiers et des soldats de la garnison même de la citadelle. Enfin il les mit en bataille sur la chaussée
qui conduit dans son enceinte, en appuyant une
des ailes à la barrière du chemin couvert.

Au moment où ce bataillon était ainsi prêt à gagner brusquement, par une marche de flanc, la
porte principale, le général Léchi passe à cheval
devant ses rangs, suivi par le bataillon italien des
Vélites, qui venait de manœuvrer également sur
la *Muraille de mer* [1]. Le général s'avance sur les
ponts des fossés de la citadelle, annonçant qu'il va
rendre visite au gouverneur. L'une et l'autre garde
se mettent sous les armes et battent aux champs
pour lui rendre les honneurs. La garde espagnole, voyant avancer les Vélites, fait un mouvement pour s'y opposer; mais elle est contenue
par les voltigeurs français. Les Vélites et le ba-

---

[1] On appelle *Muraille de mer* la partie des remparts de la ville
qui borde le port. Elle est très-large et forme une belle promenade,
qui s'étend des Atarazanas à la porte du port, appelée *Porte de mer*.

taillon du 16ᵉ entrent à l'instant dans la citadelle, où ils sont bientôt suivis par deux autres bataillons.

La garnison, cernée dans ses casernes et complétement surprise, n'était nullement en mesure d'opposer de la résistance; la pensée ne lui en vint même pas. Elle était composée de deux bataillons des gardes espagnoles et wallonnes. Les officiers confus demandèrent comme une grace de ne rentrer en ville que la nuit, n'osant soutenir les regards des habitants. Le gouverneur, plus confus encore, s'arrachait les cheveux de honte et de désespoir.

Le général Duhesme, pendant qu'il se rendait ainsi maître de la citadelle, avait également fait marcher des troupes vers le fort Mont-Jouy; mais il ne fut pas si facile de s'en emparer. Comme il est situé à un quart de lieue de la ville, et qu'on n'avait trouvé ni motif ni prétexte pour mettre une garde française à sa porte, on ne put en surprendre l'entrée. Le commandant (c'était le brigadier Alvarez, le même qui défendit Gérone l'année suivante), le commandant, dis-je, fit lever le pont à l'approche de nos troupes, et refusa de les laisser entrer sans un ordre très-précis du capitaine-général.

Le comte d'Ezpéléta hésitait à donner cet ordre: le gouverneur de la ville, auquel le commandant du Mont-Jouy était subordonné, n'en envoyait que d'ambigus qu'Alvarez refusait de reconnaître. Le général Duhesme avait fait cerner le fort et parlait d'escalade, mélant les menaces aux exhor-

tations. La nuit survint. Plusieurs heures s'écou-
lèrent encore, sans qu'il pût rien obtenir ; mais
enfin, vers minuit, les portes du fort Mont-Jouy
lui furent ouvertes, et de cet instant seulement,
il put se regarder comme maître de Barcelone.

La journée avait été extrêmement critique.
L'indignation des Catalans était montée au plus
haut degré, lorsqu'ils avaient vu la citadelle surprise et le fort Mont-Jouy menacé. Pendant qu'on
parlementait devant le fort, des attroupements
nombreux s'étaient formés sur plusieurs points de
la ville. Un soulèvement eût été inévitable sans
les efforts du comte d'Ezpéléta pour le prévenir, et
nos troupes eussent couru le plus grand danger. La
prise du Mont-Jouy fit succéder aux imprécations
et aux menaces l'abattement et la consternation.

Les troupes espagnoles n'avaient évacué qu'en
frémissant les forteresses confiées à leur garde.
Le lendemain, elles parcoururent la ville en tumulte, et assassinèrent quelques-uns de nos soldats. On rétablit l'ordre en sévissant sur-le-champ
contre les assassins ; mais, pour qu'il ne fût plus
troublé, on jugea nécessaire d'éloigner une partie
de ces troupes, et l'on envoya dans des cantonnements le régiment d'Estramadoure, qui était
sorti du fort Mont-Jouy, et qui, n'étant pas retenu
par la honte de s'être laissé surprendre, donnait
le plus libre essor aux sentiments de vengeance
qui l'animaient. Les deux bataillons des gardes
espagnoles et wallonnes restèrent dans la place,
ainsi qu'environ six cents soldats d'artillerie et

quelques dépôts de divers régiments : c'étaient encore plus de trois mille hommes.

Napoléon fut à peine informé de la prise de la citadelle et du fort Mont-Jouy, qu'il ordonna au général Marescot, premier inspecteur-général du génie, d'aller visiter, comme si elles eussent déjà fait partie de son empire, Barcelone et les autres forteresses de la Catalogne plus rapprochées de la France. Ce général sentit combien il était contraire aux principes de la guerre de n'occuper qu'une seule place, séparée par plus de trente lieues de notre frontière [1]. Il conseilla au général Duhesme de profiter de l'arrivée d'une seconde division qui lui était annoncée, pour mettre des garnisons dans le fort de Figuières et dans les places de Roses, Gérone et Hostalrich, qui n'étaient, pour ainsi dire, que les avant-postes de Barcelone du côté de la France.

Le général Duhesme avait déjà songé à se saisir du fort de Figuières : il avait même fait approuver son projet par le prince Murat, lieutenant-général de l'empereur en Espagne, qui lui avait envoyé l'ordre de l'exécuter ; mais Napoléon avait, en toute hâte, contremandé cet ordre, *qui était contraire à ses intentions ; et il avait expressément ordonné de ne pas compromettre les troupes en les disséminant, et de les tenir toutes concentrées dans Barcelone.*

[1] J'entends par lieues, des lieues communes de France d'environ 4,800 mètres : les Catalans les désignent, comme les Allemands, par le nom d'heures (heures de chemin).

Cependant, le général Marescot ayant particulièrement insisté sur l'importance du fort de Figuières, qu'il comparait à un fort de diamant, le
général Duhesme se décida à le faire occuper; et,
dans les premiers jours d'avril, lors de l'arrivée de
la nouvelle division, il en fit surprendre l'entrée
par un de ses bataillons, à peu près comme on
avait surpris la citadelle de Barcelone. Mais, malgré toute sa déférence pour le premier inspecteur-
général du génie, son ancien compagnon d'armes
et son ami, il n'osa prendre sur lui de suivre également ses conseils pour Gérone, Roses et Hostalrich. Craignant même d'avoir trop fait en occupant le fort de Figuières, il pria ce général de
rendre compte lui-même à l'empereur de cette occupation, et de provoquer en même temps celle
des autres places.

Napoléon était à Bayonne, lorsque le général
Marescot le rejoignit. Il venait d'attirer dans cette
ville Ferdinand et toute la famille royale d'Espagne.
Regardant comme assurée la possession de la Péninsule, il étendait déjà ses regards au loin sur
l'Afrique; et, tout près de lui, aux portes mêmes
de la France, il dédaigna de les abaisser sur des
places fortes qu'on pouvait alors prendre sans
coup férir, et qui devaient plus tard nous coûter
tant de sang [1]

---

[1] Déjà, de Bayonne, Napoléon envoyait des officiers du génie
reconnaître la côte d'Afrique. Nous vîmes plus tard en Catalogne
deux de ces officiers (Moret et Burel). Le premier, après la défaite
du général Dupont, avait été arrêté à Algésiras, au moment de

Napoléon ne loua ni ne blâma le général Duhesme de s'être emparé du fort de Figuières ; mais loin de lui donner l'ordre de s'emparer de Roses, Gérone et Hostalrich, ce général ayant représenté, quelque temps après, la nécessité d'envoyer du monde dans le fort de Roses pour le mettre à l'abri des entreprises des Anglais, il lui prescrivit de nouveau de tenir toutes ses troupes réunies dans Barcelone, et lui fit un reproche d'en avoir cantonné une partie à Mataro et dans les environs. Il ne semblait attacher alors, en Catalogne, d'importance qu'à Barcelone, et ne demandait au général Duhesme que *de lui répondre de cette place et des troupes qu'il y commandait.*

CHAPITRE II.

Composition du corps d'armée des Pyrénées-Orientales. — État de la Catalogne. — Émeute à Barcelone.

La division qui vint renforcer le général Duhesme était moins nombreuse que celle qu'il avait déjà sous ses ordres ; mais elle était composée tout entière de Français, et l'organisation définitive du corps d'armée fit passer de son côté la supériorité du nombre, en incorporant dans ses rangs le ba-

passer le détroit de Gibraltar pour aller à Ceuta ; et le second, qui avait alors déjà franchi ce détroit, resta deux ans dans l'empire de Maroc.

taillon du 16e, le 3e régiment provisoire de cuirassiers, et un bataillon suisse, qui étaient entrés dès le principe en Catalogne. L'autre division ne se trouva plus ainsi formée que d'Italiens et de Napolitains.

Voici quelle était, en troupes de toutes armes, la composition du corps d'armée :

INFANTERIE.

Un bataillon du   2e régiment de ligne.
Deux   »   du 7e   »
Un   »   du 16e   »
Un   »   du 37e   »
Un   »   du 56e   »
Un   »   du 93e   »
Un   »   du 2e régiment suisse.
Un   »   des Vélites, italien.
Un   »   du 2e régiment italien.
Un   »   du 4e   »
Un   »   du 5e   »
Deux   »   du 1er régiment napolitain.
En tout quatorze bataillons.

CAVALERIE.

Le 3e régiment provisoire de cuirassiers.
Le 3e   »   de chasseurs.
Le régiment de chasseurs du Prince, italien.
Le 2e régiment de chasseurs napolitains.

ARTILLERIE.

Une compagnie d'artillerie légère.

Une compagnie du 6ᵉ bataillon (bis) du train.

Une   »   d'artillerie à pied, italienne.

Un détachement du train de la garde   »   .

Il n'y avait pas de troupes du génie dans le corps d'armée; mais on forma dans chaque division, pour faire le service de ces troupes, un détachement d'hommes tirés des différents corps d'infanterie, à qui l'on donna le nom de sapeurs provisoires.

L'effectif du corps des Pyrénées-Orientales était de douze à treize mille hommes; mais le bataillon du 2ᵉ, qui avait surpris le fort de Figuières, en resta toujours détaché, et ne vint jamais jusqu'à Barcelone.

Le bataillon des Vélites avait frappé les Espagnols par sa beauté: il continua de se faire remarquer autant par son excellente conduite que par sa brillante tenue.

La 1ʳᵉ division était commandée par le général Chabran, ayant sous ses ordres les généraux de brigade Goullus, Nicolas et Bessières: ce dernier, frère du maréchal du même nom, commandait la cavalerie.

Le général Léchi, qui était à la tête de la 2ᵉ division, était le plus ancien des généraux et le chef d'une famille très-puissante dans le royaume d'Italie. Lors des premières campagnes de Bonaparte, il avait joué un grand rôle dans la révolution de son pays, et il avait conservé depuis cette époque des relations intimes avec les généraux Murat et Berthier. Il n'y avait qu'un seul général de brigade

pour l'infanterie de cette division : c'était le général Milossevitz, qui était Dalmate de nation, et qui
sortait du service autrichien.

La cavalerie italienne et napolitaine était sous
les ordres du général Schwartz, ancien colonel de
hussards, né, comme l'indique son nom, dans
les provinces allemandes.

Les chefs d'état-major des deux divisions étaient
les adjudants-commandants Devaux et Léchi.

Le colonel Fabre, officier déjà avancé en âge,
et depuis long-temps directeur des forges dans
l'intérieur de la France, commandait l'artillerie
du corps d'armée.

Il n'y avait point d'officier supérieur du génie,
mais seulement quatre capitaines français et quatre
lieutenants italiens. Le plus ancien de nous, le capitaine Ménard, fut le commandant de notre arme.
Le général en chef, sur la recommandation du
général Marescot [1], m'attacha à son état-major particulier, voulant que je n'eusse d'ordres à recevoir
que de lui. Les capitaines Fleury et Lepoitevin
furent attachés à la division Chabran ; le lieutenant
Grassi à la division Léchi, et les trois lieutenants
Vincenzi, Vacani et Guaragnoni à la place de Barcelone, sous la direction immédiate du capitaine
Ménard.

Le corps d'armée des Pyrénées-Orientales,
comme presque tous ceux qui entrèrent en Espagne, en 1808, était composé de troupes de nou-

[1] Le général Marescot m'avait connu dans les campagnes de
Zurich, de Marengo et d'Austerlitz.

velle formation, de régiments provisoires et de bataillons de dépôt. On y comptait beaucoup d'anciens officiers, mais peu de soldats qui eussent vu le feu. Il était d'ailleurs, comme on a déjà pu le juger, formé d'éléments assez hétérogènes, rassemblés de divers points de l'Europe. Les généraux avaient été pris, la plupart, dans les commandements de l'intérieur, où l'on ne voyait guère à cette époque que ceux que des blessures, des disgraces ou d'autres causes plus ou moins honorables avaient éloignés des armées actives. Les officiers généraux et particuliers étaient presque tous inconnus les uns aux autres : ils s'observaient d'un œil curieux en attendant le moment de l'épreuve. Ce moment n'était pas éloigné ; et plus d'un devait alors détruire par ses actions la réputation qu'il se faisait par ses discours.

Sentant le besoin d'instruire ses troupes, le général Duhesme les faisait exercer deux fois par jour. Il présidait aux manœuvres et les commandait souvent lui-même. Il excitait ainsi l'étonnement et l'admiration des Espagnols, qui n'avaient jamais rien vu de semblable chez leurs généraux. Il ne veillait pas avec moins de soin au maintien de la discipline, et elle fut toujours rigoureusement observée dans Barcelone[1].

---

[1] Un fait assez remarquable : dès que les Français furent dans Barcelone, on ne vit plus de vols dans cette ville; auparavant ils étaient journaliers et très-nombreux.

Le droit d'asile existait encore dans deux églises. Un fameux chef de voleurs était dans la cathédrale, où il bravait, menaçait même (et ce n'était pas toujours en vain) ceux qui osaient le

Loin de voir nos soldats se porter à des excès, on eut souvent occasion d'admirer leur patience et leur longanimité contre les provocations et les injures : assurément leur conduite ne contribua pour rien à faire naître l'insurrection en Catalogne. Cette insurrection tenait dans toute l'Espagne à des causes plus élevées : nos chefs et nos soldats s'y fussent-ils comportés partout de la manière la plus irréprochable, ils n'eussent pu la prévenir.

Avant de montrer comment elle vint à éclater en Catalogne, je crois devoir donner une idée sommaire de cette province. Le général Duhesme ne négligeait aucun moyen de la bien connaître. Il s'attachait avec le plus grand soin à recueillir des renseignements sur la nature et les ressources du pays, la situation des routes et des chemins, l'état des places fortes, l'esprit des habitants, enfin sur tout ce qu'il importe de savoir dans les contrées qui peuvent devenir d'un moment à l'autre le théâtre de la guerre[1].

regarder d'un œil trop curieux. Il disparut bientôt après notre arrivée.

[1] Le général en chef me chargea de faire, avec les matériaux qu'il avait recueillis et ceux que je pus réunir moi-même, un travail général de reconnaissance, que je rédigeai sous le titre de *Statistique militaire de la Catalogne*. Quant aux dispositions des Catalans à notre égard avant le commencement des hostilités, on peut voir quelques détails à ce sujet dans la note n° 2, sur les reconnaissances de Cardone et de Lérida. On a reproché aux premiers chefs qui entrèrent en Espagne d'avoir trompé Napoléon par des rapports trop favorables sur les dispositions des Espagnols. La correspondance du prince Murat prouve que, s'il y en eut qui méritèrent ce reproche, ce ne fut pas du moins le général Duhesme.

La Catalogne est presque entièrement couverte de montagnes : à chaque pas elle présente des défilés. Ses rivières, l'Èbre excepté, sont en général de la nature des torrents, habituellement guéables, mais sujettes à s'enfler par des crues presque subites.

Elle compte un grand nombre de places fortes, et elle n'offre que très-peu de chemins praticables à l'artillerie. Elle n'est traversée que par trois grandes routes, qui partent de Perpignan, de Saragosse et de Valence pour aboutir toutes les trois à la capitale. La première, après avoir dépassé Gérone, se divise en deux, qui ne se rejoignent plus qu'à la porte de Barcelone : l'une, dite la Vieille-Route, passe sous le fort d'Hostalrich et dans Granollers, Moncade et Saint-André : l'autre, appelée la Nouvelle-Route ou la route de la Marine, joint le bord de la mer à Calella, et traverse ensuite Mataro, Mongat et Badalone. Les routes de Saragosse et de Valence se réunissent, à trois grandes lieues de Barcelone, au pont de Molins-de-Rey sur le Llobrégat. La première passe à Lérida, Igualada et Martorell : la seconde à Tortose, Tarragone et Villa-Franca.

Chaque grande route est fermée par une ou plusieurs places ; celle de Perpignan par Figuières, Gérone et Hostalrich ; celle de Saragosse par Lérida ; celle de Valence par Tortose, le fort du Col de Balaguer et Tarragone ; et toutes les trois par Barcelone, où se trouve leur point de concours.

Ce ne sont pas là toutes les places fortes de la

Catalogne. Il y a de plus Roses, qui défend, près de l'extrême frontière, un mouillage utile pour l'attaque comme pour la défense ; la Seu d'Urgel, qui intercepte le chemin de la vallée du Ségre, le plus direct pour marcher des Pyrénées-Orientales vers le cœur de l'Espagne; et Cardone enfin, qui, placée au milieu des montagnes et ne gardant ni passage ni point militaire d'une grande importance, semble être un refuge ménagé pour les temps de malheur.

La Catalogne a près d'un million d'habitants. Elle ne produit ni la quantité de grain ni la quantité de bétail nécessaire à leur subsistance : elle est obligée d'en tirer la plus grande partie du dehors. L'Aragon, la France et la mer la lui fournissent.

On ne peut reprocher aux Catalans la paresse dont on accuse trop généralement les Espagnols. Actifs et laborieux, ils suppléent par leur industrie et leur travail à la fertilité qui manque à leur sol. Leurs manufactures sont plus considérables que celles de tout le reste de l'Espagne. Le commerce leur a procuré de grandes richesses, et l'on s'en aperçoit principalement le long des côtes : il n'est peut-être pas de pays qui offre une suite d'aussi beaux villages que ceux qu'on trouve de Barcelone à Calella.

Le costume des paysans catalans annonce l'aisance : nulle part on n'en voit de mieux vêtus. On en trouverait difficilement aussi qui fussent plus endurcis à la fatigue, à l'intempérie des saisons, et surtout à la marche. Ils sont remarquables

2.

par leur force et leur agilité. Ils le sont peut-être encore plus par beaucoup d'esprit naturel, et par une fierté de caractère qui les éloigne des bassesses et des supplications. Cette fierté se peint sur leur figure, ainsi que dans leur démarche ; et, suivant l'expression d'un de nos historiens, on les prendrait, à les voir, pour des grenadiers déserteurs.

La population dans les villes n'est pas, à beaucoup près, aussi belle que dans les campagnes. Elle paraît avoir été abâtardie par le luxe et la corruption, particulièrement dans les classes les plus élevées. Et ce n'est pas dans la Catalogne seule qu'on fait cette remarque : on la fait également dans les autres parties de la Péninsule, et surtout parmi les grands d'Espagne [1].

Pour l'administration, la Catalogne est divisée en douze *corrégiments* qui sont en général plus petits que nos départements, mais plus grands que nos districts ou arrondissements de sous-préfecture. Ils ressortissent tous, pour la justice, d'une *audience*, qui siége à Barcelone, et qui, sous plusieurs rapports, est semblable à nos anciens parlements. Il y a pour toute la province, sous le titre de capitaine-général, un commandant supérieur, dont l'autorité s'étend sur le civil comme sur le militaire.

---

[1] Lorsque, en 1802, à l'occasion du mariage du prince des Asturies avec une princesse de Naples, Charles IV et sa cour se rendirent à Barcelone, les Catalans, qui avec les Aragonais sont au-delà des Pyrénées les hommes de la plus haute taille, furent frappés de l'extrême petitesse de celle des grands d'Espagne qui formaient le noyau de cette cour.

L'esprit d'indépendance, ou si l'on veut, de révolte des Catalans, était passé en proverbe. Le gouvernement espagnol était loin de le croire entièrement éteint. Les soins qu'il prenait encore pour le comprimer entretenaient l'ancienne animosité des Catalans contre les Castillans; mais cette animosité n'était rien, comparée à leur haine pour les Français; haine qu'ils avaient sucée avec le lait, et dont l'origine remonte aux guerres de Louis XIV, ou peut-être plus haut encore[1].

Quoi qu'il en soit, on pouvait aisément prévoir que, si les hostilités commençaient en Catalogne, les montagnes, les défilés, les places fortes, le défaut de chemins et la difficulté des subsistances opposeraient de grands obstacles aux Français; mais ils devaient en attendre de plus grands encore du caractère bien connu des habitants.

Dans la Catalogne, comme dans tout le reste de l'Espagne, on avait applaudi avec des transports de joie immodérés à la chute du prince de la Paix. On l'attribua d'abord aux Français. La haine dont ils étaient l'objet en fut pendant quelque temps assoupie; mais elle se réveilla avec plus de fureur lorsqu'on fut détrompé, et qu'on vit chaque jour se déchirer quelques parties du voile qui couvrait les desseins de Napoléon.

D'autres causes augmentaient encore le mécontentement à Barcelone. Quoique l'Espagne et

---

[1] On serait dans une grande erreur, si l'on croyait que la haine des Espagnols contre les Français ne date que de la guerre de Napoléon.

l'Angleterre fussent en guerre, cette ville avait conservé une grande partie de son commerce maritime. L'arrivée des Français avait entièrement arrêté ce commerce, et elle avait ainsi entraîné l'interruption du travail des manufactures, qui occupait auparavant la plus grande partie de la population. L'oisiveté et la misère pouvaient la pousser à tous les excès. Les habitants riches, qui redoutaient ces excès pour eux-mêmes, vinrent au secours des ouvriers sans travail par des offrandes volontaires. Les troupes françaises suivirent elles-mêmes cet exemple, et firent en leur faveur le sacrifice de quelques jours de solde; mais la fermentation n'en allait pas moins croissant : elle semblait à tout moment prête à produire une explosion terrible.

Les événements du 2 mai, à Madrid, frappèrent les provinces de stupeur; mais ils ne comprimèrent le feu de l'insurrection que pour le faire éclater avec plus de violence quelque temps après. Ce fut dans ces circonstances qu'on vit paraître en Catalogne un décret du prince Murat, lieutenant-général du royaume d'Espagne au nom de Charles IV, qui, dans l'espoir chimérique de gagner les Catalans, leur rendait le droit de port d'armes, dont ils avaient été privés, ainsi que de leurs autres priviléges, après la guerre de la succession. Ils s'empressèrent de profiter de ce droit, sans même cacher le dessein de tourner leurs armes contre nous. En les achetant, non plus avec mystère, mais avec une sorte d'ostentation, ils semblaient nous annoncer qu'ils nous apprendraient bientôt l'usage qu'ils savaient en faire.

A la vieille haine nationale et aux nouveaux motifs qui animaient le peuple contre nous, il faut ajouter l'influence des prêtres et surtout celle des moines : craignant pour leur existence future, si nous étions maîtres en Espagne, ils nous représentaient comme des ennemis déclarés de la religion. Les miracles, les prophéties, les apparitions, les calomnies les plus atroces, les nouvelles les plus absurdes, tous les moyens enfin étaient mis en œuvre, et ils l'étaient avec le plus grand succès, pour irriter de plus en plus contre nous les hommes ignorants et superstitieux de ces contrées. L'exaspération des Catalans était portée à son comble; et ils eussent probablement donné au reste de l'Espagne l'exemple de l'insurrection, s'ils n'avaient été contenus par la présence de nos troupes au sein de leur capitale, et par l'harmonie qui paraissait régner entre le général français et le capitaine-général espagnol. Cependant des mouvements populaires eurent lieu dans plusieurs villes de la Catalogne; à Barcelone même il y eut, le 28 mai, une émeute assez considérable.

Une populace nombreuse, à laquelle se joignirent plusieurs canonniers espagnols, assaillit à coups de pierres et de poignards les soldats français sans armes qui, à l'heure de la retraite, traversaient pour se rendre à leurs casernes la promenade de la Ramble[1]. Les officiers qui se trouvaient sur

[1] La Ramble partage Barcelone en deux parties inégales : elle est

cette promenade fondirent l'épée à la main sur les assaillants, et assurèrent la retraite des soldats; mais ils étaient repoussés à leur tour, lorsque le chef d'escadron Ordonneau, premier aide-de-camp et chef d'état-major du général Duhesme, accourut avec un fort piquet, et dispersa la foule sans tirer un coup de fusil. Le comte d'Ezpéléta, à la tête des principales autorités de la ville, s'empressa de se porter lui-même sur la Ramble, et acheva de rétablir la tranquillité. Il y eut deux ou trois Espagnols de tués : trois ou quatre de nos soldats avaient été assassinés à coups de poignards.

Si les instructions du prince Murat eussent été suivies à la lettre, cette émeute eût pu coûter cher aux habitants de Barcelone; car ce prince avait recommandé au général Duhesme, s'ils faisaient le moindre mouvement, de leur donner une forte leçon, semblable à celle qu'il avait donnée lui-même, le 2 mai, aux habitants de Madrid. Mais, sans renouveler des scènes sanglantes, nos troupes, par leur seule contenance fière et menaçante, produisirent un effet beaucoup plus salutaire. Elles étaient constamment sur le *qui vive.* Dès le premier avis du mouvement de la Ramble, elles avaient couru aux armes; et dans un instant toutes étaient à leurs postes, prêtes à foudroyer ce qui ne serait point rentré dans l'ordre. Jusqu'à ce jour, les Catalans, pleins de jactance, avaient pris pour de la faiblesse notre soin scrupuleux pour le main-

située sur l'emplacement d'anciens fossés qui entouraient la ville avant qu'elle eût acquis l'étendue qu'elle a aujourd'hui.

tien de l'ordre et de la discipline. Ils ne parlaient que de renouveler sur nous, au premier signal, les Vêpres siciliennes; et, nous regardant comme une proie facile à dévorer, ils croyaient presque nous faire grace en nous épargnant. L'appareil qu'ils nous virent déployer en cette occasion les fit tomber dans un excès opposé. D'une confiance aveugle ils passèrent à une frayeur plus aveugle encore; et les hommes les plus exaltés s'empressèrent de quitter la ville pour aller prêcher le soulèvement au-dehors, ou pour se rendre à Valence, où l'on avait déjà levé l'étendard de l'insurrection.

Cette première émigration contribua puissamment à assurer la tranquillité de Barcelone. Les habitants se bornèrent à exciter ou à favoriser la désertion parmi nos soldats et parmi les soldats espagnols. Ils réussirent complètement auprès de ces derniers, qui désertaient en foule et en plein jour, sans que leurs officiers pussent les retenir. Quelques Italiens et beaucoup plus de Suisses et de Napolitains suivirent leur exemple, attirés par la forte paie qu'on leur promettait chez les insurgés[1]. Mais les soldats français dénoncèrent eux-mêmes les hommes qui tentaient leur fidélité. On en arrêta ainsi deux ou trois qui furent jugés, et subirent la peine portée contre les embaucheurs par les lois de tous les pays.

De tous les corps que nous avions trouvés et qui étaient restés à Barcelone, le bataillon des

[1] Une piècette, un peu plus d'un franc, par jour.

gardes espagnoles était celui qui laissait le plus hautement éclater sa haine contre nous. Cette haine s'était déjà signalée par une rixe sanglante entre un piquet de ces gardes et un piquet du bataillon des Vélites, qui, suivant l'usage établi depuis notre entrée dans la place, occupaient en commun le poste de la Porte-de-Mer. Ils en étaient venus aux mains avec tant d'acharnement, que trois hommes avaient été tués, les deux officiers et plusieurs soldats blessés. Il avait fallu la présence du général en chef et celle du comte d'Ezpéléta pour faire cesser ce combat, qui pouvait exciter une commotion générale. C'était aussi parmi les gardes espagnoles que la désertion était la plus forte. Leurs officiers, craignant de se trouver sans soldats, demandèrent qu'on fît sortir le bataillon de la ville. Il eût été peut-être aussi dangereux que difficile de le retenir : on l'envoya à Villa-Franca, à dix lieues de Barcelone.

Les canonniers et les hommes des dépôts de divers régiments qui étaient dans la place à notre arrivée avaient déjà presque tous disparu. Il ne resta que le bataillon des gardes wallonnes, dont les officiers étaient Français la plupart, et dont les soldats les plus mutins avaient déjà passé aux insurgés.

Tel était l'état des choses en Catalogne dans les premiers jours de juin, lorsque le général Duhesme reçut, par un courrier expédié de Bayonne, l'ordre de faire marcher sur Valence la division Chabran.

CHAPITRE III.

Départ de la division Chabran. Première expédition du Mont-Serrat. Insurrection de la Catalogne. Première affaire du Llobrégat. Poste de Saint-Pierre-Martyr. Retour de la division Chabran. Combats d'Arbos et de Villa-Franca. Deuxième expédition du Mont-Serrat. Affaire de Mongat. Prise de Mataro.

Napoléon qui, lorsque l'Espagne était encore tranquille, avait tant recommandé au général Duhesme de concentrer tout son corps d'armée dans Barcelone, et qui, pour ne pas en distraire quelques bataillons, avait négligé de s'assurer des forteresses les plus importantes, ne craignit plus, au moment où l'insurrection éclatait de toutes parts, de détacher et de faire marcher sur Valence la plus nombreuse et la plus sûre des deux divisions qui composaient ce corps d'armée. Le général Duhesme sentit qu'on allait ainsi allumer en Catalogne l'incendie qu'on voulait éteindre ailleurs; mais il n'osa désobéir à un ordre formel. Il chercha seulement à tirer un dernier service des troupes qu'il allait perdre, en les faisant passer par les villes de Tarragone et de Manrèse, où des mouvements insurrectionnels s'étaient déjà manifestés. Il fit prendre au général Chabran la route de Tarragone; et il détacha de sa division deux bataillons, qu'il dirigea sur Manrèse avec un bataillon et deux escadrons napolitains. Le général

Schwartz, qu'il mit à leur tête, devait fouiller le couvent du Mont-Serrat, où il existait, disait-on, un grand dépôt d'armes et de munitions[1], continuer ensuite sa marche sur Manrèse, pacifier cette ville, et détruire les moulins à poudre qui s'y trouvaient. Ayant ainsi rempli l'objet principal de sa mission, il devait pousser jusqu'à Igualada, et de là revenir sur Barcelone avec les Napolitains, après s'être assuré que les deux bataillons français pourraient sans difficulté poursuivre leur route et aller rejoindre leur division du côté de Lérida. Les ordres reçus de Bayonne prescrivaient au chef de cette division de se porter à la hauteur de Sarragosse, et de combiner son mouvement, de manière à pouvoir arriver en masse à Valence avec le maréchal Moncey, qui s'y dirigeait d'un autre côté.

Les deux colonnes partirent de Barcelone le 4 et le 5 juin. La première marcha sur Tarragone sans trouver d'obstacles. La seconde, commandée par le général Schwartz, n'en trouva pas non plus jusqu'au village de Bruch, situé à huit lieues de Barcelone, au pied de la célèbre montagne de Mont-Serrat. Mais, en avant de ce village, au point où le chemin de Manrèse se sépare de la route de Lérida, elle fut attaquée par une troupe de paysans et de déserteurs embusqués entre les arbres et les rochers. Elle les mit en fuite avec la plus grande facilité, et atteignit en les poursuivant la *Casa-Masana*, maison bâtie à l'embranchement du

[1] Voyez à la fin, sous le n° 3, une note sur le Mont-Serrat.

chemin de Manrèse et de celui qui conduit au couvent du Mont-Serrat.

Le général Schwartz ne voyait plus d'ennemis devant lui : rien ne paraissait s'opposer à ce qu'il continuât sa marche ; mais il entendit le tocsin sonner de tous les côtés. A ce signal d'un soulèvement général, il crut devoir renoncer à son expédition, et il reprit avec toutes ses troupes, tant françaises que napolitaines, le chemin de Barcelone.

Les habitants des environs accoururent aussitôt à sa poursuite ; et déjà sur ses derrières ils travaillaient à lui couper la retraite. Il fut forcé de s'ouvrir un passage à travers la petite ville d'Esparaguéra, composée d'une seule rue qu'ils avaient barricadée. Il avait deux canons de 4 : au passage d'un pont, qu'on avait commencé de détruire, l'un de ces canons tomba dans un ravin. Il était déjà nuit. Après quelques efforts inutiles pour le retirer, la colonne, obligée de l'abandonner, poursuivit sa marche avec précipitation, toujours harcelée sur ses flancs et sur ses derrières. Elle traversa Martorell, où heureusement elle ne trouva point les mêmes obstacles qu'à Esparaguéra ; et elle ne s'arrêta que lorsqu'elle fut arrivée sous les murs de Barcelone.

Ainsi, dès le premier jour des hostilités, les Catalans, encore sans chefs et presque sans armes, virent nos troupes fuir devant eux. La nouvelle d'un succès aussi inespéré, le premier qui fut remporté par les Espagnols dans cette guerre, se répandit avec la rapidité de l'éclair et avec toute

l'exagération de l'orgueil national. Elle acheva
d'enflammer tous les esprits, qui n'étaient déjà que
trop préparés à un soulèvement. On courut aux
armes de tous les côtés ; et l'on peut dire avec
raison que ce fut, du Mont-Serrat que partit l'é-
tincelle qui embrâsa toute la Catalogne. Aux yeux
des Catalans, elle parut descendre du ciel même.
Ils ne purent croire qu'un corps de ces troupes
françaises si renommées se fût ainsi retiré devant
un essaim de paysans sans une intervention surna-
turelle ; et ils en attribuèrent l'honneur à Notre-
Dame du Mont-Serrat, dont ils sont habitués dès
l'enfance à entendre raconter des miracles sans
nombre. L'insurrection éclata sur tous les points.
La ville de Gérone, dont la position était si importante pour nos communications avec la France,
fut des premières à y prendre part. Mataro, où la
bonne discipline des troupes françaises nous avait
fait beaucoup d'amis, fut entraînée par l'exemple
général. Des juntes ou comités insurrectionnels se
formèrent dans tous les chefs-lieux des corrégi-
mens. Des bandes de déserteurs, de contrebandiers, d'hommes sans aveu, (car ce sont presque
toujours ces hommes-là qu'on voit figurer les premiers dans les révolutions, même les plus légiti-
mes,) parcouraient les villes et les bourgs, et les forçaient à se déclarer contre nous, en égorgeant sans
pitié les gouverneurs, les magistrats, les habitants
paisibles qui voulaient maintenir la tranquillité. Ce
fut ainsi que périt le gouverneur de Villa-Franca.

Jugeant dès le premier instant le caractère que

prenait l'insurrection, le général Duhesme n'hésita
point à rappeler le gros de la division Chabran,
qu'il n'avait laissé partir qu'à regret. Il fut obligé,
pour lui faire parvenir ses ordres, de se servir de
la voie de la mer, ses communications par terre
étant déjà toutes interceptées.

Le combat de Bruch avait eu lieu le 6 juin. Dès
le lendemain les insurgés étaient répandus en
foule autour de Barcelone ; quelques-uns vinrent
jusqu'au pied des glacis attaquer un de nos caissons de cartouches et faire feu sur les sentinelles
des remparts ; mais la masse, dirigée par des
moines et des déserteurs, prit position sur le Llobrégat, s'appuyant aux deux villages de Saint-
Boy et de Molins-de-Rey, qu'ils armèrent de canons, de barricades et d'abattis.

Les habitants de Barcelone manifestaient une
joie insultante, et cherchaient à semer le découragement parmi nos troupes. Le général Duhesme
en sentit davantage la nécessité de tomber sur ce
premier rassemblement, qu'il était d'ailleurs nécessaire de dissiper pour ouvrir le passage à la division Chabran. Dès le 8, il avait porté les avant-
postes en avant de Saint - Féliu, à plus de deux
lieues de Barcelone. Le 9, il reconnut la position
des insurgés ; et le 10, à une heure du matin, il
marcha pour les attaquer, à la tête de quatre bataillons et des deux régimens de cavalerie, italien
et napolitain, qui lui restaient.

Au point du jour, toutes les troupes étaient
rendues vis-à-vis de leurs points d'attaque respec-

tifs. Deux colonnes, commandées par le général Schwartz et par le chef d'escadron Ordonneau, passèrent le Llobrégat, l'une auprès de Saint-Boy, et l'autre devant Saint-Jean, village intermédiaire entre Saint-Boy et Molins-de-Rey. Elles avaient de l'eau jusqu'au milieu du corps. Deux hommes se noyèrent : un troisième fut tué par un boulet au milieu de la rivière ; mais le passage forcé, il n'y eut plus de résistance. Saint-Boy, où l'on sonnait en vain le tocsin, fut emporté et livré aux flammes : les insurgés y perdirent leurs canons et s'enfuirent dans les montagnes. Dans le même temps, Molins-de-Rey était attaqué, et malgré ses barricades, enlevé au pas de charge par le général Milossevitz.

Ce brillant succès nous coûta fort peu de monde. Une partie des troupes rentrèrent le jour même dans Barcelone avec le général en chef, traînant à leur suite deux canons de bronze pris sur les insurgés. Nous avions jeté dans la rivière quelques mauvaises pièces en fer qu'ils avaient mises en batterie à Saint-Boy. Nous avions aussi repris le canon qu'avait perdu le général Schwartz [1].

Pendant que nous combattions sur le Llobrégat, une bande d'insurgés était descendue de l'ermitage de Saint-Pierre-Martyr pour intercepter

---

[1] Malgré le succès, Napoléon blâma l'attaque du général Duhesme, parce qu'il l'avait faite avec quatre bataillons, quand il pouvait en employer davantage. « Ce n'est pas assez de vaincre les rebelles, lui faisait-il écrire, il faut les écraser. » Mais cela n'était pas possible en Catalogne : ces rebelles étaient trop agiles et trop favorisés par la nature du pays.

nos communications et tomber sur nos soldats
isolés. Cet ermitage est situé sur la pointe méridionale de la chaîne de montagnes qui, à une
lieue de distance de Barcelone, borne la plaine
entre le Bésos et le Llobrégat, dont les embou-
chures, l'une au nord et l'autre au midi, sont à-
peu-près aussi à une lieue de cette place. Le général Duhesme jugea convenable de s'en emparer et
de le retrancher. Le 11, avant la pointe du jour,
il y fit marcher deux bataillons, l'un par Esplugas
et l'autre par Sarria. Le premier (avec lequel je
me trouvais) suffit pour en chasser les insurgés.
Ils y laissèrent les dépouilles sanglantes de plusieurs de nos soldats tombés sous leurs coups. On
s'occupa de suite à fortifier ce poste. Un bataillon
resta pour protéger les travailleurs. L'autre alla
rejoindre à Molins-de-Rey le général Léchi, que
le général en chef avait envoyé au devant de la
division Chabran.

Les insurgés s'étaient portés de l'autre côté du
Llobrégat sur les hauteurs du village de Paléja.
Ils étaient encore en nombre considérable, et l'on
remarquait parmi eux plusieurs moines qui, par-
courant leur ligne, semblaient les exciter et les
encourager au combat. Aussi ne furent-ils débus-
qués de leur position qu'après une assez longue
résistance. La division Chabran ne paraissait pas
encore; mais enfin, sur le déclin du jour, nous la
vîmes arriver.

Le général Chabran s'était présenté le 7 juin
devant Tarragone, dont les portes lui avaient été

ouvertes sans difficulté. Le 8, il avait déjà mis son avant-garde en marche sur le chemin de Lérida, lorsqu'il reçut l'ordre de retourner à Barcelone. Il la fit rétrograder sur-le-champ ; et le lendemain, il repartit de Tarragone avec toutes ses troupes, après avoir reçu les protestations du gouverneur et de toutes les autres autorités, ainsi que la parole d'honneur des officiers du régiment suisse de Wimpfen qui s'y trouvait en garnison, que, loin de prendre part à l'insurrection, ils emploieraient toute leur influence pour l'empêcher d'éclater dans cette place.

A cette époque, les chefs civils et militaires, et presque tous les habitans qui avaient quelque chose à perdre, tremblaient encore à la seule idée de lutter contre le pouvoir colossal de la France. Ils semblaient déplorer l'aveuglement de leurs compatriotes ; mais la suite prouva combien peu l'on devait compter sur leurs discours. Changeant bientôt de conduite et de langage, après avoir commencé par plaindre les insurgés, ils les excitèrent eux-mêmes et finirent par les diriger.

Prévoyant combien il lui serait difficile de tenir la parole qu'il avait donnée, le colonel de Wimpfen, qui était de bonne foi, avait prié le général Chabran d'emmener avec lui son régiment à Barcelone ; mais ce général n'avait pas cru devoir le faire. Ce fut un malheur qu'il n'acceptât pas cette proposition et ne laissât pas, à la place du régiment suisse, une garnison française à Tarragone. S'il avait pris ce parti, il eût changé le cours des événements, non-seulement de la campagne de 1808, mais encore de toute la guerre de Catalogne; car cette place ne fût pas alors devenue le plus ferme boulevart des insurgés de cette province, et ils n'y eussent pas trouvé pendant trois ans un refuge assuré contre la poursuite de nos armées [1].

En allant à Tarragone, la division Chabran avait vu partout sur sa route, comme il avait été prescrit par le capitaine-général de la Catalogne, les autorités des villes et des autres communes venir au devant d'elle en signe de soumission. Il n'en fut pas de même à son retour. Dès la seconde journée, la petite ville d'Arbos s'opposa à son passage, tandis qu'une nuée d'insurgés l'attaquait en queue du côté de Vendreil. Ceux-ci furent dissipés en un clin d'œil; mais les habitants d'Arbos, barricadés dans leurs maisons, se battirent avec fureur et opposèrent une longue et imprudente résistance, dont le résultat fut l'incendie de leur ville et la mort d'un grand nombre d'entre eux. Les Français eurent de leur côté six hommes tués et quinze blessés.

Le même jour, un rassemblement nombreux,

[1] Les Catalans, ne pouvant s'expliquer le départ du général Chabran de Tarragone sans qu'il y laissât une garnison, l'attribuèrent à un miracle de sainte Thècle, patrone de la ville. C'est ainsi du moins que le disait une lettre particulière qui tomba dans nos mains; mais cette même lettre (que je possède encore) prouva que s'ils voyaient la main des Saints partout, ils étaient loin de se reposer uniquement sur leur secours, et de négliger les moyens humains pour se mettre en défense et augmenter de plus en plus l'exaltation des esprits. On peut voir à la fin parmi les notes et documents historiques, sous le nº 4, la traduction de cette lettre.

3.

soutenu par deux batteries de deux canons de gros calibre chacune , voulut encore les arrêter à Villafranca ; mais il ne put tenir devant eux , et se dispersa dès la première attaque, abandonnant la ville à leur merci.

Les habitants, du moins la plus grande partie, ne s'étaient pas joints aux insurgés ; mais , comme dans de pareils moments on distingue rarement les innocents des coupables , ils n'en craignaient pas moins le pillage de, leurs maisons. Ils ne désespérèrent pas cependant de la justice ou de la générosité des Français, et ils ne l'implorèrent pas en vain. La ville fut entièrement épargnée. Nos soldats la traversèrent sans commettre le moindre désordre , et allèrent bivouaquer trois lieues plus loin.

Le lendemain, la division n'eut plus d'insurgés à combattre ; mais elle fut très-retardée dans sa marche à travers les montagnes par des coupures qu'ils avaient faites sur la route. Le soir , elle opéra sa jonction avec le général Léchi en avant de Molins-de-Rey ; et le corps d'armée des Pyré-nées-Orientales se trouva de nouveau réuni tout entier.

Le général Duhesme , voulant venger l'affront que nos armes avaient reçu sous le Mont-Serrat, y dirigea le général Chabran avec toute sa division. Elle campa le 13 en avant de Martorell , après avoir chassé les insurgés des montagnes environ-nantes. Arrivée le 14 près de Bruch , elle faisait une halte, lorsqu'elle fut tout-à-coup assaillie par une fusillade très-vive, qui causa un instant de surprise et de désordre, parce qu'on ne voyait point d'ennemis. Ils étaient embusqués, comme le 6 juin, au pied du Mont-Serrat. Les voltigeurs français s'élancèrent pour les attaquer, et les virent presque aussitôt fuir devant eux. Ce n'étaient qu'une bande de déserteurs et quelques compagnies de volontaires nouvellement formées.

La division s'attendait à marcher sur le couvent du Mont-Serrat, et de là sur Manrèse; mais, à son grand étonnement et à celui des Espagnols eux-mêmes, son chef, sans aller plus loin, la fit revenir sur ses pas, et la ramena tranquillement à Barcelone. Elle ne fut suivie par aucun ennemi.

Dans cette seconde retraite du Mont-Serrat, moins concevable encore que la première, les Catalans virent un nouveau miracle de la Vierge qu'on révère sur cette montagne. Ils se confirmèrent dans l'idée que le ciel se déclarait pour eux, et cette idée doubla leurs forces et leurs espérances.

Le général Chabran dit, dans son rapport au général en chef, que le chemin du couvent du Mont-Serrat était coupé et miné en divers endroits, qu'il était fermé par un pont-levis, défendu par plusieurs batteries, et semé d'obstacles de toute espèce. Les insurgés avaient en effet amené quelques mauvais canons en arrière de Bruch; mais les mines, le pont-levis et la plupart des autres obstacles étaient entièrement imaginaires. On en eut la preuve sept mois plus tard, lorsque, sans même en avoir reçu l'ordre, (ce qui le fit mettre en prison au fort Montjouy), l'adjudant-commandant Devaux pénétra jusqu'au fameux couvent à la tête d'une faible partie de cette même division Chabran, qui toute entière avait paru reculer à la seule vue des rochers du Mont-Serrat.

Les deux faibles engagements qui avaient eu lieu près de Bruch méritaient à peine le nom de combats : ils n'en eurent pas moins une influence prodigieuse. Les batailles de Marathon et de Platée ne furent pas célébrées dans l'ancienne Grèce avec plus d'enthousiasme. Il fut proposé d'élever un monument à Bruch, avec ces inscriptions pompeuses :

Les Français, qui avaient passé partout, ne purent passer ici.

Ici furent vaincus, le 6 et le 14 juin 1808, les vainqueurs de Marengo, d'Austerlitz et d'Iéna. Mais ce monument néanmoins ne fut jamais exécuté.

Cessant de craindre pour Tarragone et pour Manrèse, les insurgés ne songèrent plus qu'à nous enfermer dans Barcelone du côté de la France. Ils portèrent presque toutes leurs forces au nord de cette ville, et ils en réunirent la majeure partie, au nombre de plus de dix mille hommes, sur le point de Mongat, où la nouvelle route de Gérone est barrée par un contre-fort des montagnes qui s'étend jusqu'à la mer. La gauche de leur position était flanquée par deux frégates anglaises, qui depuis notre arrivée à Barcelone en bloquaient étroitement le port. Elle était encore défendue par le château de Mongat[1] et par deux batteries placées sur les côtés de la route, qui avait été rendue impraticable par deux coupures très-larges et très-profondes. Cette gauche pouvait être regardée comme inattaquable. Mais il n'en était pas de même de la droite qui, s'étendant vers le haut des montagnes, n'avait pas les mêmes appuis. Elle était en l'air, comme on dit vulgairement ; et cela n'échappa point à l'œil exercé du général Duhesme.

Ce général avait déjà reconnu la position le 16. La nuit suivante, il se porta devant Mongat avec la division Léchi ; et le 17, au point du jour, tandis que par des démonstrations d'attaque il attirait l'attention des insurgés sur leur gauche et sur le centre, il les fit tourner sur leur droite par un bataillon italien et par le régiment d'infanterie napolitaine, commandé par le colonel Pégot. Cette manœuvre, que nous le verrons répéter souvent, et dont cette fois il confia la direction au chef d'escadron Ordonneau, eut le succès le plus complet. Les insurgés, pris en flanc et de revers, furent mis en pleine déroute. Nous restâmes maîtres du château de Mongat et de quatorze canons.

Pendant qu'à la tête de la division Léchi, le

---

[1] Le château de Mongat, bâti sur un rocher au bord de la mer, à trois lieues environ de Barcelone, protégeait un mouillage qui existe au pied de ce rocher : il était armé de plusieurs canons.

général en chef forçait la position de Mongat et
rouvrait ainsi la route de la Marine, les deux
bataillons français du 37e et du 93e forçaient
également, entre Moncade et Saint-André, le dé-
filé que forme l'autre route de Gérone au point
où elle est resserrée entre le Bésos et le pied des
montagnes. Ce défilé était aussi défendu par des
coupures et par quatre canons; mais les insurgés
n'en furent pas moins culbutés, et ils perdirent
leurs canons comme à Mongat.

Ce ne furent pas encore là les derniers que nous
prîmes dans cette journée. Le général Duhesme
était rentré dans Barcelone; mais il avait ordonné
au général Léchi de marcher avec sa division sur
Mataro. On pensait que cette ville n'opposerait
aucune résistance. C'était le vœu des habitants;
mais ils n'osèrent pas même le manifester. Ils
étaient comprimés par un petit nombre d'hommes
audacieux, presque tous étrangers à leurs murs,
et qui, pour en défendre l'entrée, avaient amené
plusieurs canons sur la route de Barcelone. Le
général Léchi leur envoya des parlementaires : il
les reçurent à coups de fusil. Alors ce général
donna le signal de l'attaque; et dans un instant
les canons furent enlevés. Les Italiens et les Napolitains entrèrent dans la ville de toutes parts; et
moins heureuse que Villafranca, Mataro ne fut pas
sauvée du pillage[1].

----

[1] Le gouverneur de Mataro, M. de Coupigny, bien que Français
de naissance, fut le premier chef militaire en Catalogne qui accepta
un commandement contre les Français. Il commandait en chef les

CHAPITRE IV.

Première expédition de Gérone.

Dès que le général Duhesme fut instruit de la prise de Mataro, il se détermina à marcher sur Gérone, et à pousser même jusqu'au fort de Figuières, qu'il savait bloqué par les insurgés. Il ordonna au 3ᵉ régiment provisoire de cuirassiers, ainsi qu'aux bataillons du 37ᵉ et du 56ᵉ, de suivre la division italienne; et il partit lui-même de Barcelone dans la nuit pour aller rejoindre cette division à Mataro.

Arrivé le 18 au point du jour dans cette ville, il communiqua son dessein au général Léchi; mais il vit avec chagrin ce général s'y montrer tout-à-fait contraire, et s'efforcer de l'en détourner, par la crainte surtout de manquer de vivres et de munitions. Sacrifiant pour le rassurer une partie de son projet, il lui promit de ne pas aller plus loin que Gérone, et même si cette place n'ouvrait pas ses portes, de ne pas rester plus de vingt-quatre heures sous ses murs. Il donna des ordres pour faire arriver de Barcelone un renfort de munitions, et il

forces des insurgés à Mongat; mais il n'en continuait pas moins de résider à Mataro. Le général Duhesme avait attaqué aux premiers rayons du jour, et les insurgés fuyaient déjà de tous côtés, lorsque leur général en chef, prévenu de l'attaque, accourait pour se mettre à leur tête. Il trouva plus prudent alors de les suivre dans leur fuite, que de retourner à Mataro.

fit partir sur-le-champ l'avant-garde pour Arens-de-Mar, afin d'y faire préparer des vivres pour toute la colonne [1].

Le reste de la division italienne se mit en mouvement peu d'heures après. Le régiment des cuirassiers et les bataillons du 37e et du 56e formaient l'arrière-garde.

Le passage de ces bataillons à travers Mataro donna lieu à une scène attendrissante. Ils avaient été en cantonnement dans cette ville, et ils s'y étaient fait aimer. En revoyant les soldats qui avaient logé chez eux, les habitants, les femmes surtout, qui étaient tristement assises à la porte de leurs maisons, s'élançaient dans leurs rangs et les embrassaient en fondant en larmes. Ils semblaient ainsi leur dire : « Ah! que n'êtes-vous entrés les « premiers dans notre ville! nous n'aurions pas, « dans ce moment, à gémir sur son pillage et sa « dévastation. »

Toutes les troupes prirent pour deux jours de vivres à Arens-de-Mar, et le soir même, elles continuèrent leur marche sur Calella. Le général Duhesme sentait combien il importait d'arriver rapidement devant Gérone pour profiter de la première impression faite sur les esprits par la déroute de Mongat; mais avant la fin de la journée, il eut déjà lieu de reconnaître que cette déroute n'avait produit rien moins que de l'abattement.

La nouvelle en était à peine parvenue à Gé-

---

[1] Arens de Mar, petite ville très-commerçante à deux lieues de Mataro.

rone, qu'on avait expédié des ordres pour faire lever en masse les habitants du pays que nous allions traverser; et deux officiers étaient partis en poste pour les diriger contre nous. Ils parvinrent à former un rassemblement nombreux, et ils le portèrent aux défilés de la route entre Saint-Pol et Calella. Ils commencèrent des coupures et des barricades; et ils employèrent pour les défendre les canons des batteries de la côte.

Ces travaux n'étaient qu'ébauchés, lorsque la tête de notre colonne parut. Elle prit les canons et força les défilés sans presque ralentir sa marche. Les insurgés se rallièrent devant Calella et revinrent à la charge; mais ils furent encore battus et dispersés. L'un des deux officiers envoyés de Gérone fut tué dans le premier combat; on trouva sur lui les ordres de la junte insurrectionnelle qui s'était organisée dans cette ville.

Nos troupes passèrent la nuit du 18 au 19 à Calella et à Pinéda. Le lendemain elles ne virent plus de grands rassemblements; mais elles essuyèrent souvent le feu des paysans embusqués dans les bois et dans les parties couvertes du terrain qui borde la route. Les habitants des villages avaient tous abandonné leurs maisons, et ils rôdaient continuellement autour de notre colonne. Ils faillirent, au milieu même de cette colonne, surprendre le général en chef: son escorte et son état-major furent obligés de les charger.

Le 19, l'avant-garde coucha à trois quarts de

lieue de Gérone. Le 20 au matin, elle se présenta devant cette place, précédée par un officier envoyé en avant pour la sommer.

Toutes les troupes arrivèrent successivement, et s'étendirent à droite et à gauche de la route de Barcelone. Le général Léchi, avec le gros de sa division, prit position à droite sur les hauteurs de Palau. Les cuirassiers et les bataillons du 37ᵉ et du 56ᵉ campèrent dans la plaine à gauche, avec un bataillon napolitain. Le régiment de chasseurs de la même nation s'avança jusque sur le Ter.

Gérone est située sur la route de France à Barcelone, à 20 lieues de cette place et à dix de la frontière. Elle est divisée par la petite rivière de l'Ogna en deux parties, la ville proprement dite ou la ville haute, et le Mercadal ou la ville basse. La ville haute, qui borde la rive droite de l'Ogna jusqu'à son embouchure dans le Ter, n'était fermée que par une ancienne muraille flanquée de tours; mais l'approche en était défendue par plusieurs forts et redoutes, élevés à l'Est et au Nord sur les montagnes au pied desquelles elle est bâtie [1]. Le Mercadal avait une enceinte terrassée et bastionnée, mais sans demi-lunes, chemin couvert, ni contrescarpe revêtue.

Le général Duhesme s'était flatté qu'à la vue de

---

[1] On voyait sur la montagne à l'est de Gérone, les forts des Capucins, de la reine Anne, du Connétable, du Calvaire, et les deux redoutes de la ville et du chapitre; et sur la montagne du Montjouy, qui est au nord, le fort de ce nom, ainsi que le fort ou redoute Saint-Jean.

ses troupes, Gérone, encore hors d'état de défense,
lui ouvrirait ses portes sans résistance, comme
Tarragone avait fait au général Chabran. Il était
persuadé que c'était le vœu des officiers du régiment irlandais d'Ultonia, qui formait la garnison
de la place; et il avait emmené de Mataro un prê-
tre et un autre personnage marquant, pour qu'ils
fissent aux habitants la peinture des maux qu'une
imprudente résistance avait attirés sur leur ville,
et que par la crainte des mêmes maux ils ache-
vassent de les déterminer à se soumettre. Il avait
été déjà désabusé en partie de ses espérances, en
lisant les ordres trouvés sur l'officier espagnol
tué en avant de Calella; mais il le fut encore mieux
sous Gérone même, lorsqu'il vit une artillerie nombreuse et bien servie saluer la tête de l'avant-garde,
et le poursuivre lui-même sur tous les points autour du Mercadal, dont il fit la reconnaissance sur-
le-champ.

Le tocsin sonnait sans relâche dans toutes les
églises. L'officier envoyé en parlementaire fut retenu prisonnier. Un habitant de Mataro, par lequel on avait cru devoir faire précéder et annoncer les deux députés, fut également arrêté; et, de
peur d'aventurer leur vie, on n'osa pas faire entrer
dans la ville ces députés eux-mêmes.

A peine arrivé, on désespérait déjà du succès de
l'expédition. « Que faut-il faire à présent, demandait le général Léchi, s'applaudissant tout bas de
l'avoir désapprouvée? » Le général Duhesme lui
propose de reconnaître la place avec lui. Mais

voyant qu'il s'en défendait comme d'une chose
inutile: « Eh bien! lui dit-il, qu'on fasse ramasser
toutes les échelles que l'on pourra trouver dans
les environs. »

J'offris de me charger de ce soin, que je regardais comme le plus important, si l'on voulait tenter une attaque, et qui me semblait devoir particulièrement concerner les officiers de mon arme.
Mais au lieu d'accepter mon offre, le général Duhesme m'ordonna de me rendre sur le Ter ; et par
cet ordre, donné évidemment dans le seul but de
m'éloigner, il me confirma dans l'idée où j'étais
déjà, que ce n'était point par l'emploi réel de la
force qu'il voulait essayer de réduire Gérone[1].

---

[1] Le général en chef m'avait emmené de Barcelone, sans me faire
connaître le but de sa sortie. Ce ne fut qu'à Mataro, lorsque l'a-
vant-garde était déjà partie pour Arens-de-Mar, que ce général,
dont j'étais encore fort peu connu, m'en dit le premier mot en me
demandant brusquement si je croyais que nous prissions Gérone. Je
savais que cette place était à l'abri d'un coup de main, et je répon-
dis sans hésiter que, si elle voulait se défendre, nous ne la pren-
drions point. Le général Duhesme, déjà aigri par le dissentiment
du général Léchi, parut mécontent de cette réponse. Quelques paroles qui n'étaient rien moins que flatteuses, et que quatre jours
plus tard il se fût bien gardé de m'adresser, me firent présumer
qu'il en avait fort mal interprété les motifs, et qu'il ne songeait
pas moins à une attaque de vive force. Ne pensant plus alors qu'aux
moyens de la faire réussir, et de prouver en même temps que la
prudence seule avait dicté ma réponse, je lui représentai que, les
remparts de Gérone étant très-élevés, il serait fort difficile de trouver dans les environs un nombre suffisant d'échelles assez longues
pour les escalader; et je lui demandai l'autorisation d'en faire chercher sur les lieux de notre passage, et de commencer par Mataro
même. Il me l'accorda; mais, au moment du départ, cédant aux
instances des propriétaires, il m'ordonna de leur rendre les échelles
que j'avais ramassées et la voiture qui devait les porter. J'en con-
clus qu'il ne serait rien tenté de bien sérieux contre Gérone.

Cependant, presque au même instant, j'entendis le chef-d'escadron Ordonneau, qui paraissait avoir été le principal conseil et posséder seul le secret de son général dans cette entreprise, se proposer lui-même pour conduire une attaque contre la ville haute, ne demandant que deux compagnies d'élite, et point d'échelles. Je vis en même temps le général Duhesme accepter sans balancer la proposition de son aide-de-camp et chef d'état-major, se disposer à lui confier, non pas deux compagnies seulement, mais toutes les compagnies d'élite de la division Léchi, et donner sur-le-champ l'ordre de les réunir.

Trois obusiers furent placés sur les hauteurs de Palau pour seconder l'attaque de la ville haute; mais ils furent loin de produire un effet favorable. La plupart des obus éclatèrent en l'air avant d'arriver sur la ville; et les affûts, sortis de l'arsenal de Perpignan où ils étaient depuis la paix de 1794, se démontèrent d'eux-mêmes après quelques coups. Cette batterie fut ainsi bientôt réduite au silence; et les défenseurs de Gérone crurent que c'était par l'effet de leur artillerie.

Le chef d'escadron Ordonneau ne s'en avança pas moins bravement avec ses compagnies d'élite le long de l'Ogna. Battu de front par la ville, et de flanc par les forts des Capucins et du Connétable, il ne put arriver jusqu'aux murailles. Il fit alors quelques mouvements qui semblaient menacer ces forts mêmes; mais il ne put résister long-temps aux feux dirigés contre lui, et il ne fut bientôt plus occupé qu'à s'en couvrir à la faveur des ressauts du terrain et des sinuosités des bords de l'Ogna.

Cette attaque, si toutefois on peut lui donner ce nom, ne servit qu'à redoubler la confiance des Géronais. Leurs longs cris de joie vinrent jusqu'à nous sur le Ter, entre Salt et Sainte-Eugénie, et nous n'en devinâmes que trop la cause.

Le général Duhesme avait ordonné au colonel des chasseurs napolitains Zénardi de tenter le passage du Ter, n'ayant peut-être pas entièrement renoncé au projet d'aller débloquer le fort de Figuières. Ce colonel, qui n'avait point d'infanterie avec lui, essaya faiblement de passer devant un rassemblement de paysans postés sur les hauteurs de la rive opposée; et bientôt il y renonça tout-à-fait.

Rien ne me retenant sur la rive du Ter, je la quittai pour retourner auprès du général en chef. Je ne le trouvai plus sur les hauteurs de Palau : il s'en était éloigné pour se porter vers les bataillons français et napolitain, qui étaient postés dans la plaine, devant le Mercadal. M'étant dirigé du même côté, je rencontrai ces bataillons en marche dans un ravin qui les dérobait à la vue; et, loin devant eux, je trouvai, accompagné d'un seul domestique, le général Duhesme qui examinait attentivement la place. Le mauvais succès de son aide-de-camp lui avait causé un chagrin profond qui était empreint sur tous ses traits. Il voulait à tout prix effacer l'impression de ce mauvais succès; et déjà, par ses ordres, une nouvelle batterie de deux

pièces avait été placée en avant de Sainte-Eugénie,
et lançait des obus contre la ville, où ils endom-
magèrent plusieurs bâtiments.

A peine l'eus-je rejoint, qu'il m'annonça qu'il
allait donner l'assaut. Ne croyant plus les objections de saison, je me bornai à lui répondre : « At-
« tendez du moins qu'il soit nuit, et que j'aie fait
« apporter des échelles. » Il parut y consentir, et
se dirigea d'abord avec moi vers Sainte-Eugénie ;
mais il me quitta bientôt pour retourner vers la
ville.

D'après l'ordre que je l'avais entendu donner
le matin, j'avais à tout événement fait ramasser,
par les chasseurs napolitains, toutes les échelles
des villages de Salt et de Sainte-Eugénie. J'en choisis dans le nombre douze à quinze des plus longues ; et je doutais encore beaucoup qu'elles le
fussent assez, excepté une cependant, qui était
très-haute et presque assez large pour deux hommes
de front, mais aussi fort lourde et fort incommode : c'était une espèce de grand brancard, dont
les échelons, très-écartés, étaient fort difficiles à
monter.

Au lieu de me donner pour le transport des
échelles des hommes de son régiment, le colonel
Zénardi ramassa dans le village des soldats français qui étaient venus chercher des vivres ; et ce
fut avec ces soldats, pris sans les ordres de leurs
chefs, que je pus me mettre en mouvement, lorsque le jour touchait à sa fin.

Arrivé au lieu où je croyais retrouver le général

4

en chef, je n'y revis plus un seul homme. Soit que les échelles fussent arrivées trop tard au gré de son impatience, soit que plutôt il n'eût jamais eu réellement l'intention de s'en servir, et qu'en me laissant les aller chercher, il n'eût encore songé qu'à m'écarter, parce que je prenais la chose trop au sérieux, ce général avait, sans les attendre, lancé lui-même les troupes contre la place[1].

Les voltigeurs français, arrivés à portée de fusil, avaient commencé à tirailler contre la place, comme ils font en rase campagne : ils avaient ainsi donné l'éveil aux batteries des remparts, qui avaient répondu en faisant pleuvoir la mitraille sur les assaillants. Le plus grand nombre s'étaient déjà cachés dans les replis du terrain ou dispersés dans la campagne; mais les plus braves s'étaient précipités dans les fossés, où ils couraient en vain de tous côtés pour trouver quelque moyen de pénétrer dans la place.

Résolu d'aller aussi tête baissée dans une entreprise que je regardais comme un coup de désespoir, je continue d'avancer avec mes échelles. Pour obliger les soldats qui les portaient à braver la mitraille, j'exhorte, je prie, je menace, je frappe même. Je parviens enfin à gagner le bord du fossé; et, malgré l'obscurité de la nuit alors

---

[1] Peut-être le général Duhesme craignait-il que je ne recherchasse trop avidement les dangers, uniquement pour répondre aux paroles qu'il m'avait adressées à Mataro. Parmi ces paroles se trouvaient celles-ci : « Seriez-vous homme à porter un baril de poudre contre « la porte d'une des redoutes de Gérone? »

très-profonde, je vois accourir vers moi une partie de ceux qui s'y étaient jetés.

Gardant pour moi la grande échelle, que je n'avais jamais quittée, parce que c'était la seule sur laquelle j'osasse bien sûrement compter, je leur livre les autres plus faciles à manier. Je dresse la mienne contre le rempart; et pour mieux exciter par mon exemple, je réclame à haute voix l'honneur de monter le premier. Il m'est cédé par le sergent-major des voltigeurs du 37e, Deguercy, qui avait déjà le pied sur le premier échelon; mais je ne suis pas encore au haut, que l'échelle est renversée, et que je suis précipité avec elle dans une cunette d'eau bourbeuse qui régnait au pied du rempart.

Quoique trempé, froissé et meurtri par tout le corps, je ne sors pas de l'eau que je ne sois parvenu à faire redresser l'échelle; et je remonte encore le premier. Un soldat, qui monte après moi, est tué en touchant le parapet. Le brave Deguercy nous suit, mais il est blessé et forcé de descendre. Je reste seul, et ce n'est qu'après quelques instants qu'un voltigeur vient se placer à mon côté[1].

Le moment était décisif. L'artillerie de la place avait cessé son feu : les derniers coups de fusil avaient été tirés sur nous, au moment où nos têtes dépassaient le parapet, par des hommes qui avaient

---

[1] Le sergent-major Deguercy fut grièvement blessé à la main par une espèce de limaille de fer, dont sans doute, à défaut de balle et de plomb, quelque habitant avait chargé son fusil; j'eus aussi la main effleurée et la figure couverte de poudre.

4.

aussitôt disparu : les remparts étaient déserts. Mais de notre côté il ne monte plus personne, ni à mon échelle, ni à aucune autre : celles que j'avais remises à la troupe n'avaient pas même été dressées contre les murailles, excepté une seule, à laquelle il n'était monté que le jeune Pouilly, officier de cuirassiers attaché à l'état-major du général en chef. Il était parvenu à la hauteur d'une embrasure ; le pied lui ayant manqué, il s'était laissé glisser jusqu'en bas, et il était revenu auprès de mon échelle, où s'étaient aussi ralliés les officiers et les soldats qui restaient encore dans le fossé.

Je ne conservais plus d'espoir de succès, et ne pouvais néanmoins me résoudre à descendre, lorsqu'on vint nous annoncer que deux parlementaires étaient sortis de la ville pour capituler, et que le général Duhesme avait ordonné qu'on se retirât. Cela me fut ainsi répété par le chef de bataillon napolitain Ambrosio, qui était du très-petit nombre d'officiers qui n'avaient pas quitté le fossé ; et je descendis enfin, avec le regret amer de voir manquer un coup de main, qui, contre ma propre opinion, eût très-bien pu réussir.

Nous n'étions plus que quelques hommes. Notre retraite se fit sans précipitation, et sans qu'elle fût troublée par un seul coup de fusil. Les deux échelles restèrent dressées contre les remparts, attestant aux habitants de Gérone le danger qu'ils avaient couru.

On ne peut nier que nos troupes, presque en

entier, composées de conscrits, n'étaient guère mûres pour un coup de vigueur tel que l'attaque de vive force d'une place de guerre, attaque qui, d'après tous les calculs, devrait même échouer faite par les plus vieux grenadiers. Mais si, comme on n'en peut guère douter, le général Duhesme n'eut d'autre dessein que de faire des démonstrations plus ou moins prononcées contre Gérone [1], celle qu'il dirigea sur le Mercadal fut, par mon opiniâtreté, poussée beaucoup plus loin qu'il ne pouvait espérer; et peu s'en fallut qu'indépendamment de ses chances directes de succès, son effet moral, le seul sur lequel il dût compter, ne fût réellement de nous donner la ville. Notre escalade jeta une telle frayeur parmi les habitants, que non-seulement ils ne retinrent point prisonnier, comme le premier, un second officier que le général Duhesme leur avait encore envoyé pour les sommer, mais qu'ils firent sortir eux-mêmes deux parlementaires, dont l'arrivée fit croire un instant à la reddition de la place.

L'un de ces parlementaires était le major du régiment d'Ultonia, et l'autre, un des membres

---

[1] En réfléchissant aux circonstances qui précédèrent et qui accompagnèrent la tentative du général Duhesme contre Gérone, et surtout à celles qui sont relatives aux échelles, il paraît évident qu'il n'eut jamais d'autre dessein que de faire contre cette place des démonstrations propres à frapper les habitants de terreur et à les faire ainsi venir à composition, mais qu'il ne crut pas devoir révéler ses véritables intentions à ses troupes, ni même à leurs chefs, qui se fussent probablement portés avec moins d'ardeur à un simulacre d'attaque qu'à une attaque réelle. De pareils simulacres lui avaient réussi dans le royaume de Naples.

de la junte. Ils assurèrent que les officiers, la junte elle-même et tous les principaux habitants ne demandaient pas mieux que de recevoir les Français dans la ville, mais qu'une populace en furie y faisait la loi, et qu'ils ne pouvaient répondre ni qu'elle respectât les usages ordinaires de la guerre, ni qu'elle eût aucun égard aux conditions qu'ils pourraient arrêter. Ils ajoutèrent que leur vie même ne serait pas en sûreté, s'ils rentraient à l'instant dans la place; et ils demandèrent qu'il leur fût permis de passer la nuit au milieu des Français; ce qu'on leur accorda sans difficulté.

Ils rentrèrent dans la ville au point du jour, après avoir promis de revenir avec une réponse positive à sept heures du matin. Mais on les attendit en vain jusqu'à dix. Désespérant alors de les voir reparaître, le général Duhesme mit ses troupes en mouvement pour retourner sur Barcelone.

Elles s'étaient à peine éloignées que les deux mêmes parlementaires revinrent; et ils furent très-étonnés de ne pas les retrouver. Quoique ce retour fût un peu tardif, quelques personnes en conclurent que la place se fût rendue, si nous étions restés seulement un jour de plus sous ses murs; mais dans le corps d'armée on ne partagea point cette opinion, qui cependant était peut-être bien fondée [1].

---

[1] Des officiers qui se trouvaient dans Gérone ont assuré long-temps après que les deux parlementaires n'étaient en effet sortis de nouveau le 21 juin, que pour régler les articles de la capitulation qui avait été décidée dans la nuit.

Telle fut la première attaque de Gérone, que
j'ai cru devoir retracer avec quelque détail, parce
qu'elle eut une grande influence sur les événements
du reste de la campagne. Jusque-là, les insurgés
avaient toujours été facilement battus : tout le
monde a du courage contre un ennemi qui fuit.
Mais, sous Gérone, la fortune ne fut pas pour
nous, et l'on apprit à connaître quelques officiers. Le général Duhesme eut toujours dans la
suite une prédilection marquée pour ceux qui s'é-
taient bien montrés dans cette occasion.

Le soir du 21, notre avant-garde coucha à Tordéra : les autres troupes bivouaquèrent entre les
villages de la Granote et de Masanet. Nous y trouvâmes, en grande abondance, des vivres de toute
espèce, que les habitants, surpris par notre retour
imprévu, n'avaient pu emporter en s'enfuyant.
Cette abondance rappela avec amertume au général Duhesme que c'était principalement la crainte
de manquer de vivres, témoignée par le général
Léchi à Mataro, qui l'avait engagé à ne faire, pour
ainsi dire, que paraître devant Gérone. Il regarda
cette précipitation comme la première cause de
son mauvais succès, et il se promit dès-lors de retourner sur cette place avec un autre général.

Cependant les habitants de Gérone, avertis de
notre départ par leurs parlementaires, parcouraient nos camps abandonnés et ne pouvaient
croire encore à notre retraite. Ils la regardaient
comme une ruse de guerre ; et dans le milieu de
la nuit, nous fûmes réveillés par un grand feu

d'artillerie et de mousqueterie, parti des remparts de leur ville, où, sur une fausse alerte, on s'était imaginé que nous renouvellions l'attaque de la veille [1].

Le 22, la colonne coucha à Pinéda et à Calella, et le 23 à Mataro, où le général Duhesme laissa pendant quelques jours la division italienne. Pour lui, il rentra, le jour même du 23, à Barcelone. Les troupes françaises qui avaient fait partie de l'expédition y rentrèrent le lendemain.

Dans notre retraite, nous ne fûmes point harcelés par les habitants; mais ils nous firent un autre genre de guerre plus dangereux. A Tordéra, vingt de nos soldats furent égorgés, pendant leur sommeil, dans un jardin où ils avaient bivouaqué. Plusieurs autres avaient eu le même sort dans des habitations isolées; on avait traîné leurs cadavres sur la route, et suspendu à des arbres leurs uniformes sanglants pour les étaler à nos yeux.

En général les Français qui avaient le malheur de rester en arrière ou de s'écarter de la colonne étaient presque tous massacrés; et ils l'étaient par les mêmes hommes qui avaient disparu de leurs maisons à l'approche de cette colonne. Ces hommes cruels ne se bornaient pas à leur ôter la

---

[1] Pour donner une idée de ce qui se passait à Gérone pendant notre attaque, et un échantillon en même temps des relations militaires des Espagnols, j'ai cru devoir insérer à la fin, parmi les documents historiques, sous le n° 5, un extrait littéral de celle qui fut publiée dans le journal de cette ville. On la trouve textuellement dans l'histoire des opérations de leur armée de Catalogne par le lieutenant-colonel Cabanes, qui la dit de la plus grande exactitude.

vie. Le plus souvent ils commençaient par les mutiler de la manière la plus horrible. Quelquefois ils les brûlaient, et il y en eut même qu'ils enterrèrent vivants. Tout concourait ainsi à donner à cette guerre un caractère plus prononcé de fureur et de barbarie. Nos soldats indignés exerçaient de terribles représailles : ils mettaient le feu à toute maison d'où partait un coup de fusil : ils ne faisaient grâce de leur côté à aucun habitant pris les armes à la main; mais on ne les vit jamais imiter les raffinements de cruauté dont ils étaient si souvent les victimes ou les témoins.

CHAPITRE V.

Deuxième affaire du Llobrégat. Prise de Martorell. Préparatifs du siége de Gérone. Ravitaillement du fort de Figuières. Marche sur Gérone.

Pendant notre expédition de Gérone , les insurgés avaient de nouveau réuni des forces considérables sur le Llobrégat. Le régiment suisse de Wimpfen s'était joint à eux , malgré la parole donnée par les officiers au général Chabran ; mais ils n'osaient encore s'y fier , et ils l'avaient distribué par détachements sur toute la ligne , sans lui confier un seul poste où il ne fût mêlé avec eux.

Cette ligne s'étendait de la mer à Molins-de-Rey. Ils avaient élevé des retranchements devant

Saint-Boy et vis-à-vis du gué de Saint-Jean : ils avaient établi une batterie de trois canons sur les hauteurs en face du pont de Molins-de-Rey ; et ils tenaient en réserve une batterie de deux pièces bien attelées, pour la porter, au moment du besoin, sur les points le plus menacés.

Le général Duhesme avait résolu de les attaquer le 27 juin, et il avait en conséquence rappelé de Mataro la division Léchi. Il voulait, comme la première fois, percer leur centre, en passant le Llobrégat devant Saint-Jean ; mais une crue imprévue rendit le gué impraticable ; et la hauteur des eaux n'ayant pas même permis d'établir un pont dans la nuit, comme il l'avait ordonné, il fut forcé de différer l'attaque.

Je lui proposai alors de passer le Llobrégat sur des barques à son embouchure, sous la protection des bâtiments de guerre français que nous avions dans le port de Barcelone (il y avait une goëlette et un brigantin). La nuit suivante, j'allai reconnaître cette embouchure, par son ordre, avec un officier de marine ; et nous découvrîmes, en la remontant, un gué qui nous était inconnu, et dont il fut décidé qu'on se servirait pour le passage projeté.

L'attaque fut de nouveau fixée au 30 juin. Les journées du 28 et du 29 furent employées en reconnaissances, dans l'une desquelles le général Duhesme fut atteint à la cuisse par une balle morte.

Le 30, la majeure partie de la division fran-

çaise, commandée par les généraux Goullus et
Bessières, était rendue avant le jour au nouveau
gué. Des chaloupes armées et plusieurs barques,
conduites par l'enseigne de vaisseau Laugier,
commandant de notre station maritime, étaient
déjà à l'embouchure du Llobrégat pour protéger
le passage ou donner les moyens de l'opérer, si
une nouvelle crue rendait le gué impraticable ou
trop difficile. Leur secours ne fut pas nécessaire :
quoique la rivière fût encore assez haute, nos
troupes la passèrent rapidement. Elles attaquèrent
sur-le-champ les postes ennemis, les mirent en
fuite, et firent quelques prisonniers.

Elles remontèrent ensuite la rive droite du
Llobrégat, prenant à revers les positions des insurgés, et chassant successivement tout ce qui se
trouvait devant elles. Le major Rambourg qui,
avec les chasseurs du Prince, faisait une fausse
attaque devant Saint-Jean, voyant les ennemis
abandonner leurs retranchements, passa la rivière
qui était redevenue guéable sur ce point, les
chargea, et leur fit une soixantaine de prisonniers.

Cependant le général Léchi se portait avec sa
division sur Molins-de-Rey. Un bataillon napolitain, commandé par Ambrosio, passa la rivière à
un gué au-dessus du pont, tandis que le bataillon
des Vélites s'avançait avec intrépidité sur le pont
même. Les insurgés furent mis dans une déroute
complète. Ils voulurent sauver leur batterie vo-
lante par la route de Villafranca ; mais le colonel

Zénardi la poursuivit avec les chasseurs napolitains, et parvint à s'en emparer.

Le résultat de cette affaire fut la dispersion des forces ennemies rassemblées sur le Llobrégat, la prise de leurs cinq canons, et plus de deux cents prisonniers, presque tous suisses. Ce résultat eût encore été plus brillant, si le général Goullus n'eût pas fait une halte et fût arrivé à temps, suivant le plan du général en chef, pour couper aux insurgés la retraite sur Villafranca.

Le général Duhesme avait suivi de la rive gauche du Llobrégat la marche des différentes colonnes. Après le temps nécessaire au repos des troupes, il ordonna au général Léchi de marcher sur Martorell, où se trouvait avant l'attaque le quartier-général des insurgés. Cette ville est dans un défilé au milieu des montagnes, au confluent de la Noya et du Llobrégat. Vers le milieu de sa longueur, on tourne à droite pour traverser le Llobrégat sur un pont en pierre d'une seule arche fort élevée, où les voitures ne peuvent passer ; sur la rive opposée, on remarque à la tête de ce pont un arc de triomphe antique, qui, suivant une tradition peu vraisemblable, aurait été élevé par Annibal à la mémoire de son père. A la sortie de la ville, on passe la Noya sur un pont en bois, qui fait partie de la grande route de Barcelone à Sarragosse.

En allant, vers la fin du mois de mai, reconnaître Lérida et son château, j'avais aussi reconnu Martorell en passant. Le général Léchi demanda de m'avoir avec lui ; et il me confia le commandement de son avant-garde, à laquelle le général en chef me permit de joindre les sapeurs provisoires de la division Chabran. Le capitaine Fleury, chef du génie à cette division, voulut marcher lui-même à la tête des sapeurs.

De Molins-de-Rey à Martorell, la route n'est qu'un long défilé, facile à défendre des deux rives du Llobrégat. Nous nous attendions à de grands obstacles ; mais nous ne trouvâmes de résistance qu'à Martorell même. L'entrée en fut défendue par une fusillade assez vive, qui partait du pont du Llobrégat et des environs de l'arc de triomphe. Nos troupes hésitaient à se jeter dans la ville : j'y entrai le premier, et marchai sur-le-champ au pont du Llobrégat. L'ennemi n'y tint point : il y était déjà battu par l'artillerie du général Léchi, qui nous soutenait de très-près.

Nous étions maîtres de la ville ; mais la tête de l'avant-garde se trouvait de nouveau arrêtée à la porte sur la Noya. Postés sur les hauteurs de la rive opposée, les insurgés battaient le pont dans toute sa longueur, enfilaient la porte et une partie de la rue qui y conduit. Je m'y portai rapidement ; et, le premier encore, je m'élançai sur le pont, sans tenir compte de leur feu. Nos troupes aussitôt me suivirent en courant ; et dans quelques minutes, nous n'eûmes plus d'ennemis devant nous.

Le capitaine Fleury, qui en fait d'intrépidité ne le cédait jamais à personne, s'était précipité avec moi sur le pont de la Noya, ainsi que dans la ville, et il m'avait dépassé sur le pont du Llobrégat. On nous accusa de témérité tous les deux; mais cette témérité était plus apparente que réelle ; car il avait été facile de remarquer que les insurgés ne tenaient jamais lorsqu'on les abordait franchement, tandis qu'ils résistaient long-temps, et nous tuaient toujours plus ou moins de monde, lorsqu'on tâtonnait devant eux [1].

Rentré dans Martorell, j'y trouvai le général Léchi, qui m'annonça l'intention de brûler cette malheureuse ville, où il n'était pas resté un seul habitant. J'intercédai en sa faveur; mais ce fut sans succès. Le lendemain matin, les troupes y mirent le feu avec beaucoup d'ordre et de loisir. Les flammes s'élevaient déjà de tous côtés dans les airs, lorsque nous repartîmes pour Barcelone [2].

C'était le premier incendie que j'eusse vu exécuter de sang-froid long-temps après le combat. Ce fut aussi le dernier dans cette campagne. On sentit que de pareils moyens ne faisaient qu'exaspérer de plus en plus les habitants, et finissaient toujours par tourner contre nous.

Un mois ne s'était pas encore écoulé depuis le commencement des hostilités, et déjà le corps d'armée des Pyrénées-Orientales avait livré quinze combats, pris cinquante canons et dispersé dans

---

[1] Ayant pour la première fois des étrangers sous mes ordres, j'avais cru d'ailleurs, où le péril était le plus grand, devoir surtout commander par mon exemple.

[2] C'était le général Duhesme qui avait donné l'ordre de brûler Martorell, où l'on avait égorgé plusieurs de nos soldats, et où s'opérait toujours après leurs défaites le ralliement des insurgés.

trois grandes affaires les masses des insurgés, qui
prétendaient le bloquer dans Barcelone. Battus dans
toutes les occasions aux environs de cette place, ils
parurent, pendant quelque temps, renoncer à ce
dessein. Le général Duhesme ne voyait ainsi plus
rien qui l'empêchât de parcourir la Catalogne
dans tous les sens : il eût pu même espérer de la
soumettre entièrement, si elle n'avait pas eu de
places fortes ; mais ces places lui opposaient des
obstacles qu'il n'était pas en son pouvoir de surmonter.

Il sentait chaque jour de plus en plus toute l'é-
tendue de la faute qu'on avait faite en n'occupant
point Gérone. Il brûlait du désir de la réparer. Sa
première tentative, où il s'était trop légèrement
flatté que la célérité et l'audace pourraient tenir
lieu de préparatifs et de forces, n'avait fait qu'irriter davantage ce désir.

Dans l'état de la guerre à cette époque, toutes
ses troupes n'étaient pas nécessaires pour garder
Barcelone. A peine de retour dans cette place, il
s'était empressé d'écrire au major-général de Napoléon, pour proposer le siége de Gérone, offrant
de l'entreprendre lui-même ou d'y concourir avec
la plus grande partie de son corps d'armée ; et il
s'était occupé sans retard à tout préparer pour
être en mesure de le faire ainsi.

Par ses ordres, le colonel Fabre dut former un
parc de siége. L'arsenal de Barcelone renfermait
en pièces d'artillerie et en approvisionnements de
tout genre ce qui était nécessaire et au-delà ; mais

les moyens de transport manquaient. C'est ce qui fit sans doute que le parc ne fut composé que de deux canons de seize, quatre mortiers et trois obusiers de gros calibre, deux à trois cents bombes et d'autres projectiles et munitions en proportion. On y ajouta un approvisionnement d'outils de sapeurs, et un grand nombre d'échelles, fortes, légères, s'ajoutant les unes au bout des autres, excellentes enfin pour un assaut[1].

Ces préparatifs eussent probablement fait réussir notre premier coup de main sur Gérone; mais ils étaient tout-à-fait insuffisants pour en faire le siége en règle; et le nombre de troupes qu'on pouvait emmener ne l'était pas moins. Je crus devoir le dire et le répéter au général Duhesme avec une entière franchise; mais, à moins d'être arrêté par un ordre supérieur, il était irrévocablement décidé à tenter de nouveau sa fortune contre Gérone[2].

[1] Dans le cas où l'on se servirait des échelles d'assaut, j'avais proposé qu'en les distribuant aux compagnies, on les remît aux officiers, et qu'elles fussent auparavant numérotées ou marquées, de manière à ce qu'on pût reconnaître celles qui donneraient entrée dans la place, et ne décerner les louanges et les récompenses qu'à ceux qui les auraient méritées; ce qui n'arrive pas toujours.

[2] Peut-être le général Duhesme comptait-il moins sur tous ses préparatifs contre Gérone que sur quelqu'une de ces circonstances imprévues, qui, en dépit de tous les calculs, ont souvent tant de part aux succès de la guerre. Peut-être aussi les discours des deux parlementaires qui lui avaient été envoyés devant cette place, et plus encore leur retour immédiatement après son départ, lui avaient-ils fait penser qu'elle n'était pas bien affermie dans la résolution de se défendre, et que cette résolution ne tiendrait point contre les premières opérations d'un siége en règle. On pouvait citer tant d'exemples récents de places qui s'étaient rendues ainsi! Les Espagnols ne nous avaient pas encore appris ce qu'ils valaient der-

Tout semblait d'ailleurs conspirer autour de lui pour l'affermir dans sa résolution. Parmi les officiers du génie même, j'étais le seul qui élevât une voix importune pour la combattre : ceux qui auraient pu me seconder ne voulaient voir dans un siége qu'une occasion de se signaler. Le colonel Fabre, dont l'opinion devait être du plus grand poids, ne semblait pas douter que son artillerie ne réduisît Gérone. Quant aux officiers des troupes, le général en chef avait su faire passer dans leurs ames l'ardeur qui l'animait lui-même. Ces officiers soupiraient après le moment du départ, et se donnaient rendez-vous sous Gérone, comme s'il se fût agi d'un tournoi, ou qu'ils eussent eu chacun un affront à venger sous ses murs.

Cependant, avant de s'engager définitivement dans une telle entreprise, le général Duhesme désirait avoir l'assentiment, au moins tacite, de Napoléon. Il attendait avec une vive impatience la réponse du major-général, lorsqu'il en reçut des dépêches par un bateau de poste, qui entra dans le port de Barcelone malgré la croisière des Anglais.

Le major-général lui mandait que le général Reille, aide-de-camp de l'empereur, était parti pour aller réunir à Bellegarde une division de trois à quatre mille hommes. « Il est nécessaire, « ajoutait-il, qu'aussitôt que vous aurez soumis les

---

rière des remparts. Et comment n'eût-on pas espéré, contre des insurgés mal aguerris, les succès qu'on venait d'obtenir tant de fois contre les troupes du grand Frédéric ?

« environs de Barcelone, vous vous mettiez en
« marche sur Gérone pour rétablir les communica-
« tions entre Barcelone et le général Reille, qui
« incessamment va marcher sur Figuières. » Le
bateau de poste avait aussi apporté une lettre de
ce général, où il annonçait qu'il avait ravitaillé
le fort de Figuières, et que, aussitôt qu'il aurait
réuni toute sa division, il marcherait sur Gérone.

La dépêche du major-général ne parlait pas du
siége de cette place. Mais dire de rétablir les communications de Barcelone avec Figuières, n'était-ce
pas dire de prendre Gérone, sans laquelle certainement ces communications ne pouvaient être ré-
tablies? Le général Duhesme put donc croire que
Napoléon ne désapprouvait pas le projet de siége,
et qu'il avait même autorisé son aide-de-camp à
coopérer à l'exécution. Il se hâta de répondre
au général Reille qu'il serait du 20 au 23 juillet
sous Gérone, avec tout ce qu'il pourrait emmener de Barcelone en moyens de siége ; et il l'engagea à s'y trouver de son côté à la même époque,
avec tous ceux qu'il pourrait tirer de Figuières et
de Perpignan.

Dès le commencement des hostilités, le fort de
Figuières avait été bloqué par les insurgés. Il était
gardé par un bataillon français d'environ six cents
hommes, commandé par le colonel Piat. Il n'avait
rien à craindre d'une attaque ; mais il ne renfermait
pour toutes provisions de bouche que quinze mille
rations de biscuit, qu'heureusement le général
Duhesme y avait fait jeter quinze jours avant l'in-

surrection. La ville de Figuières avait mieux aimé
se laisser écraser par les bombes du fort que de
fournir des vivres à la garnison. L'empereur avait
envoyé au général Duhesme l'ordre de faire partir
le général Léchi de Barcelone, pour organiser un
corps sur les hauteurs de Bellegarde; mais, lorsque
cet ordre parvint, les communications par terre
étaient interceptées, et le général Léchi ne voulut
pas s'exposer aux dangers de la traversée par mer.
Napoléon prit alors le parti de le remplacer par le
général Reille. Ce général, à peine arrivé sur la
frontière, marcha, sans perdre un instant, sur Figuières, à la tête des premières troupes qu'il
trouva sous sa main. Il mit en fuite les insurgés,
(3 juillet) débloqua le fort, et y fit entrer un
convoi de vivres. Il retourna ensuite sur Bellegarde, pour y attendre le reste des troupes qui
devaient composer sa division. C'est de là qu'il avait
écrit pour annoncer son premier succès et ses projets ultérieurs.

Au premier avis de l'insurrection de la Catalogne, Napoléon avait prescrit au général Duhesme
de désarmer la ville de Barcelone, de manière à
n'y pas laisser un seul fusil; d'approvisionner de
vivres la citadelle et le fort Mont-Jouy; de prendre
des otages; de les envoyer dans ce fort au moindre
événement; et d'employer enfin, s'il le fallait, les
moyens les plus violents pour garantir la sûreté
et la subsistance de ses troupes: « la guerre, di-
« sait-il, justifie tout. » L'exécution des deux premières mesures était indispensable pour qu'on

5.

pût, sans imprudence, s'éloigner de Barcelone avec la plus grande partie des troupes; mais le désarmement de cette ville était une opération dangereuse et très-difficile. Le capitaine-général espagnol faisait craindre un soulèvement, si l'on ne la tentait avec tous les ménagements que rendaient nécessaires et l'esprit et la masse de la population. Il offrit de l'exécuter lui-même par des voies de douceur ; mais ces voies de douceur n'ayant fait livrer que trois à quatre cents mauvais fusils, le général Duhesme vit bien qu'elles ne pouvaient suffire et qu'il fallait recourir à d'autres. Après avoir mis toutes ses troupes sous les armes, il fit faire des perquisitions dans les maisons particulières et surtout dans les couvents. Il parvint ainsi à trouver plus de quatre mille fusils, indépendamment d'un grand nombre de sabres et de poignards.

Il prit aussi diverses mesures pour approvisionner de vivres la citadelle et le fort Mont-Jouy, ainsi que pour assurer la subsistance journalière des troupes qu'il devait laisser dans Barcelone, sous les ordres du général Léchi. Le désarmement des habitants, et mieux encore l'entière dispersion des insurgés dans les environs, empêchaient de craindre alors pour la sûreté de ces troupes. Elles avaient d'ailleurs, en cas de danger pressant, une retraite assurée dans la citadelle et le fort Mont-Jouy, qui avaient été armés et mis en état de défense au moment de leur occupation.

Tranquille ainsi sur Barcelone, le général Du-

hesme ne songea plus qu'à sa nouvelle expédition.
La division Chabran devait y marcher tout entière.
Elle avait été envoyée dans le Vallés [1] après la
journée du 30 juin, et le 4 juillet elle était entrée
à Granollers. Le 5, elle s'était présentée à l'entrée
des défilés du Congost, qu'il faut traverser pour
aller à Vique. Les insurgés, postés sur les montagnes voisines, s'étaient imaginé qu'ils l'avaient
empêchée par leur présence de s'engager dans ces
défilés. En ayant conçu de l'audace, ils étaient
descendus de leurs montagnes, pour harceler
notre avant-garde. Le général Bessières, qui la commandait, feignit de battre en retraite, pour les attirer dans la plaine. Ils donnèrent dans le piége
et se précipitèrent à sa poursuite ; mais ils se virent
tout-à-coup enveloppés par nos chasseurs et par
nos voltigeurs, et un grand nombre d'entre eux
furent tués ou blessés.

Aussitôt après avoir reçu la lettre du général
Reille, le général Duhesme ordonna au général
Chabran de redescendre sur Mataro, de porter
ensuite une partie de ses troupes à Arens-de-Mar,
et de pousser des reconnaissances jusqu'à Calella ;
mais le général Chabran, écoutant trop, comme
sous le Mont-Serrat, des bruits exagérés à dessein
par les Espagnols, lui répondit que la route, qui
de Mataro à Calella longe le bord de la mer, était
presque partout coupée ou minée ; qu'une flottille, composée d'une frégate anglaise, d'une demi-

---

[1] On donne le nom de Vallés au bassin formé, au-dessus de Saint-
André, par les vallées du Bésos et de ses affluents.

galère et d'un grand nombre de chaloupes canonnières, empêchait d'en approcher ; qu'il était impossible enfin de s'avancer par cette route.

Le général Duhesme sentit la nécessité d'aller
se mettre lui-même à la tête de la division Chabran. Il partit le 16 juillet de Barcelone pour se
rendre à Mataro, et laissa des ordres au général
Léchi pour le départ du parc de siége et du reste
des troupes qui devaient marcher sur Gérone.

Arrivé à Mataro, il s'assura qu'en effet la route
avait été coupée sur plusieurs points; mais les reconnaissances du général Chabran n'avaient point
approché des coupures, et l'on ignorait encore leur
véritable position. Le 16 même, il fit marcher le
général Goullus avec sa brigade, pour chasser les
insurgés des montagnes qui dominent la route
entre Mataro et Arens ; et il ordonna au général
Chabran de s'avancer par cette route avec son artillerie et le reste de sa division.

Le général Goullus repoussa les insurgés après
un combat assez vif, où nous n'eûmes cependant
qu'un petit nombre de blessés; mais au nombre
de ces blessés se trouvait le chef de bataillon du
16ᵉ, Latour, qui, pour aller au siége de Gérone,
avait quitté le commandement de la place de Barcelone, et qu'il fallut rapporter dans cette place[1].

Quant au général Chabran, le général en chef

---

[1] Un de nos soldats se signala par un trait d'intrépidité que je ne
puis m'empêcher de rapporter. Ayant vu sept Espagnols sur le haut
d'une montagne, il monta seul pour les attaquer, en tua deux,
mit les autres en fuite, et rapporta cinq fusils. Ce soldat s'appelait
Collet : il était du bataillon du 16ᵉ.

qui n'était parti de Mataro qu'une heure après lui
le trouva, dans le lit d'un vaste torrent, à moins
d'un quart de lieue de cette ville, arrêté avec
toutes ses troupes par la vue de la flottille ennemie qui l'attendait pour le canonner. Il ne put
s'empêcher de témoigner plus que de la surprise, et,
se lançant lui-même le premier hors du torrent,
il enleva les troupes qui, sans attendre d'autre ordre, s'ébranlèrent aussitôt pour le suivre.

Les feux de la flottille, dont on s'était fait une
image terrible, ne furent presque plus rien dès
qu'on osa les braver : nos boulets et nos obus les eurent bientôt éloignés, et les défilés qu'on n'osait
aborder furent forcés presque en courant.

Nous trouvâmes la route coupée sur trois points
en avant et en arrière d'Arens-de-Mar. Nous tra-
vaillâmes toute la nuit à la réparer; et dans la ma-
tinée du 17 notre artillerie put y passer.

Ce premier succès fit renaître la confiance : cependant la peinture qu'on faisait des énormes coupures que nous devions rencontrer encore avant
d'arriver à Calella, détermina le général Duhesme
à prendre une autre direction. Des habitants notables de Mataro assuraient qu'il était possible de
passer avec de l'artillerie à côté du fort d'Hostalrich, et d'éviter ainsi la route du bord de la mer.
Ils ajoutaient qu'avec de légers travaux, pour réparer un chemin déjà praticable aux voitures du
pays, il ne serait pas difficile de conduire cette artillerie d'Arens-de-Mar à Saint-Célony, où l'on re-
joindrait la vieille route qui passe par Hostalrich.

Le capitaine du génie Fleury reçut l'ordre de travailler de suite à la réparation de ce chemin. Toutefois le général envoya le chef d'escadron Ordonneau reconnaître, avec deux bataillons, la route jusqu'à Calella, et il m'ordonna de l'accompagner.

La flottille obligea ces bataillons à marcher par les montagnes. Elle dirigea contre eux une canonnade si violente, que les habitants de Barcelone, qui l'entendaient distinctement, crurent qu'elle avait détruit au moins la moitié de nos troupes. Cependant, par un bonheur singulier, aucun de nos soldats ne fut tué, quoique plusieurs eussent leurs fusils brisés par des boulets.

Les bordées de mitraille de la frégate anglaise ne nous empêchèrent pas de reconnaître les coupures de la route. Elles se trouvaient entre Saint-Pol et Calella, et n'étaient qu'au nombre de deux; mais la dernière était vraiment effrayante. Elle avait été pratiquée, à l'aide de la mine, sur un point où cette route, resserrée par un rocher à pic fort élevé, formait contre le flanc de ce rocher une espèce de corniche, au-dessous de laquelle on voyait la mer à une très-grande profondeur.

Je ne crus pas impossible de réparer cette coupure; mais le chef d'escadron Ordonneau et les autres officiers qui la virent avec moi en jugèrent autrement. La description qu'ils en firent au général Duhesme ne fit que le confirmer dans le dessein de passer par la route d'Hostalrich. Il envoya cependant encore le lendemain, sous les or-

dres de l'adjudant-commandant Devaux, une
nouvelle reconnaissance aux défilés de Saint-Pol,
mais ce ne fut plus que pour donner le change à
l'ennemi; et Ordonneau, le chef de confiance du
général Duhesme, alla se mettre à la tête de l'a-
vant-garde du côté de Saint-Célony.

Le parc de siége arriva le 19 à Arens-de-Mar,
escorté par des troupes de la division Léchi. Le
train d'artillerie du corps d'armée suffisant à peine
pour le transport des pièces et des munitions de
campagne, il avait fallu, pour transporter ce parc,
trouver des voitures et des chevaux. On les avait
demandés aux autorités espagnoles de Barcelone :
elles promirent d'abord de les requérir chez les
habitants, et puis, au moment du besoin, elles
manquèrent à leur promesse.

On fut obligé d'employer les troupes à faire
des visites domiciliaires; et l'on prit de force les
chevaux, les mulets et les chariots qu'on put
trouver; mais on n'en réunit ainsi qu'un nombre
insuffisant; et notre parc de siége, déjà si incomplet, ne put pas même être emmené tout entier.

Il n'était pas encore arrivé à Arens, qu'on avait
reconnu l'impossibilité de faire passer la grosse artillerie par le chemin de Saint-Célony, à cause
d'une montée extrêmement rapide, qui se rencontre entre Arens-de-Mar et Arens-de-Mont. Il n'y
eut plus alors à choisir : il fallut se résoudre à
tenter la réparation des coupures de Saint-Pol.

Je l'entrepris dès le 19 même. La première coupure, comme celles que nous avions déjà réparées

près d'Arens-de-Mar, n'était qu'un fossé très-large et très-profond. Il ne fallait que des matériaux et du temps pour en remplir le vide. Mais la seconde ne pouvait être comblée : tout ce qu'on y eût jeté aurait roulé dans la mer. Sa réparation présentait de grandes difficultés : je parvins cependant à les surmonter ; et je réussis à suspendre et à fixer contre le rocher un énorme massif de bois et de terre, sur lequel nos plus grosses pièces purent passer sans l'ébranler.

Il ne fut pas facile de se procurer du bois. Les arbres étaient rares et dispersés à de grandes distances : il fallait les aller couper au loin et les traîner ensuite sur les flancs des montagnes à travers les ravins et les précipices. Dans les passages les plus difficiles, nos soldats s'encourageaient en poussant des cris et faisant battre la charge, comme s'ils eussent marché à l'ennemi. Les boulets de la flottille, qui tombaient au milieu d'eux, et plus encore au milieu des travailleurs entassés autour de la coupure, loin de ralentir leur ardeur, ne faisaient que l'exciter davantage ; et peut-être eût-il été impossible d'obtenir la même promptitude et les mêmes efforts, si le travail n'avait pas eu lieu sous le feu de l'ennemi [1].

Il fut exécuté par les deux bataillons du 7me et du 93me, qui repoussaient en même temps les insurgés du côté de terre. L'adjudant-commandant

---

[1] La première coupure empêchait notre artillerie de s'approcher de la seconde pour éloigner la flottille, et l'on eût perdu trop de temps, si on ne les eût réparées que l'une après l'autre.

Devaux conduisait ces deux bataillons, et les animait encore plus par son exemple que par ses ordres, mettant lui-même la main à l'œuvre et ne s'éloignant pas un instant du bord de la coupure, qui était le point le plus périlleux.

La réparation de cette coupure, qu'on avait jugée impossible, fut terminée en moins de trente heures. Elle parut un tour de force, et le général Duhesme en vit le succès avec d'autant plus de joie qu'au dernier moment il en désespérait encore. Il ne pouvait trouver assez d'expressions pour me témoigner sa reconnaissance, croyant que je lui avais rendu le plus grand des services. Il avait craint d'être obligé de retourner avec honte sur ses pas, et il tirait de ces premiers obstacles vaincus le plus heureux augure pour le succès de son entreprise; augure trop flatteur que l'événement ne devait pas justifier.

Le soir même du 20, tout le parc de siége passa sur la coupure; et nos troupes allèrent camper entre Calella et Pinéda. Elles se composaient du régiment de cuirassiers et de la brigade d'infanterie de la division Chabran commandée par le général Nicolas, du régiment de chasseurs napolitains et de deux bataillons, l'un italien, l'autre napolitain, détachés, ainsi que ce régiment, de la division Léchi.

L'autre brigade de la division Chabran, commandée par le général Goullus, qui s'était avancée jusqu'à Saint-Célony pour protéger la réparation du chemin, suivit la route d'Hostalrich. Elle avait

avec elle son artillerie de campagne et le régiment
de chasseurs français, à la tête duquel marchait le
général Bessières. Elle tint le fort d'Hostalrich bloqué pendant toute la journée du 21. La nuit suivante, l'artillerie passa, très-heureusement, à
portée de mousquet de ce fort, en suivant une
direction tracée par le capitaine Fleury. Il y eut
quelque désordre dans le passage des troupes : un
bataillon resta égaré pendant plusieurs heures ;
mais enfin, le 22 au soir, toute la brigade opéra
sa jonction avec la principale colonne.

Ce soir même, le général Duhesme se présenta
devant Gérone avec cinq bataillons et deux régiments de cavalerie. Il en investit la partie occi-
dentale, et provoqua par des feux de tirailleurs et
par quelques obus une forte canonnade, afin d'a-
vertir de son arrivée le général Reille qu'il ne
supposait pas éloigné.

Le parc de siége et le reste des troupes arrivèrent le 23. Il y eut, pendant toute la journée, des
escarmouches plus ou moins vives : les insurgés
se montraient autour de nous de tous les côtés.
Le général Duhesme, ne recevant pas de nouvelles
du général Reille, envoya, le 24, au devant de lui
le colonel des chasseurs napolitains Zénardi avec
son régiment et deux bataillons. Ce colonel força
le passage du Ter, qui était défendu par un rassemblement nombreux d'insurgés : il y perdit
quelques hommes, entre autres le capitaine de
chasseurs de Notaris, qui fut tué au milieu de la
rivière. Ensuite il gagna la route de Figuières, et

trouva le général Reille à Bascara sur la Fluvia.

Ce général, qui n'avait sans doute pas reçu la lettre où le général Duhesme lui donnait rendez-vous sous Gérone, parut étonné en voyant nos troupes. Il n'en marcha pas moins sur-le-champ vers cette place. Il prit position sur le Ter aux villages de Sarria et de Pont-Mayor, et se lia de suite par sa droite avec le général Duhesme.

CHAPITRE VI.

Siége de Gérone.

La division du général Reille était d'environ cinq mille hommes. Elle était composée d'une légion de marche (formée avec des conscrits destinés pour différents corps), de deux régiments toscans, l'un d'infanterie et l'autre de cavalerie, d'un bataillon de compagnies départementales, et d'un bataillon valaisan. Ces troupes étaient entièrement nouvelles ; et malheureusement les premiers combats qu'elles avaient livrés, au lieu de les aguerrir, semblaient avoir produit un effet contraire. Elles venaient d'être repoussées avec perte devant la place de Roses, qu'elles s'étaient flattées d'emporter par un coup de main : elles avaient encore reçu d'autres échecs, où les hommes pris ou blessés avaient éprouvé toute la cruauté des Espagnols : leur moral en était fortement affecté.

Les troupes amenées de Barcelone par le général Duhesme paraissaient déjà fort aguerries auprès de la division Reille : accoutumées à battre les insurgés, elles les méprisaient antant que celle-ci semblait les redouter. Leur nombre s'élevait à plus de six mille hommes. La force du corps de siége était ainsi de onze à douze mille hommes.

Ce n'était pas assez pour compléter l'investissement de Gérone, l'un des plus difficiles à former, à cause des rivières sur lesquelles la ville est située, et des montagnes qui s'étendent et se multiplient en avant de ses forts. Il fallut encore détacher pendant tout le siége un régiment de cavalerie et trois ou quatre bataillons, pour escorter des convois qui allaient chercher au fort de Figuières et à Perpignan des canons, des munitions et d'autres approvisionnements. Le général Reille n'avait rien amené avec lui, ne s'étant ni préparé ni attendu à faire un siége ; et il n'était plus possible de se dissimuler l'insuffisance des moyens que nous avions tirés de Barcelone.

Depuis notre tentative du 20 juin, les travaux de défense avaient été poussés à Gérone avec une grande activité. On s'était surtout empressé, aussitôt après notre départ, d'augmenter la profondeur des fossés de la ville basse ; et l'on avait vu les moines, les prêtres, les femmes mêmes, y travailler à l'envi.

Indépendamment du patriotisme, la superstition

avait une grande part à cette ardente émulation. Les habitants de Gérone se flattaient d'avoir dans saint Narcisse un protecteur d'un pouvoir surhumain, qui, à plusieurs époques, avait déjà sauvé leur ville par des miracles. Ils le croyaient animé d'une vieille inimitié contre les Français; et ils ne doutaient pas que ce ne fût lui, qui, par un nouveau miracle, avait fait échouer nos efforts au 20 juin. En reconnaissance de ce bienfait, et dans l'espoir des secours qu'ils en attendaient encore, ils l'avaient nommé leur généralissime, avaient ceint sa statue d'une épée richement garnie, et l'avaient décorée de tous les insignes du commandement[1].

Le régiment d'Ultonia était toujours à Gérone. Des canonniers expérimentés y étaient accourus des autres places de la Catalogne, qui n'étaient pas menacées par les Français. Il s'y était encore jeté, ainsi qu'au 20 juin, un grand nombre de marins de la côte, déjà habitués au service du canon. A tous les habitants de la ville en état de porter les armes, s'étaient joints en foule ceux des environs; et, si l'on n'eût jugé plus incommode qu'utile d'en trop grossir le nombre, il en fût encore venu davantage du reste de la Catalogne.

Arrivés sous Gérone, notre premier soin fut d'établir des communications faciles entre nos quartiers. Nous fîmes avec des charrettes un pont

---

[1] Voyez à la fin, sous le nº 6, une note sur les siéges de Gérone antérieurs à 1808.

pour l'infanterie sur le Ter, dont les gués sont incommodes et quelquefois dangereux. Le chemin ordinaire étant trop exposé au feu de la place, un nouveau chemin fut frayé dans les montagnes, pour aller de ce pont à Sarria, où s'était établi le général Reille.

Nous détournâmes, au-dessus de Sainte-Eugénie, un canal qui faisait tourner les Moulins de Gérone; et nous nous emparâmes pour notre usage de ceux de Bascano, situés sur la partie supérieure du même canal. Nous retranchâmes ces moulins pour nous y maintenir. Ils nous furent, pendant tout le siége, de la plus grande utilité: les Espagnols nous auraient jetés dans un grand embarras, s'ils les eussent détruits à notre arrivée.

Nos quartiers s'étendaient de la rive gauche de l'Ogna, près de Palau, jusqu'à Sarria et Pont-Mayor. Nos forces ne nous permettaient pas de cerner la place du côté des montagnes de l'est, où se trouvait la chaîne des forts du Calvaire, du Connétable, de la Reine Anne et des Capucins. Nous ne l'avions pas même encore investie du côté du fort Mont-Jouy, lorsque, dans la nuit du 26 au 27 juillet, le chef d'escadron Ordonneau partit des bords de l'Ogna à la tête d'un bataillon, et traversa toutes ces montagnes, pour aller rejoindre la gauche du général Reille. Dans cette reconnaissance nocturne, il surprit quelques postes extérieurs de la place, et il s'empara de trois redoutes en maçonnerie situées en avant du fort Mont-Jouy:

elles n'avaient pas été mises en état de défense par les insurgés.

Le lendemain 27, le général Reille se transporta auprès du général Duhesme à Palau, accompagné du chef de bataillon Gerbet, qui avait été envoyé de Madrid pour prendre le commandement du génie au corps d'armée des Pyrénées-Orientales, et qui le prit sur-le-champ au corps de siége ; et là, dans une conférence où fut également appelé le colonel commandant l'artillerie, Fabre, il fut décidé qu'on attaquerait par le fort Mont-Jouy : on adopta, pour la conduite des attaques, le plan qui fut proposé par le chef de bataillon Gerbet [1].

Les deux généraux réglèrent entre eux la distribution des postes et des troupes en conséquence de ce plan. La division Reille, qui était postée devant le Mont-Jouy, fut chargée d'exécuter et de protéger les travaux du siége : elle devait en même temps se garder du côté de l'Ampourdan [2].

---

[1] Je ne sais si la prise des redoutes avancées du Mont-Jouy n'influa pas sur le choix du point d'attaque : lorsque ce choix fut arrêté, je n'étais pas auprès du général Duhesme. Si j'eusse été consulté, j'aurais cherché à faire sentir qu'il fallait s'attacher de suite au corps de place, et attaquer par conséquent la ville basse, qui n'avait aucun ouvrage extérieur ; que, la ville prise, tous les forts tombaient d'eux-mêmes, tandis que la prise du fort Mont-Jouy n'entraînait nullement celle de la ville ; et qu'enfin n'ayant pas assez de moyens pour faire un siége, il ne convenait pas de choisir un point d'attaque qui en exigeait deux, et deux très-difficiles, puisqu'il fallait qu'on cheminât presque constamment sur le roc. Du reste, ce même point d'attaque avait été choisi par le duc de Noailles dans la guerre de la succession, et il le fut encore en 1809 lors du dernier siége de Gérone par les Français.

[2] Beaucoup d'auteurs français écrivent, à tort, le *Lampourdan*.

Les troupes du général Duhesme restèrent campées entre le Ter et la rive gauche de l'Ogna, bloquant la ville du côté de la plaine, ainsi que du côté de la route de Barcelone et du chemin de Saint-Félin de Guixols. Elles devaient aussi fournir presque en totalité l'escorte des convois qui seraient dirigés sur Figuières et Perpignan.

Dès le 28, on fit partir un de ces convois sous les ordres du colonel Zénardi et du chef d'escadron Ordonneau. On avait pour but de communiquer avec la France, d'y conduire un nombre assez considérable de blessés de la division Reille, et de ramener de Perpignan et du fort de Figuières quelques grosses pièces et d'autres approvisionnements de siége. L'escorte était composée d'un escadron du régiment du colonel Zénardi, du bataillon napolitain, du bataillon italien, du bataillon français du 16ᵉ, et du bataillon valaisan, qui passait pour le meilleur de la division Reille.

On croyait que les insurgés de l'Ampourdan, enflés de leurs derniers avantages sur cette division, mettraient une forte opposition au passage de co convoi. Il y avait des rivières, des défilés à passer : on pouvait trouver sur la route des ponts rompus ou d'autres coupures. Un officier du génie pouvait être nécessaire : les chefs de l'expédition demandèrent, et obtinrent du général Duhesme, que j'en fisse partie.

L'*Ampourdan* tire son nom d'Ampurias (*Emporium*), autrefois ville de commerce considérable, dont il ne reste presque plus que des ruines.

Le premier jour nous arrivâmes à Figuières sans rencontrer d'ennemis. Cependant la plupart des blessés qui étaient dans le fort, ainsi que plusieurs marchands et employés qui n'attendaient qu'une occasion sûre pour rentrer en France, refusèrent de partir le lendemain avec nous, n'osant encore se confier à notre conduite : tant était grande la frayeur que les insurgés avaient inspirée de ce côté!

Le second jour, à l'entrée des montagnes noires, à peu près à moitié chemin de Figuières et de Bellegarde, nous trouvâmes un corps nombreux de Miquelets et de *Somatens* [1], qui, postés sur les deux côtés de la route, défendaient le pont de Campmany. Ils étaient commandés par Claros, ancien officier de Miquelets, qu'avaient déjà rendu célèbre dans le pays quelques coups de partisan, et surtout la prise toute récente, dans cette même position, d'un convoi qui marchait sur Figuières, escorté par un bataillon et cent cinquante cavaliers. Les cadavres mutilés des hommes et des chevaux étaient encore étendus sur la route, et présentaient un horrible spectacle.

Les troupes de Barcelone brûlaient déjà d'en

---

[1] *Somaten* en catalan ne signifie proprement que tocsin ; mais on donne aussi ce nom aux habitants du pays qui, au son du tocsin, ou à tout autre signal, prennent les armes, lorsqu'ils voient leurs foyers menacés, ou qu'ils sont convoqués pour quelque entreprise, et qui les déposent, après que le danger est passé ou que l'entreprise a été mise à fin ou abandonnée. Les Miquelets, beaucoup plus connus hors de la Catalogne que les *Somatens*, en diffèrent en ce qu'ils forment une milice particulière, dont le service dure ordinairement autant que la guerre qui l'a fait lever.

6.

venir aux mains avec ces Miquelets qu'on leur
avait faits si redoutables. A la vue de tous ces cadavres, exposés à dessein sur leur passage, elles
ne purent contenir leur indignation. Le bataillon
du 16ᵉ, conduit par le chef d'escadron Ordonneau, s'élança le premier contre ces nouveaux
ennemis, les culbuta sur la gauche du pont, et
s'abandonna long-temps à leur poursuite dans les
montagnes. Le colonel Zénardi fit marcher sur la
droite le bataillon napolitain, qui chassa aussi les
Somatens des montagnes qu'ils occupaient; mais
ce bataillon étant redescendu trop tôt, ils y re-
parurent de nouveau, et vinrent inquiéter le bataillon valaisan, qui couvrait la queue du convoi.
Il fallut encore détacher du monde pour les éloigner.

Le bataillon du 16ᵉ, après avoir chassé au loin les
Miquelets, se réunit à la Junquère au reste de la
colonne. Nous ne vîmes plus d'ennemis; et le
convoi, intact, poursuivit tranquillement sa route
jusqu'à la frontière de France.

Toutes les troupes restèrent campées sous le
fort de Bellegarde, aux ordres du chef d'escadron
Ordonneau. Le colonel Zénardi poussa le jour
même jusqu'à Perpignan, où je l'accompagnai.

Nous ne pûmes presque rien tirer de l'arsenal
de cette place, déjà épuisé par les envois qu'il
avait faits sur Bayonne; mais nous recueillîmes à
Perpignan plusieurs officiers et quelques détachements de troupes, qu'on n'avait osé en faire partir
pour rejoindre leur corps en Catalogne.

Le bruit des échecs essuyés par les troupes de
la division Reille, et plus particulièrement la perte
du dernier convoi, avaient porté la consternation
sur la frontière. On y peignait les forces et les
cruautés des insurgés avec l'exagération naturelle
aux habitants du midi. On déplorait le sort des
Français qui étaient entrés en Catalogne : on les
regardait tous comme perdus, mais plus particulièrement encore ceux qui, ayant suivi le général
Duhesme, étaient séparés de leur pays par une
plus grande distance. On était si fortement persuadé qu'aucun d'eux ne pourrait repasser les
Pyrénées, qu'à peine voulait-on croire que nous
venions de Barcelone.

Les principales autorités de Perpignan elles-
mêmes, qui ne pouvaient en douter, regardèrent
notre passage à travers les montagnes noires
comme un accident heureux, qu'elles n'osaient
espérer de voir se renouveler à notre retour. Elles
voulurent en être témoins, et se rendirent, ainsi
que plusieurs habitants de la ville, au fort de
Bellegarde, d'où l'on découvre jusqu'au pont de
Campmany. Elles nous suivaient des yeux avec
inquiétude, et croyaient avoir bientôt le spectacle d'un combat sanglant ; mais leur attente fut
trompée : nous regagnâmes Figuières sans voir un
seul insurgé.

Le fort de Figuières était rempli d'une immense
quantité d'approvisionnements de toute espèce.
En les accumulant dans cette forteresse aux portes
de la France, les Espagnols s'étaient préparés

pour le cas où ils voudraient porter la guerre dans notre pays ; mais par l'effet des circonstances, la destination de ces approvisionnements se trouvait bien changée, et ils ne devaient plus servir que contre leurs places. Cette fois nous n'emportâmes que des outils, des sacs à terre, deux canons de siége, cinquante bombes et d'autres munitions d'artillerie.

Après avoir repassé la Fluvia, nous trouvâmes de nouveau, au col d'Oriol, les Miquelets de Claros. Ils furent mis en fuite après un combat très-court, mais très-vif, où nous eûmes un capitaine tué. Ces Miquelets, quoique battus, nous prouvèrent qu'ils savaient mieux attaquer et se défendre que les autres insurgés à qui nous avions eu affaire jusqu'alors. On comptait parmi eux un grand nombre de contrebandiers.

La colonne rentra dans le camp sous Gérone le 2 août. Elle rapporta une dépêche du major-général qui annonçait que l'empereur, pour témoigner sa satisfaction au corps des Pyrénées-Orientales, avait mis à la disposition du général Duhesme vingt décorations de la légion d'honneur pour les dix officiers et pour les dix sous-officiers ou soldats qui s'étaient le plus distingués. Ces récompenses, dont quelques-unes furent données aux officiers qui s'étaient signalés le 20 juin à l'assaut de Gérone, décernées sous les murs même de cette place, redoublèrent l'ardeur et l'émulation de toutes les troupes[1].

[1] Je reçus la décoration pour être monté le premier, le 20 juin,

Parmi les détachements que nous ramenâmes de Perpignan se trouvaient soixante canonniers, le chef de bataillon Laurent et deux autres officiers d'artillerie, ainsi que deux capitaines du génie, Poitevin-Dubousquet et Soleirol, qui venaient pour être employés à la division Reille. Ce fut un renfort précieux qui permit de donner aux travaux du siége une nouvelle activité.

Dès le 27 juillet, on avait travaillé à se loger dans les redoutes avancées du Mont-Jouy : ce travail présenta de grandes difficultés, à cause de la dureté des maçonneries et du défaut d'outils convenables. Les jours suivants, on commença les épaulements de trois batteries qu'on voulait établir contre le fort; une, dans l'intérieur même de la redoute de droite, et deux, sur la gauche, assez près des deux autres redoutes. On pratiqua des chemins pour y arriver à couvert, même avec les canons.

Ces batteries n'avançaient que lentement, parce qu'il fallait les élever avec des terres rapportées d'assez loin. On pressentit, avant même que leur construction touchât à sa fin, qu'elles pourraient bien ne pas réduire le fort Mont-Jouy, et que d'ailleurs, obtînt-on ce résultat qui devenait de jour en jour plus douteux, il pourrait bien ne pas entraîner la prise de la ville. Comme on comp-

à l'escalade de Gérone. Le chef de bataillon Ambrosio, qui s'était distingué dans la même occasion, la reçut également sous cette place. Elle fut donnée aussi, mais seulement après la campagne, au sous-lieutenant Pouilly, qui était monté seul à la seconde échelle qui fut dressée. Le sergent-major Deguercy fut nommé sous-lieutenant.

tait augmenter les moyens de siége par de nouveaux convois, on résolut de préparer une attaque
contre cette ville même, et de la diriger contre
la courtine de Sainte-Lucie, à droite du bastion
de la porte de France. On résolut d'établir dans
le faubourg de Pédret une batterie de brèche
contre cette courtine, qui, n'étant fermée que par
une haute muraille sans ouvrage extérieur et sans
terrassement, pouvait être battue d'emblée et rapidement ouverte.

Pour protéger l'action de cette batterie et favoriser ensuite l'assaut de la brèche qu'elle devait
faire, on traça, sur la rive gauche du Ter, une
autre batterie à ricochet, destinée à éteindre les
feux de la face droite du bastion de la porte de
France, qui bat directement le faubourg de Pédret. On travailla avec une grande activité à cette
dernière batterie, de même qu'à une longue communication nécessaire pour y arriver à couvert ;
et quoiqu'elle fût la plus exposée au feu de la
place, comme elle était en plaine et sur un terrain facile, et non sur le roc ainsi que les autres,
elle fut promptement construite et la première en
état de jouer.

En avant, sur le bord du Ter et à demi-portée
de fusil de la place, on creusa pendant la nuit
cinq trous de loup ou bouts de tranchée, qui
devaient couvrir chacun trois hommes, choisis
parmi les soldats les plus adroits pour tirer sur
les canonniers ennemis, lorsqu'ils paraîtraient
aux embrasures. Sur la rive opposée du Ter, on

se logea dans le faubourg de Pédret; et l'on perça
les murs des maisons et des jardins pour établir,
à l'abri des vues de l'assiégé, une communication
facile jusqu'auprès de la porte de France et de la
courtine de Sainte-Lucie.

Ces travaux s'exécutaient presque tous à la fois,
sous la direction des officiers du génie, par les
soldats de la division Reille, et par les sapeurs
provisoires de la division Chabran, dont le général
Duhesme avait porté le nombre à la force d'une
compagnie [1]. Dans le même temps, le colonel
Fabre faisait construire sous ses yeux, par les
canonniers, deux batteries incendiaires; l'une sur
le revers des hauteurs de Palau à droite de la route
de Barcelone, et l'autre dans la plaine en avant de
Sainte-Eugénie.

La division Reille supportait avec beaucoup de
patience la fatigue du travail des tranchées et des
batteries. Quoiqu'elle ne comptât que des recrues,
elle fit toujours bonne contenance contre les
sorties que l'ennemi tentait souvent pour troubler ce travail. Elle repoussa également toutes les
attaques des insurgés du dehors contre ses postes
avancés.

Les troupes du général Duhesme prévenaient le

[1] Les officiers du génie employés au siége de Gérone étaient le chef
de bataillon Gerbet, commandant, le capitaine Tournadre aîné, son
chef d'état-major venu avec lui de Madrid, les capitaines Poitevin-Dubousquet, Ménard, Laffaille, Fleury, Lepoitevin et Soleirol.
Deux jeunes officiers du 7e régiment de ligne, Dubreuil et Pineau,
leur furent adjoints pour commander sous leurs ordres la compagnie
de sapeurs provisoires, et firent concurremment avec eux le service de la tranchée.

plus souvent ces attaques au lieu de les attendre. Elles allaient sur les routes de Saint-Félin, d'Hostalrich et de Santa-Coloma, à deux et trois lieues au devant des insurgés. Elles n'éprouvèrent pas un seul échec dans toutes ces excursions; et elles réussirent plus d'une fois à prendre ou à disperser des convois qu'on voulait introduire dans Gérone. Mais cette place n'était pas cernée sur plus d'un tiers de son pourtour: le côté des montagnes de l'Est restait toujours ouvert; et quoique de ce côté il n'y eût point de chemin de voitures, elle n'en recevait pas moins des munitions et des renforts.

Arrivés sous Gérone à l'époque de la moisson, nous avions trouvé du blé en abondance dans la campagne. Cependant, faute de moulins et de fours, nous avions éprouvé d'abord une disette très-réelle; et nos soldats, dans les premiers jours, avaient été obligés de se nourrir de blé broyé entre deux pierres, avec lequel ils faisaient une espèce de bouillie. Nous n'avions pas tardé à nous emparer des moulins de Bascano: nous avions construit des fours, et nous ne manquâmes plus de pain; mais nous manquâmes toujours de vin, dont les environs de Gérone sont dépourvus. Ce manque de vin, à l'époque des plus grandes chaleurs, nous fut très-sensible, et ne contribua peut-être pas peu à faire naître les fièvres dont la division Reille fut principalement attaquée.

L'une et l'autre division avaient continuellement des détachements en campagne pour cher-

cher des vivres, et surtout pour tâcher de se procurer un peu de vin. Il fallait, pour en trouver,
aller chaque jour plus au loin. Les habitants s'en-
fuyaient ordinairement à la vue de nos troupes ; mais
quelquefois aussi ils leur opposaient une opiniâtre résistance. C'est ainsi que sept paysans soutin-
rent dans un clocher une espèce de siége contre un
détachement de la division Reille.

Déjà, pour pénétrer dans le village, ce détachement avait été obligé de demander de l'artillerie
et un bataillon de renfort. La vue de ces forces
n'intimida point les sept paysans qui s'étaient renfermés dans le clocher ; et cinq d'entre eux ne se
déterminèrent enfin à se rendre, que sur la promesse que leurs jours ne courraient aucun danger.
Les deux autres, abandonnés de leurs compagnons,
se réfugièrent sur les toits de l'église, d'où ils bra-
vèrent impunément les troupes acharnées contre
eux.

Ils furent les mieux inspirés ; car on eut la dé-
loyauté de ne pas tenir aux autres la parole donnée. On en fut indigné dans nos camps : un pareil
trait de perfidie et de cruauté, le premier et le
dernier de ce genre dont nous eûmes à rougir, ne
pouvait être justifié ni par la perte éprouvée dans
le village [1], ni par les nouveaux exemples de férocité que venaient de donner les insurgés dans l'Ampourdan.

On avait fait partir le 5 août pour Figuières
un nouveau convoi, qui transportait environ deux

---

[1] Trois morts et quinze blessés.

cents hommes blessés ou malades, et qui devait ramener encore de l'artillerie de siége et des munitions. A l'exception du bataillon valaisan, qu'on n'avait pas jugé assez aguerri, l'escorte était composée des mêmes troupes que la première fois. Elle avait aussi les mêmes chefs, Zénardi et Ordonneau; mais leur premier succès leur avait inspiré une sécurité qui fut très-funeste. Ils s'arrêtèrent avec le gros de leur troupe à Figuières; et pour communiquer avec la France, comme ils en avaient l'ordre, ils n'envoyèrent que le bataillon napolitain, fort de trois à quatre cents hommes.

Après avoir passé le pont de Campmany, ce bataillon, dont Ambrosio était le chef, fut attaqué et bientôt environné par deux à trois mille Miquelets ou Somatens. Il ne put long-temps défendre une partie des malades et des blessés qui avaient voulu se faire transporter jusqu'en France: ceux qui ne purent le suivre à pied furent impitoyablement égorgés. Il vit également égorger, sans pouvoir les secourir, quelques malheureux marchands qui n'avaient osé partir de Figuières avec notre premier convoi. rassurés par notre passage et notre retour, ils s'étaient hasardés avec le second, et furent ainsi les victimes de leur confiance trop tardive. Le désir de sauver leurs voitures retarda leur marche, et fut la cause de leur perte.

C'était le 6 août. La chaleur était excessive, et le combat dura une grande partie de la journée. Les soldats étaient accablés de fatigue. Constamment enveloppés par une multitude d'ennemis, ils

auraient sans doute, malgré leurs chefs, fini par
mettre bas les armes, s'ils n'eussent vu immoler de
la manière la plus atroce ceux de leurs compagnons
que l'épuisement ou les blessures forçaient à rester en arrière. Soutenus par le désespoir, ils parvinrent à se faire jour et arrivèrent enfin sous le
fort de Bellegarde. Si les Espagnols avaient déployé le moindre courage, ils eussent exterminé
jusqu'au dernier homme; mais ils se bornaient à
tirer de loin, et assouvissaient ensuite leur barbarie sur les blessés qui tombaient entre leurs
mains.

Ce combat fut le plus malheureux de la campagne, moins encore par la perte des hommes, (elle
fut de 50 à 60 dans le bataillon napolitain), que
par les circonstances qui l'accompagnèrent. On y
vit des soldats et des officiers perdre entièrement
la raison, soit par l'effet des rayons qu'un soleil
brûlant dardait sur leurs têtes, soit par la vue des
horribles cruautés dont ils étaient les témoins. On
vit encore d'autres faits extraordinaires, que ces
mêmes causes peuvent seules expliquer [1].

---

[1] Un jeune aide-de-camp du général de brigade Joba, employé
dans la division Reille, après plusieurs traits de démence qui prouvaient tous l'excès de son courage, avait été laissé à la Junquère, où
une femme avait promis de le cacher; mais, à l'entrée des Espagnols, il sortit, malgré elle, du lieu où elle l'avait renfermé, et
alla se livrer lui-même aux coups de ses bourreaux.

Le capitaine du génie Lepoitevin, qui m'avait remplacé dans cette
malheureuse expédition, avait eu son cheval tué sous lui, et n'en avait
pas moins sauvé la vie à un sapeur blessé, en l'aidant à se traîner
jusqu'au village de Perthus sous Bellegarde; mais il était d'une constitution extrêmement faible, et lorsque la vue du danger ne soutint
plus ses forces, ses frêles organes, trop fortement ébranlés par les

Après avoir pris à la frontière les dépêches adressées aux généraux Reille et Duhesme, Ambrosio, ne connaissant que les ordres qu'il avait reçus, voulait, le matin du jour suivant, repartir avec son bataillon pour Figuières; mais le général qui commandait dans le fort de Bellegarde, pensant que c'était le mener à une perte assurée, empêcha le départ. Ordonneau et Zénardi, inquiets de ne pas le voir revenir, allèrent pour le chercher jusqu'auprès de la frontière. Ils furent obligés de livrer un combat opiniâtre et sanglant, pour éloigner les Miquelets qui s'opposaient à leur passage. Ils retournèrent ensuite sur leurs pas sans rencontrer de nouveaux obstacles.

Ils arrivèrent le 9 sous Gérone. Ils conduisaient cinq grosses bouches à feu et divers approvisionnements de siége qu'on avait tirés du fort de Figuières; mais ils apportaient en même temps des dépêches du major-général, qui confirmaient la nouvelle de nos revers en Andalousie, et qui prescrivaient au général Duhesme de retourner à Barcelone. Les malheureux événemens de Baylen, auxquels nous avions jusqu'alors refusé d'ajouter foi, avaient changé la face de la guerre sur toute l'é-

secousses de cette journée, ne purent plus résister : il expira au milieu d'horribles convulsions, et son corps, déjà décomposé, tomba en dissolution très-peu d'instants après sa mort.

De retour sous Gérone, le chef de bataillon Ambrosio me montra un de ses grenadiers, qui était devenu muet au fort du combat et n'avait pas encore recouvré la parole. Ambrosio lui-même, dans un instant de désespoir, avait voulu se jeter et périr au milieu des insurgés : un de ses officiers avait été obligé d'employer la violence pour l'en empêcher.

tendue de la Péninsule. Napoléon, qui en Catalogne voyait Barcelone avant tout, avait craint que
l'absence du général Duhesme avec la plus grande
partie de ses forces ne compromît la sûreté de cette
place.

Ainsi, avant même qu'on eût tiré un seul coup
de canon contre les remparts de Gérone, on sut
que l'ordre était donné de s'en éloigner; car, bien
qu'on cherchât à le tenir secret, il transpira du
moins parmi les principaux officiers; et ceux qui
avaient jusque-là conservé quelque espoir de succès le perdirent alors tout-à-fait.

On ne voulut pas cependant lever le siége sans
avoir essayé ce que notre artillerie pourrait contre
la place. Elle n'était pas encore en mesure d'agir.
Les épaulements des batteries étaient bien terminés; mais les plateformes et les embrasures ne l'é-
taient pas. Pendant qu'on les achevait, le général
Duhesme dirigea une expédition contre Casa-de-la-
Selva. Cette petite ville était sur le point de passage habituel, par où la garnison de Gérone com-
muniquait avec l'intérieur de la Catalogne. Elle
était aussi le dépôt d'où les Miquelets, répandus
dans les montagnes à l'est de la place, tiraient
leurs vivres et leurs munitions. Le général la fit attaquer par deux bataillons et cent cavaliers, conduits par l'adjudant-commandant Devaux. La
marche fut rapide et l'attaque si vive, que la ville
fut emportée sans autre perte qu'un homme tué
et deux blessés. On prit un drapeau, et plusieurs
Miquelets restèrent sur le champ de bataille. Cin-

quante d'entre eux qui ne purent s'enfuir se réfugièrent dans l'église et ensuite dans le clocher. On les somma inutilement de se rendre : ils s'obstinèrent à faire feu et à lancer des pierres sur nos troupes. On prit alors le parti d'essayer de les étouffer par la fumée dans leur clocher. On fit au-dessous un grand amas de paille et d'autres matières combustibles ; on y mit le feu, et l'on s'éloigna après avoir fermé la porte de l'église.

On trouva dans Casa-de-la-Selva plus de 3,000 rations de pain, quinze quintaux de farine et plusieurs barriques de vin et d'eau-de-vie. On y prit aussi des lettres du gouverneur de Gérone, qui indiquaient l'arrivée prochaine d'un corps de troupes venant du côté d'Hostalrich.

Le lendemain, le général Duhesme envoya une forte reconnaissance au loin dans cette direction ; mais elle ne rencontra qu'environ deux cents Miquelets, qu'elle mit en fuite.

Le 12 au soir enfin, notre artillerie fut prête à commencer son feu. On fit alors sommer la place. Comme elle n'avait jamais été entièrement bloquée, elle avait conservé une communication non-interrompue avec le dehors, et elle savait, beaucoup mieux que nous, ce qui s'était passé dans le reste de l'Espagne. Pour toute réponse, elle nous envoya la capitulation du général Dupont et la nouvelle de l'évacuation de Madrid qui ne nous était pas connue encore. Elle avait d'ailleurs reçu par les montagnes plusieurs convois, portés à dos de mulet, et des renforts de troupes, parmi lesquelles se trouvaient un ou deux régiments d'infanterie de ligne, venus de Mayorque. Cette augmentation de forces, et l'exemple des avantages remportés ailleurs par les Espagnols, ne pouvaient manquer d'exalter la confiance et le courage des assiégés.

Dans la nuit du 12 au 13 août, les batteries incendiaires ouvrirent le feu contre la ville. Celle de Sainte-Eugénie était de deux obusiers de huit pouces, et celle de Palau, de trois mortiers de dix pouces. Chaque batterie ne tirait qu'une fois de quart d'heure en quart d'heure. A chaque bombe ou obus qui paraissait en l'air, un coup de cloche avertissait les habitants de se tenir en garde contre leur chute ou leurs éclats. Le feu prit à quelques maisons; mais il fut rapidement éteint[1].

Au jour, les batteries incendiaires cessèrent de tirer pour ne recommencer que la nuit suivante, et celles de l'attaque du fort Mont-Jouy commencèrent à jouer à leur tour. Faute d'un nombre suffisant de pièces, une seule des deux batteries de gauche avait été armée : elle l'était de trois canons. Elle tira à ricochet et ne fit que nous prouver que nos artilleurs étaient peu exercés à cette espèce de tir. La batterie de droite n'avait que deux canons. Elle battit de plein fouet la face de l'un des bas-

---

[1] Peut-être, pour espérer quelque succès du feu de nos batteries incendiaires, eût-il mieux valu le nourrir avec une grande vivacité dans le premier moment, quelque courte qu'en dût être ainsi la durée, que de l'entretenir avec une lenteur méthodique, qui ne pouvait qu'en dévoiler la nullité. Mais dix mille bombes, lancées sur Gérone dans la première période du siége de 1809, ne firent pas rendre cette place : qu'on juge de ce que nous pouvions faire en 1808 avec moins de quatre cents !

7

tions du fort, et fit tomber le haut du revêtement; mais il fut aisé de juger qu'elle ne pourrait pas faire une brèche praticable.

Le fort Mont-Jouy répondit avec vivacité, sans jamais cependant faire taire nos batteries. Dans celle de gauche, le colonel Fabre eut la figure couverte par la cervelle d'un canonnier tué à son côté.

On avait rempli plusieurs milliers de sacs à terre, et fait tous les autres préparatifs nécessaires pour élever dans une nuit la batterie de brèche projetée contre la ville dans le faubourg de Pédret; mais on voulut, avant de la construire, attendre l'effet de la batterie à ricochet, dirigée contre le bastion de la porte de France. Cette batterie était armée de quatre obusiers de campagne. Elle ne put remplir son objet principal, qui était de mettre hors de service l'artillerie de la face droite de ce bastion. Elle fut au contraire bientôt démontée elle-même par les feux du Mont-Jouy et de divers autres points de la place, qui se réunirent pour l'accabler.

CHAPITRE VII.

Levée du siége de Gérone. Retour à Barcelone. Perte du château de Mongat.

Le feu de notre artillerie, pendant le 13 et le 14 août, n'ayant fait que confirmer son impuissance, les généraux Reille et Duhesme se préparèrent à lever le siége et à retourner chacun aux lieux d'où ils étaient partis pour l'entreprendre [1]. Nos batteries ne continuèrent à tirer contre la place que pour épuiser les munitions et cacher notre dessein aux assiégés.

Il fut décidé que, faute de moyens pour les transporter, on enclouerait et on abandonnerait les pièces qui garnissaient ces batteries; mais on ne voulut pas prendre le même parti pour les canons qui avaient été destinés à la batterie du faubourg de Pédret; et le 15, on les dirigea sur Figuières, sous l'escorte de deux bataillons, avec un nouveau convoi de blessés et de fiévreux.

La conduite de ce convoi nous fit perdre un jour; ce qui nous coûta bien cher. Les troupes qui l'escortaient ne pouvaient être de retour sous Gérone que dans la journée du 16: la nuit du 16 au 17

[1] Le major-général avait laissé au général Reille le choix de prendre position à Figuières ou sous Gérone; mais on sent qu'à moins de vouloir s'y faire assiéger à son tour, il ne pouvait pas rester sous Gérone.

fut fixée pour le départ ; et toutes les dispositions furent prises en conséquence.

Les généraux Duhesme et Reille convinrent de faire entre eux l'échange de quelques troupes. Le général Reille n'avait pour toute cavalerie qu'un régiment toscan de très-récente formation. Le général Duhesme lui céda le régiment de chasseurs napolitains, commandé par Zénardi, qui s'était fait dans cette guerre une réputation distinguée. Il lui céda aussi le bataillon du 56ᵉ, outre celui du 2ᵉ, qui n'avait pas cessé d'être porté sur les états de son corps d'armée, quoiqu'il fût toujours resté dans le fort de Figuières. Ce général reçut de son côté les conscrits de la légion de marche qui étaient destinés pour les autres corps de la division Chabran, ainsi que le bataillon des compagnies départementales. Il perdait peu à cet échange pour le nombre ; mais il y perdait pour la qualité des troupes, celles qu'il donnait étant beaucoup plus aguerries que celles qu'il recevait.

Les mouvements que nécessitaient ces mutations commencèrent à s'opérer dans la journée du 15, et firent connaître à nos soldats qu'on se disposait à lever le siége. Ceux du corps des Pyrénées-Orientales le virent avec étonnement. Ils en avaient supporté les fatigues et les privations sans le moindre murmure : ils avaient constamment repoussé l'ennemi, soit dans ses sorties, soit dans ses attaques extérieures. Ils s'attendaient, pour entrer dans la place, à un grand coup de vigueur, auquel les discours du général Duhesme les avaient préparés ;

et ils ne concevaient pas qu'on se retirât sans l'avoir tenté, n'ayant reçu aucun échec. Du reste, campés depuis trois semaines sous Gérone et très-ennuyés d'un pays où pas un habitant n'était resté, ils voyaient avec joie le moment de s'en éloigner, et croyaient presque aller retrouver une seconde patrie, en retournant dans une ville belle et bien peuplée comme Barcelone.

Cependant de nouveaux avis vinrent confirmer l'arrivée d'un corps de troupes ennemies, dont nous étions déjà prévenus par la correspondance saisie à Casa-de-la-Selva. Le 15 au matin, les avant-postes de la droite du général Duhesme prirent un Miquelet qui avait été envoyé en ordonnance à Gérone et qui s'était égaré dans la nuit. Interrogé, il déclara avoir vu lui-même passer à Casa-de-la-Selva deux mille hommes de troupes de ligne et trois mille Miquelets, qui allaient se joindre à d'autres troupes, déjà postées à Castellar, village situé dans les montagnes à l'est de Gérone. Il ajouta que, sans le retard d'un régiment de cavalerie, formé nouvellement en Catalogne, une attaque combinée aurait été déjà dirigée contre nous par toutes ces forces unies à la garnison de la place, et par six mille hommes qui étaient rassemblés à Hostalrich et à Santa-Coloma.

Le général Duhesme envoya de suite sur la route d'Hostalrich une reconnaissance, qui poussa jusqu'à trois lieues de nos camps et resta jusqu'au soir sans rien découvrir. Pendant la nuit du 15 au 16, il ne se tint pas moins prêt à tout événement, et rassembla toutes ses troupes, à l'exception du bataillon du 16ᵉ, qu'il avait laissé au général Reille jusqu'au retour de l'escorte du convoi envoyé sur Figuières.

On ne pouvait douter que l'ennemi ne méditât quelque attaque. Nos préparatifs de retraite, qui ne purent lui rester entièrement cachés [1], achevèrent sans doute de le décider à la grande sortie qu'il exécuta, le 16, contre nos batteries du Mont-Jouy.

Ce fut un officier français émigré, le comte de Caldagués, qui fut chargé de la diriger et de l'appuyer par des attaques extérieures. Il était parti des bords du Llobrégat avec une brigade de troupes de ligne des garnisons de Mayorque et de Minorque : il y avait joint tous les Miquelets qu'il avait pu réunir dans la Basse-Catalogne, et il avait aussi appelé à lui ceux de l'Ampourdan, commandés par Claros. Ces diverses troupes, jointes à la garnison de Gérone et aux Somatens du pays environnant, étaient plus nombreuses que tous les assiégeants ensemble. Caldagués pouvait ainsi porter sur un seul point autant de forces que nous en avions dans toutes nos positions autour de la place.

Le 16, à sept heures du matin, une nuée de Miquelets et de Somatens vint attaquer de tous côtés nos postes en avant du fort Mont-Jouy,

---

[1] Une roue du porte-corps d'un des canons qu'on ramenait au fort de Figuières s'étant rompue, ce canon fut abandonné, le 15, sur la route. Il était presque impossible que les insurgés n'en fussent pas instruits, et qu'ils n'en conclussent que le renvoi de la grosse artillerie était le prélude de la levée du siége.

tandis qu'une forte colonne, composée presque en entier des troupes de ligne de la garnison, et commandée par Henri O'Donnel, lieutenant-colonel du régiment d'Ultonia [1], marchait de la place sur nos batteries. Nous n'avions plus de travailleurs dans les tranchées, et ces batteries n'étaient gardées que par le bataillon valaisan, qui les évacua presque sans résistance.

Le chef de bataillon Gerbet, qui devait se rendre à Barcelone pour commander le génie du corps d'armée des Pyrénées-Orientales, était parti de Sarria, avec le capitaine Fleury et moi, afin d'aller rejoindre sur la rive droite du Ter les troupes de ce corps d'armée. Il était déjà près de passer la rivière, lorsqu'il fut rappelé par la fusillade. Retournant sur ses pas pour se porter vers le Mont-Jouy, il alla, suivi du chef de bataillon d'artillerie Laurent, se mettre à la tête des Valaisans, repoussa l'ennemi, et reprit les batteries. Mais, la colonne d'O'Donnel, secondée par une autre colonne de Caldagués encore plus nombreuse, revenant à la charge, on fut forcé de les abandonner de nouveau. Gerbet fut tué, se retirant le dernier, et périt ainsi victime de son dévouement. Il s'était fait remarquer par une grande bravoure et par beaucoup d'activité : il emporta les regrets de tout le corps de siége.

Les Valaisans furent soutenus par les autres troupes de la division Reille. Toutefois l'ennemi

[1] O'Donnel, dans moins de deux ans, devint général en chef.

faisait toujours des progrès, lorsque l'escorte du convoi revint de Figuières. Le bataillon du 2ᵉ, qui en faisait partie, se joignit, sans prendre un instant de repos, au bataillon du 16ᵉ; et ces deux bataillons, conduits par le général Reille lui-même, gravirent impétueusement la montagne en avant du fort Mont-Jouy, et repoussèrent partout les Espagnols.

Ce général ne chercha point à reprendre les batteries : lors même que l'ennemi l'y eût laissé tranquille, il les aurait d'ailleurs évacuées quelques instans après. Ayant rallié ses troupes, il les replia toutes sur Pont-Mayor et Sarria, et se borna à garder ses débouchés sur Figuières. Des Somatens vinrent aussi attaquer ses avant-postes de ce côté; mais ils furent facilement repoussés.

Au commencement du combat, le général Duhesme était resté quelque temps incertain, s'attendant à être attaqué lui-même par les troupes réunies à Castellar, ou par celles qui, d'après le rapport du Miquelet pris la veille, devaient venir du côté d'Hostalrich: mais, dès qu'il vit l'orage tout entier fondre sur le général Reille, il fit fusiller ce Miquelet, croyant que c'était un espion qui l'avait trompé, et il accourut au secours de ce général avec les compagnies d'élite de la division Chabran.

Le combat était déjà fini depuis assez long-temps, lorsque les deux généraux se séparèrent. Quoiqu'ils fussent égaux en grade et entièrement indépendants l'un de l'autre, jamais pendant tout le siége on n'avait vu entre eux le moindre signe de rivalité ou de mésintelligence ; et ce n'est pas une circonstance indigne de remarque dans une guerre où les dissensions de nos généraux entraînèrent tant de malheurs. On eut encore au dernier moment une nouvelle preuve du bon accord des deux chefs sous Gérone. Le général Reille avait eu dans la journée un grand nombre de blessés : pour mieux assurer au besoin sa retraite jusqu'à Figuières, le général Duhesme ajouta aux troupes qu'il lui avait déjà cédées le bataillon du 16ᵉ, qui était un des meilleurs de son corps d'armée. Peu s'en fallut qu'il ne fût aussi privé des compagnies d'élite, qu'il avait amenées avec lui sur la rive gauche du Ter. Il avait plu toute la nuit : cette rivière grossit vers le soir avec une rapidité effrayante. Le pont qu'on avait établi pour l'infanterie fut emporté : le gué devenait d'instant en instant plus dangereux. Les compagnies d'élite ne le repassèrent qu'avec beaucoup de peine et avec la perte de quelques soldats. Plusieurs rebroussèrent chemin vers la division Reille. Une demi-heure plus tard, il n'eût pu repasser un seul homme.

Lorsqu'on avait résolu d'abandonner les pièces qui étaient dans les batteries, on avait compté pouvoir emporter à Figuières les échelles d'assaut et d'autres parties de l'attirail de siége : elles étaient même déjà chargées sur les voitures ; mais on fut obligé de les décharger et de les abandonner aussi, ces voitures étant devenues nécessaires pour le transport des blessés.

Le général Duhesme fit enclouer les mortiers et les obusiers des batteries incendiaires, qu'on enterra à une grande profondeur, dans des lieux où l'on espérait qu'ils ne seraient pas découverts par l'ennemi. Il fit brûler, ou détruire par d'autres moyens, les munitions et les approvisionnements qu'il ne pouvait emporter. Il ne garda que son artillerie et ses munitions de campagne. Les moyens de transport qu'elles n'exigeaient pas furent destinés à ses malades et à ses blessés, qu'il n'avait pas voulu envoyer en France, pour ne pas affaiblir son corps d'armée.

Le 16 au soir, avant qu'il fût nuit, le général Reille, qui avait réuni toutes ses troupes sous sa main, commença son mouvement sur Figuières. Il n'avait que six lieues à faire, sur une belle route; et sa retraite ne fut point troublée. Celle du général Duhesme paraissait d'un succès beaucoup plus douteux. Il avait vingt lieues à parcourir, des défilés, des montagnes à traverser, des obstacles de toute espèce à surmonter. J'appris de la bouche même de ce général que le général Reille, dans leur dernier entretien, lui avait proposé de se retirer avec lui sur Figuières; mais il eût mieux aimé périr que d'abandonner Barcelone, qui était toujours le premier objet de ses sollicitudes, le seul même dont l'empereur dût lui demander compte.

A neuf heures du soir, il mit son avant-garde en marche. Elle se porta à trois lieues de Gérone, où elle attendit le reste des troupes. Elles décampèrent successivement dans le plus grand silence, à différentes heures de la nuit, pour mieux cacher leur départ aux assiégés. Du reste, ceux-ci, enivrés du succès de leur sortie, ne songeaient qu'à le célébrer par des feux de joie et d'autres réjouissances publiques; et ils ne s'aperçurent que le lendemain assez tard de la levée du siége.

Cette levée n'affecta nullement le moral de nos soldats. Plaisantant de tout suivant leur coutume, ils mêlèrent à leurs préparatifs de départ divers traits de folie pour ménager de grotesques surprises aux Géronais qui viendraient visiter les bivouacs[1].

Au point du jour, toutes les troupes étaient réunies au point de séparation des deux routes qui conduisent à Barcelone, ignorant encore laquelle des deux elles prendraient. Les difficultés presque insurmontables, si faciles à multiplier sur la route de la Marine entre Calella et Mataro, avaient d'abord décidé le général Duhesme à opérer son retour par la vieille route, qui passe sous Hostalrich; mais au dernier moment, ayant consulté de nouveau les généraux Bessières et Goullus, qui l'avaient suivie en marchant sur Gérone, ils le détournèrent de prendre cette direction. Ils lui représentèrent qu'ils n'avaient réussi à faire passer l'artillerie sous le fort d'Hostalrich que

---

[1] L'un de ces traits, qui pourra donner une idée de tous les autres, fut de coucher un âne entièrement garrotté dans une des plus belles barraques, de le charger de couvertures et d'affubler sa tête d'un bonnet de police, afin que les assiégés, au premier instant, crussent surprendre un officier endormi.

parce que, dans la nuit, elle n'avait pas été aperçue par la garnison, qui, trompée par quelques démonstrations, avait craint une attaque de vive force, et dirigé tout son feu du côté de la ville contre quelques tirailleurs. On pouvait d'autant moins espérer de voir se renouveler cet heureux hasard, que, prévenus par le premier passage, les Espagnols avaient coupé tous les arbres autour du fort, et barré par des abattis le chemin où nos canons avaient passé.

Ces dernières circonstances furent rapportées au général en chef par un émissaire, arrivé de Barcelone la veille par la route d'Hostalrich. Ce même émissaire, qui dans un précédent voyage avait suivi la route de la Marine, assurait que les travaux que nous avions faits sur les coupures existaient encore, et que les habitants les conservaient soigneusement, afin de pouvoir se servir eux-mêmes de cette route pour leurs transports. On pouvait donc par une marche rapide en prévenir la destruction. Ces considérations déterminèrent le général Duhesme à reprendre la route de la Marine; et il dirigea toutes les troupes sur Calella.

En débouchant dans la plaine qui entoure cette jolie ville, nous aperçûmes la flottille catalane mouillée devant Malgrat qui n'en est qu'à une faible distance. Surprise de voir, à dix lieues de Gérone, des troupes qu'elle croyait encore sous ses murs, elle mit aussitôt à la voile et se hâta d'avertir deux frégates anglaises qui étaient en observation dans ces parages ; mais, avant qu'elles se fussent rapprochées de la côte, la colonne avait déjà pris position autour de Calella, de manière à se mettre à couvert de leur feu. Elles ne le commencèrent pas moins, et elles le continuèrent avec vivacité tout le reste du jour.

Je m'étais porté en avant pour reconnaître les défilés de la route et surtout la grande coupure. Quoi qu'en eût dit l'émissaire, je trouvai tous nos travaux entièrement détruits. Je les recommençais déjà sans perdre un instant, lorsque le général Duhesme m'envoya l'ordre de les interrompre. Il venait de se décider à faire passer la colonne par les montagnes.

Il ne pouvait douter qu'outre cette première coupure, toutes les autres n'eussent également été rouvertes et qu'elles n'exigeassent, comme au premier passage, au moins deux ou trois jours pour être réparées. Il sentait d'un autre côté que le moindre retard lui faisait perdre tout le fruit de la marche qu'il avait dérobée, et donnait aux troupes ennemies qui se trouvaient à Gérone, à celles qui étaient sur d'autres points de la province, et à une foule innombrable de Somatens, le temps de se réunir au passage de ces défilés. Il ne pouvait d'ailleurs se dissimuler que les frégates anglaises et la flottille catalane, si elles eussent bien manœuvré, auraient seules suffi pour rendre ce passage impraticable [1]. Fallait-il le tenter de

---

[1] La flottille n'attaqua jamais que la tête de notre colonne ; et,

nouveau et compromettre le salut de ses troupes pour sauver des bagages et une artillerie de campagne si facile à remplacer dans l'arsenal de Barcelone? Il ne le pensa pas, et il se résigna sans hésiter au sacrifice de ses bagages et de cette artillerie. Sa résolution fut unanimement applaudie par les généraux du corps d'armée. Elle méritait de l'être: un général qui n'eût pas su prendre son parti sur-le-champ eût pu trouver là de nouvelles fourches caudines.

Les canons furent mis hors de service et jetés dans des puits. Les affûts, les voitures, les chariots furent brûlés. Les chevaux des attelages qui n'étaient pas nécessaires pour le transport des cartouches, et une grande partie de ceux de la cavalerie, furent employés à transporter les soldats malades ou blessés, dont le nombre s'élevait à plus de trois cents. Ceux de ces soldats qui ne pouvaient supporter le mouvement du cheval furent portés par leurs camarades sur des brancards qu'on construisit dans la nuit même.

Le 18, les troupes partirent au point du jour, sans qu'il y eût la moindre altération dans l'ordre qu'elles suivaient déjà, et comme s'il se fût agi d'une marche ordinaire et prévue depuis longtemps. Le général Bessières marchait à la tête de l'avant-garde, composée du régiment de chasseurs français et des deux bataillons italien et napolitain. Le 7ᵉ régiment et le bataillon suisse formaient le

lorsque notre artillerie la forçait à s'éloigner de cette tête, elle ne pensa jamais à aller attaquer ni le centre ni la queue.

corps de bataille sous les ordres du général Goullus. Venaient ensuite les équipages et le long convoi des blessés, escortés par le bataillon des gardes départementales. Le général Chabran fermait
la marche avec le régiment de cuirassiers et la
brigade du général Nicolas, qui ne consistait plus
que dans les deux bataillons du 37ᵉ et du 93ᵉ (ceux
du 16ᵉ et du 56ᵉ étant restés avec le général Reille).

Nous avions trouvé Calella désert. Une partie
des habitants s'étaient enfuis dans les montagnes au
moment de notre arrivée: les autres s'étaient jetés
dans des barques, où ils attendaient en pleine
mer que nous eussions évacué leurs maisons.

A cette époque, il y allait pour eux de la vie,
s'ils ne s'éloignaient pas à notre approche : ceux
qui seraient restés eussent été massacrés par leurs
propres compatriotes. Il nous fut ainsi impossible
de trouver un guide pour diriger notre marche
dans les montagnes.

Elle fut longue et pénible. Nous allions souvent
au hasard, nous frayant de nouveaux chemins ou
rendant moins difficiles les sentiers étroits et rapides qui sillonnaient le flanc de ces montagnes.
Nous nous trouvâmes long-temps engagés dans
un de ces sentiers, qui n'était qu'une tranchée profonde, creusée dans le roc par le cours des eaux
de pluie et par le passage répété des mulets de
contrebandiers. Si un cheval s'abattait (et cela
n'arrivait que trop souvent sous des hommes
blessés qui n'avaient ni l'habitude ni la force de
conduire des chevaux), il arrêtait toute la suite de

la colonne, obligée de marcher sur un seul rang et d'occuper une longueur effrayante. Le général Duhesme, qui voyait tout le danger qu'elle courait, si elle était attaquée dans une position si critique, était en proie aux plus vives inquiétudes. Plus d'une fois, voulant être partout, il risqua de périr, en franchissant les ravins et les précipices, pour se porter de la tête à la queue de la colonne. Mais enfin, vers midi, la partie la plus difficile de ces défilés était traversée; et toutes les troupes se trouvaient réunies dans la vallée d'Arens-de-Mar.

Par la grande route, on ne compte que deux lieues de Calella à Arens, et cependant il nous avait fallu sept heures de marche pour y arriver par les montagnes. Les frégates et les canonnières ennemies, qui nous avaient vus successivement paraître sur la crête des contreforts de ces montagnes, nous avaient en vain poursuivis de leurs boulets.

Du côté de terre, nous n'eûmes pas à essuyer un seul coup de fusil. Ce ne fut qu'à deux heures, au moment où l'avant-garde se remettait en marche pour Mataro, que nous vîmes paraître vers Arens-de-Mont, par le chemin de Saint-Célony, une tête de colonne qui venait sans doute de Gérone par Hostalrich; mais elle fut facilement repoussée par trois compagnies du 7e régiment.

Les plus grandes difficultés de notre marche étaient vaincues. D'Arens à Mataro, les montagnes sont traversées par plusieurs chemins. L'avant-garde arriva dans cette dernière ville avant six heures du soir.

Le général Duhesme avait calculé qu'avant dix heures les autres troupes y seraient toutes également rendues : il avait résolu d'en repartir à minuit, et de suivre la grande route le long de la mer, à la faveur de l'obscurité qui les déroberait à la vue des frégates anglaises ; mais l'arrière-garde, où se trouvait le général Chabran, s'égara dans les montagnes en voulant trop s'éloigner de la mer, et n'arriva que le lendemain matin à Mataro. Il ne fut plus possible alors de marcher par la grande route ; il fallut prendre encore un chemin beaucoup plus long, mais heureusement assez facile, au pied des montagnes, qui ne bordent plus immédiatement la mer qu'auprès de Mongat.

Les frégates anglaises avaient constamment suivi notre marche depuis Calella. Pendant toute la nuit elles canonnèrent la ville de Mataro, et nous les trouvâmes encore rendues avant nous devant Mongat.

A notre sortie de Mataro, quelques insurgés se montrèrent sur notre flanc et furent facilement éloignés par nos voltigeurs. Ce n'étaient que les éclaireurs d'un corps beaucoup plus nombreux, que nous trouvâmes en position sur une montagne en avant de Prémia. En nous voyant paraître, ils se mirent à pousser de grands cris à la manière des barbares. Le général Duhesme accourut aussitôt à la tête de l'avant-garde ; mais il se borna d'abord à la mettre en bataille, et il ne donna le signal de

l'attaque que lorsque la brigade du général Goullus fut en mesure de la soutenir. A ce signal, nos
soldats s'élancèrent avec un cri de joie, présage
de la victoire ; et malgré la force de leur position,
les insurgés furent culbutés dans un instant.

Nous approchions de Mongat, où nous entendions une fusillade assez vive. Le général Léchi,
prévenu de notre retour par un émissaire du général en chef, était venu au devant de nous avec
une partie de la garnison de Barcelone. Les insurgés qui lui faisaient tête s'enfuirent à notre approche : ceux qui furent trop lents à se retirer
furent sabrés par nos chasseurs.

Ainsi fut opérée de nouveau, après plus d'un
mois de séparation, notre jonction avec le reste du
corps d'armée. Ce fut un spectacle touchant de
voir les premiers soldats qui se rencontrèrent s'embrasser en versant des larmes. Les Italiens et les
Napolitains, plus prodigues de démonstrations que
les Français, paraissaient ivres de joie, surtout ceux
qui étaient restés à Barcelone ; car ils avaient désespéré de nous revoir, tant on leur avait dit de
fois dans cette ville que nous avions été tous ex-
terminés.

Les combats de cette journée avaient ralenti
notre marche : les frégates anglaises nous obligèrent
encore à faire un détour à Mongat : la colonne
toute entière ne pouvait plus arriver de jour à
Barcelone. Le général Duhesme la fit camper auprès de Badalone ; mais il rentra le soir même de
sa personne dans la place : c'était, comme il l'avait

annoncé d'avance, dix jours après la réception de l'ordre qui lui avait prescrit d'y retourner [1].

Ne pouvant plus révoquer en doute notre retour, les Espagnols répandirent le bruit que de toutes les troupes qui avaient marché contre Gérone, ce général ne ramenait que douze à quinze cents hommes qui étaient parvenus à s'échapper par les montagnes. Pour détruire ce bruit, il résolut de faire, le lendemain qui était un dimanche, une entrée solennelle dans Barcelone avec ces troupes; mais afin qu'elle eût plus de témoins, il voulut attendre l'heure où, la sieste terminée, les habitans se portent en foule aux promenades. Ce retard fit manquer tout l'effet qu'il s'était promis. Pendant que l'avant-garde entrait en ville, l'arrière-garde fut attaquée près de Badalone par les insurgés: toute la division Chabran s'arrêta jusqu'à ce qu'ils fussent repoussés; et elle ne put arriver à Barcelone que dans la nuit. Le général Duhesme crut réparer ce contre-temps en la passant en revue le lendemain; mais les faiseurs de nouvelles, qui savaient les varier à-propos dans l'intérêt des insurgés, avaient déjà semé le bruit qu'il n'avait fait entrer cette division de nuit dans la ville, que pour en cacher la faiblesse et le délabrement. Après la revue, ils ajoutèrent que pour en grossir le nombre aux yeux des habitants, on avait fait revêtir des uniformes français aux sol-

[1] Le général Duhesme, le jour même de la réception des dépêches du major-général, avait écrit au général Léchi que, si Gérone ne se rendait pas, il serait sous dix jours à Barcelone.

8.

dats italiens qui n'avaient jamais quitté Barcelone.

Quelque absurdes que fussent ces bruits, la masse du peuple y croyait, du moins pendant quelques jours, après lesquels on en inventait de nouveaux, d'autant plus avidement accueillis qu'ils nous étaient plus défavorables. Au reste les insurgés apprirent souvent depuis, à leurs dépens, que la division française existait toujours. Elle était déjà bien plus propre à briller sur un champ de bataille que dans une revue. Les marches, les combats, et surtout près d'un mois passé dans les camps de Gérone, où elle était sans cesse entourée d'ennemis et presque tous les jours attaquante ou attaquée, avaient entièrement achevé de l'aguerrir. Ce fut là le résultat le plus avantageux d'une expédition, la plus utile sans doute qu'il fût possible d'entreprendre, mais qu'on n'avait guère pu se flatter de voir réussir.

J'en terminerai le récit par une dernière remarque. Les troupes de notre corps d'armée, déjà acclimatées en Catalogne, avaient compté peu de malades sous Gérone même, tandis qu'ils s'étaient multipliés de la manière la plus alarmante dans la division Reille; mais peu de temps après leur retour à Barcelone, la plupart de nos soldats furent aussi à leur tour plus ou moins fortement attaqués par des fièvres. Ils en avaient rapporté le germe des environs de Gérone, renommés depuis long-temps par leur insalubrité. Heureusement il n'y eut pas une grande mortalité.

¹ L'influence pernicieuse des chaleurs sous Gérone faisait dire

Pendant l'absence du général Duhesme, le général Léchi était resté à Barcelone avec environ quatre mille hommes, occupant à l'extérieur, outre le poste retranché de Saint-Pierre-Martyr, le château de Mongat, que nous avions mis en état de défense aussitôt après l'avoir pris. Ce château fut attaqué par les insurgés de concert avec les Anglais. Il était à l'abri d'un coup de main, et il eût pu facilement attendre les secours de la garnison de Barcelone, avec laquelle il était en correspondance de signaux; mais les Napolitains, au nombre d'environ cent hommes, qui étaient chargés de le défendre, aimèrent mieux le livrer aux Anglais, qui s'engagèrent à les transporter en Sicile. A peine ceux-ci en furent-ils maîtres qu'ils s'empressèrent de le faire sauter : il n'était plus qu'un monceau de ruines lorsque nous revînmes de Gérone.

Il n'y avait eu d'ailleurs autour de Barcelone que des escarmouches avec des bandes qui étaient venues roder dans les environs, et auxquelles la garnison avait toujours donné la chasse avec le plus grand succès. Une fois entr'autres, elle les poursuivit jusqu'au couvent de Saint-Géroni, situé sur la montagne en avant de Gracia, et livra ce couvent aux flammes et au pillage.

Quoiqu'ils eussent des forces assez considérables sur le Llobrégat, les insurgés, uniquement occupés de Gérone, n'avaient rien tenté contre Barcelone. Le général Léchi n'en avait pas moins

aux habitants qu'ils avaient; dans Juillet et Août, deux auxiliaires que nous ne parviendrions jamais à vaincre.

écrit, et par terre et par mer, au major-général
de Napoléon, pour accuser le général Duhesme de
l'avoir abandonné dans une position dont il faisait
la peinture la plus alarmante : il élevait jusqu'à
trente mille hommes le nombre des ennemis
dont il se disait entouré. Les Espagnols intercep-
tèrent une de ces lettres et la publièrent dans
leurs journaux.

Du reste, le général Léchi avait déployé dans
Barcelone beaucoup de vigilance et d'activité ; mais
on remarqua qu'il s'était hâté d'y prendre des
ôtages presque aussitôt après le départ du général
Duhesme. On vit successivement arrêter et conduire comme tels à la citadelle plusieurs des principaux habitants. La crainte d'un traitement semblable en fit sortir un grand nombre de la ville,
entr'autres l'évêque et les premiers négociants,
dont l'absence nous enleva de grandes ressources
pour l'avenir. Le général Léchi, aussitôt qu'il fut prévenu du retour du général Duhesme, fit mettre en
liberté les ôtages qui étaient encore détenus ; mais ce
retour n'en était pas moins désiré par tous les
habitants qui ne voulaient qu'être tranquilles,
presque aussi vivement que par les Français et le
petit nombre de leurs partisans [1]

---

[1] Le général Léchi, dès son entrée à Barcelone, ne chercha qu'à
se faire craindre. Il s'en faisait un titre de gloire ; et l'on ne peut nier
qu'il ne contribuât ainsi puissamment à contenir les habitants. Mais,
s'il réussit à se faire craindre, il réussit encore mieux à se faire dé-
tester ; et les insurgés, s'il fût tombé entre leurs mains, n'eussent
pas trouvé de supplices assez affreux pour lui. On voyait bien qu'il
ne l'ignorait pas, à tout ce qu'il faisait pour éviter jusqu'à l'ombre

CHAPITRE VIII.

Troisième affaire du Llobrégat. Prise des camps de Saint-Boy et de Saint-André.

Le temps des expéditions lointaines était passé pour nous. Chaque jour avait vu s'accroître le nombre et la force de nos ennemis. Ce n'était plus à des masses sans ordre et sans discipline, qui se dispersaient après chaque défaite, c'était à de vieilles troupes et à des corps régulièrement organisés que nous allions avoir affaire. Les succès des insurgés sur presque tous les points de l'Espagne avaient achevé de déterminer les troupes de ligne à faire cause commune avec eux , et les garnisons de Mayorque et de Minorque, fortes d'environ cinq mille hommes, étaient venues se joindre à ceux qui combattaient contre nous. Dès le premier temps de l'insurrection, il s'était élevé audessus des juntes particulières de villes et de cor-

d'un pareil danger ; et peut-être cela influa-t-il beaucoup trop dans la suite sur sa conduite.

Par caractère et par calcul, le général Duhesme suivit une marche opposée à l'égard des habitants de Barcelone. Il cherchait à les gagner , en leur témoignant de la confiance et de l'affection, en se mêlant , sans suite , parmi eux dans les promenades et dans les réunions , et surtout en se conformant avec soin à leurs cérémonies religieuses. Ces moyens, le dernier surtout, ne furent pas entièrement sans succès, et le peuple conserva toujours pour lui une espèce d'attachement que dans cette guerre bien peu de nos généraux purent se flatter d'avoir inspiré aux Espagnols.

régiments une junte supérieure de la province, qui avait siégé d'abord à Lérida, et ensuite à Tarragone : cette junte, sans renoncer à l'emploi des Somatens, avait ordonné la levée de quarante mille Miquelets, formant quarante *Tercios* ou bataillons ; et déjà une partie de ces Tercios était en campagne. Les insurgés avaient enfin en Catalogne une véritable armée; et la junte centrale du royaume (qui s'était formée de députés nommés par les juntes supérieures des provinces) venait de donner à cette armée un chef unique dans la personne du marquis de Palacio. Elle l'avait nommé en même temps capitaine-général de la province, ne reconnaissant plus pour tel le comte d'Ezpéléta, puisqu'il était resté au milieu des Français.

Réunissant ainsi dans ses mains l'autorité civile et l'autorité militaire, le nouveau général en chef pouvait plus facilement disposer de toutes les ressources pour les faire concourir au but commun. Ce but, l'objet de tous les vœux et de tous les efforts des Catalans, était la reprise de Barcelone. Le marquis de Palacio s'occupait exclusivement des préparatifs nécessaires pour entreprendre le siége de cette place. Il formait, entre autres, des magasins à Saint-Boy sur le Llobrégat. Mais pour que toute leur sûreté ne dépendît pas d'un passage de rivière qui avait déjà été forcé deux fois, il avait établi sur une montagne en arrière une espèce de camp retranché, qu'il faisait garder par la meilleure partie de ses troupes de ligne.

Cependant la division régnait à Barcelone parmi

nos chefs. Le général Duhesme avait formé le projet d'attaquer de nouveau la ligne du Llobrégat et d'enlever le camp de Saint-Boy ; mais il avait vu se prononcer contre ce projet la plupart des généraux et surtout le général Léchi, dont la division devait principalement donner, les troupes françaises n'étant pas encore bien remises des fatigues du siége et de la retraite de Gérone. Ces généraux lui avaient objecté la force des positions des insurgés, la supériorité de leur nombre, et la nécessité de laisser dans Barcelone pendant le combat une forte partie des troupes pour prévenir un soulèvement. Il avait cru devoir céder à ces objections ; mais la vue du camp de Saint-Boy l'empêchait de dormir. Il allait l'observer chaque jour, et chaque jour il éprouvait un plus vif regret d'avoir sacrifié son projet d'attaque. Enfin il se détermina de nouveau à l'exécuter. Il sentait fortement la nécessité de relever par quelque action brillante la réputation de nos armes, affaiblie par la levée du siége de Gérone ; et il ne pouvait se dissimuler que le meilleur moyen d'imposer à la population de Barcelone était de battre les ennemis du dehors, et non de se renfermer timidement derrière des remparts.

Le jour de l'attaque fut fixé au 2 septembre[1]. Presque toutes les troupes italiennes et napolitaines, soutenues par une réserve composée d'un bataillon français et de cent cinquante chevaux, furent destinées à marcher contre le camp de Saint-

---

[1] Le lieutenant du génie Grassi fut blessé, le 1er septembre, dans une reconnaissance sur le Llobrégat.

Boy. Le général Léchi, dont elles formaient la division, devait d'abord les conduire lui-même au combat; mais il écrivit qu'il était malade, et le général Milossevitz prit sa place. Le général Duhesme, pour pouvoir tout diriger, se mit à la tête de la réserve, commandée sous lui par le général Schwartz.

De fausses attaques sur toute la ligne du Llobrégat devaient seconder l'attaque du camp. Le général Bessières reçut l'ordre de s'avancer sur Molins-de-Rey avec deux bataillons et deux escadrons. Le chef de bataillon du 37e, de Lesseigues, avec ses deux compagnies d'élite, dut marcher directement contre le village de Saint-Boy. Deux autres compagnies d'élite et une compagnie de cuirassiers furent dirigées du côté de Prat sur l'extrême droite de l'ennemi : le général Duhesme m'en confia le commandement [1].

Toutes les troupes se mirent en mouvement dans la nuit du 1er au 2 septembre. C'était la méthode ordinaire du général Duhesme de faire ses marches pendant la nuit et ses attaques au point du jour. Il obtenait ainsi deux grands avantages ; l'un de surprendre les insurgés, qui ne pouvaient reconnaître d'avance ses projets ; l'autre de dérober aux habitants de Barcelone, qui étaient peut-être les ennemis le plus à craindre, la con-

---

[1] En m'offrant, le soir du 1er septembre, le commandement de la fausse attaque de Prat, le général Duhesme me dit : « Les généraux « ne veulent point marcher, je ne sais plus sur qui compter : » ce qui semblait indiquer que le général Léchi n'était pas le seul dont il eût éprouvé un refus.

naissance des troupes qui sortaient de la ville,
et dont ils n'apprenaient le plus souvent la sortie
qu'en les voyant rentrer. Il était, dans cette occasion, d'autant plus important de se ménager ces
avantages, que pour réunir assez de forces pour
l'attaque du Llobrégat, il avait fallu réduire à un
très-petit nombre celles qu'on laissait dans la
place, et abandonner tous les postes qu'on occupait au dehors, à l'exception de Saint-André; et
encore avait-on dégarni ce village, quoiqu'il eût
en face un camp de Miquelets assez nombreux.

La colonne principale, dont le major Rambourg
commandait l'avant-garde, passa le Llobrégat au
gué de Saint-Jean dans le plus grand silence.
Ayant ensuite marché droit aux montagnes, elle
rencontra, dans une position avantageuse, un
bataillon de troupes de ligne et un corps de Miquelets. Forcés par l'impétuosité de l'attaque, ils
cédèrent du terrain; mais, une de leurs colonnes
se présentant sur notre flanc droit, ils revinrent
en avant. Le général Milossevitz lança sur eux
alors tout le bataillon des Vélites; ils furent culbutés et se retirèrent en désordre sur les sommités
des montagnes.

Tout en poursuivant l'ennemi, l'avant-garde se
dirigea d'abord du côté opposé au camp de Saint-
Boy; mais tout-à-coup elle fit un changement de
front sur sa gauche et marcha directement contre
ce camp. Le général Milossevitz, avec son corps
de bataille, suivit et soutint ce mouvement. Il fut
soutenu lui-même par la réserve, qui s'avança

avec deux pièces de canon pour garder ses derrières
et contenir un gros d'ennemis qui s'étaient retirés
sur les hauteurs de l'ermitage de Santa - Coloma.

On pensait que ce mouvement aurait fait dégarnir le village de Saint - Boy et replier toutes
les forces dans le camp. Le chef de bataillon du 37^e
fit porter vers ce village ses deux compagnies
d'élite. Déjà ses grenadiers s'étaient lancés dans
l'eau pour passer le Llobrégat , lorsque , à la vue
des troupes qui gardaient les retranchements de
la rive opposée , leur vieux capitaine crut devoir
ordonner de se retirer. Le sous - lieutenant De-
marsy , qui marchait le premier , n'entendit ou
n'écouta point cet ordre ; et seul, il s'élança dans les
retranchements. Ils étaient défendus par des Suisses
qui , dans le premier moment , posaient déjà les
armes devant lui ; mais ne le voyant point suivi , ils
le firent prisonnier. Ce jeune et malheureux officier fut bientôt après assassiné par les Espagnols.

Dans le temps qu'on rendait compte au général
Duhesme de cet échec, le général Bessières lui
annonçait qu'il avait emporté Molins-de-Rey et
pris une pièce de canon ; mais que l'ennemi re-
venait sur lui avec de grandes forces , et qu'il
craignait de ne pouvoir le contenir. D'un autre
côté, le général Léchi lui mandait de Barcelone
que le poste de Saint-André , attaqué par les Miquelets , avait été obligé de se replier ; il ajoutait
qu'une grande fermentation régnait dans la ville,
et qu'il ne pouvait répondre d'y maintenir la tranquillité.

Le général Duhesme craignit un instant d'avoir tout compromis par l'attaque du camp de Saint-Boy. Il envoya un aide-de-camp [1] pour la contremander ; mais il n'était plus temps d'arrêter l'élan des troupes. Malgré le feu des Espagnols, elles avaient déjà gravi la montagne à l'envi les unes des autres, et bientôt elles eurent franchi les retranchements. Le camp, trois pièces d'artillerie et beaucoup de munitions restèrent en notre pouvoir. Le chef de bataillon napolitain Ambrosio s'était particulièrement distingué.

Notre attaque de Prat eut aussi le succès le plus heureux. Arrivés avant le jour sur le Llobrégat, nous nous étions rencontrés nez à nez avec trois cents hommes de troupes de ligne et un plus grand nombre de Miquelets, qui de leur côté se disposaient à le passer. Le combat s'engagea dans l'obscurité. Nos cuirassiers, mis un instant en désordre, furent presque aussitôt ralliés. Nos grenadiers et nos voltigeurs se jetèrent avec intrépidité dans la rivière ; et l'ennemi, repoussé, nous abandonna le village. Nous nous mîmes à sa poursuite ; une charge de cuirassiers acheva de le mettre en déroute auprès de Saint-Boy [2].

[1] Le capitaine Delivany, qui, voyant les troupes déjà lancées, ne transmit pas l'ordre du général.

[2] Le général Duhesme, satisfait de ma conduite dans la journée du 2 septembre, m'appela le soir chez lui pour me dire qu'il se chargeait de mon avancement et que je pouvais me regarder comme chef de bataillon. (Je le fus en effet, sur sa proposition, mais seulement après la campagne.) Ce général m'offrit aussi d'être son aide-de-camp ; mais je n'acceptai pas, préférant rester officier du génie.

Le général Bessières de son côté se maintint à Molins-de-Rey, malgré tous les efforts des Espagnols. Le 7ᵉ régiment s'y fit remarquer par sa bonne contenance. Toutes les troupes rentrèrent ensuite le jour même à Barcelone, où le général Duhesme les avait précédées, et où rien ne justifia l'alarme qu'avait donnée le général Léchi.

Le poste de Saint-André, où l'on n'avait laissé que trois compagnies d'infanterie et cinquante chevaux, avait été attaqué à six heures du matin par une multitude de Miquelets. Le chef de bataillon Latour, qui le commandait, avait sagement évacué le village, qui forme un long défilé, facile à couper sur plusieurs points; mais il s'était posté en arrière dans une bonne position : il s'y défendit sans perdre un pouce de terrain, jusqu'à l'arrivée de quelques renforts, que le général Léchi lui amena lui-même après la prise du camp de Saint-Boy. Il reprit alors l'offensive, rentra dans Saint-André, et rejeta les Miquelets dans les montagnes.

Nous trouvâmes à Saint-Boy une grande quantité d'effets d'habillement, et, ce qui valait mieux pour nous, un approvisionnement assez considérable de blé, que nous fîmes entrer dans nos magasins : le général Léchi alla le chercher le lendemain, avec un convoi de voitures vides, sans être obligé de livrer un nouveau combat. Nous ne fîmes qu'une centaine de prisonniers, les montagnes ayant favorisé la fuite des Espagnols, et les circonstances ne nous ayant pas permis de les poursuivre. De notre côté, nous ne perdîmes qu'un petit nombre de soldats ; mais nous eûmes à regretter la mort de cinq officiers, qui donnaient presque tous de belles espérances.

L'affaire du 2 septembre eut la plus heureuse influence pour nous, au-dehors et au-dedans de Barcelone. Elle abattit l'orgueil des insurgés, qui, depuis le succès de leur sortie de Gérone, croyaient que rien ne pourrait leur résister. Elle étouffa ou parut du moins étouffer les dissensions qui s'étaient élevées entre le général en chef et nos autres généraux : ceux-ci, le général Léchi surtout, ne cherchèrent plus pendant quelque temps qu'à les lui faire oublier [1].

Après chaque succès marquant, le général Duhesme, pour en donner la nouvelle en France,

[1] Ces divisions avaient menacé de prendre le caractère le plus sérieux : une partie des généraux, mécontents d'un chef toujours prêt à courir les chances de nouveaux combats, et supposant que la mauvaise issue de l'entreprise de Gérone lui avait enlevé la confiance de l'empereur, avaient été, dit-on, jusqu'à mettre en délibération s'ils n'ôteraient pas au général Duhesme le commandement du corps d'armée. D'un autre côté, des amis de ce général lui conseillaient d'embarquer et de renvoyer en France le général Léchi, qu'ils lui peignaient comme l'âme et le chef de tout ce qui se disait ou se complotait contre lui. Mais, outre que la réalité de ces complots était loin d'être avérée à ses yeux, Léchi avait un grade égal au sien et de très-puissants protecteurs auprès de l'ancien général de l'armée d'Italie. L'embarquer d'ailleurs au moment où le port de Barcelone était bloqué et la côte de Catalogne infestée par les insurgés, n'eût-ce pas été presque le livrer à ces insurgés et le dévouer ainsi aux terribles effets de leur haine implacable ? Cette idée révolta le cœur du général Duhesme. Il rejeta le parti violent qui lui était proposé ; et pour se faire respecter de ses généraux, il fit choix d'un moyen plus noble et plus sûr ; ce fut de battre l'ennemi.

expédiait des bateaux qui arrivèrent presque tous heureusement. Napoléon , lorsqu'il apprit l'affaire du 2 septembre, était près de partir pour Erfurth, afin d'y resserrer avec l'empereur de Russie les liens d'une amitié dont la rupture devait plus tard entraîner sa ruine ; il fut enchanté d'avoir une victoire à publier, à une époque où , réduits à la défensive , tous les autres corps de l'armée d'Espagne étaient confinés derrière l'Ebre après des revers plus ou moins humiliants, Il fit témoigner sa satisfaction au général Duhesme ; et le major-général lui écrivit de nouveau , d'Erfurth même , pour lui reprocher de s'être borné à désigner les officiers qui s'étaient particulièrement distingués, et de n'avoir point fait connaître l'avancement et les grâces dont ils étaient susceptibles, l'empereur étant disposé à tout accorder.

Les insurgés venaient d'éprouver, pour la troisième fois, que le Llobrégat n'était qu'une barrière impuissante pour nous arrêter. La position de Saint-Boy ne leur parut plus tenable : ils concentrèrent leurs principales forces dans d'autres camps plus éloignés , qu'ils établirent sur les montagnes en arrière de Saint-Vicens et de Molins-de-Rey.

Ces camps, qui renfermaient leurs troupes de ligne, étaient très-bien placés pour garder le point de jonction des routes de Tarragone et de Lérida, où se trouve l'un des trois principaux débouchés de la plaine de Barcelone. Les deux autres sont formés par la nouvelle et l'ancienne route de

Gérone : ils étaient défendus par une division de Miquelets, campée sur les montagnes en avant de Saint-André. La chaîne de ces montagnes, qui s'étend du Bésos au Llobrégat, n'est traversée que par des sentiers ou par des chemins impraticables aux voitures : pour compléter le blocus de Barcelone, des postes plus ou moins nombreux étaient répartis sur cette chaîne, ainsi que le long des deux rivières jusqu'à leur embouchure dans la mer.

La division de Miquelets était commandée par Milans del Bosc, ancien officier aux gardes espagnoles, qui parut un des premiers sur le théâtre de cette guerre, mais qui n'y joua jamais un rôle très-brillant. C'était lui qui avait attaqué Saint-André le 2 septembre. Le camp qu'il occupait était d'un voisinage trop incommode pour le poste que nous y tenions. Il fallait ou retirer ce poste ou le délivrer d'un tel voisinage. Le général Duhesme se décida pour le dernier parti.

Le 6 septembre, il alla reconnaître lui-même la position du camp, et il arrêta pour le lendemain ses dispositions d'attaque. Il voulut en confier l'exécution au général Chabran ; mais ce général refusa de s'en charger, alléguant qu'il ne lui donnait point assez de troupes. Le général Duhesme le remplaça par l'adjudant-commandant Devaux, qui n'était ni d'un grade ni d'humeur à refuser un commandement[1].

[1] Le général Chabran trouvait que le général Duhesme s'éloignait, pour l'attaque du camp de Saint-André, du système de l'em-

9

Le 7 septembre, le colonel Latour [1], à la tête du bataillon du 37ᵉ, gravit les montagnes sur la gauche de Saint-André, et marcha droit par leur crète au camp des Miquelets. Il le prenait ainsi de flanc, tandis que l'adjudant-commandant Devaux, avec les compagnies d'élite et la moitié du 7ᵉ régiment, commandé par le colonel Aussenac, s'avançait de son côté sur la grande route, pour le tourner par la droite. Il était à peine jour : une pluie d'orage avait inondé pendant la nuit les baraques du camp; et les Miquelets, dont les armes n'étaient pas moins mouillées que les vêtements, étaient fort mal disposés pour le combat. Un coup de canon, tiré comme signal pour faire coïncider notre attaque des deux côtés, fut également le signal de leur fuite. Ils furent vivement poursuivis et presque entièrement dispersés.

Milans ne put rallier ses troupes qu'au bout de plusieurs jours ; mais il ne fut plus tenté de les ramener à la même position. Il les établit dans un nouveau camp, sur les montagnes de l'autre côté du Bésos, près du couvent de Saint-Gérony. Nous restâmes ainsi possesseurs tranquilles de toute la plaine entre le Bésos et le Llobrégat.

pereur, qui était, disait-il, le *système des grandes masses*. Napoléon avait en effet recommandé plusieurs fois au général Duhesme d'agir toujours en force, en masse, et surtout d'éviter avec le plus grand soin de disséminer ses troupes. Des instructions semblables étaient sans doute envoyées aux chefs des autres corps d'armée ; et cependant presque tous les malheurs de la première campagne d'Espagne vinrent d'avoir disséminé les troupes !

[1] Le chef de bataillon Latour venait d'être promu au grade de colonel.

CHAPITRE IX.

Arrestation du capitaine-général de la Catalogne. Prise du camp de Saint-Gérony. Combat de Saint-Cugat.

Quoique la guerre se fît depuis plus de trois mois aux portes de Barcelone, la ville n'avait pas été déclarée en état de siége. Les autorités espagnoles conservaient toutes leurs attributions, et le général français ne s'était formellement arrogé aucun pouvoir sur ces autorités. Vers la fin du mois de mai, à la veille de l'explosion générale, il s'était seulement emparé, malgré leurs protestations, des arsenaux et des magasins à poudre; mais du reste, se conduisant toujours comme en pays allié, lorsqu'il avait des réquisitions ou des demandes à faire pour son corps d'armée, il les adressait au capitaine-général ou à l'intendant de la Catalogne, qui n'y déféraient qu'après de plus ou moins longues difficultés, ou qui le plus souvent trouvaient moyen de n'y pas déférer. Les embarras toujours croissants de sa position lui faisaient sentir le besoin de s'affranchir de ces entraves, et il pensa que nos derniers succès lui permettaient de le faire sans danger. Vainqueur au dehors, il crut pouvoir parler en maître au dedans; et proclamant enfin la ville en état de siége, il déclara que toutes les autorités, tant civiles que militaires, devaient désormais lui être subordonnées.

9.

A cette déclaration, les fonctionnaires publics auraient presque tous déserté leurs postes, s'il n'avait en même temps ordonné que ceux qui en agiraient ainsi seraient arrêtés sur-le-champ, et plus tard conduits en France. Le capitaine-général fut le seul qui ne fut point retenu par cette menace, et il aima mieux se laisser arrêter et enfermer à la citadelle que de reconnaître un général étranger pour son supérieur. Il ne fut d'ailleurs probablement pas fâché d'avoir une occasion éclatante de séparer sa cause de celle des Français.

Cette arrestation, qui, quatre mois plus tôt, eût été le signal d'un soulèvement général en Catalogne, fut vue avec indifférence et presque avec plaisir par les Espagnols. Le comte d'Ezpéléta était peut-être l'homme sur lequel ils avaient fondé les plus grandes espérances au commencement de leur révolution; mais ils ne purent lui pardonner de ne s'être pas mis à leur tête, et surtout d'avoir laissé prendre le fort Mont-Jouy de Barcelone : sa mort même eût été inévitable, si à cette époque ils l'avaient eu en leur pouvoir. Cependant le général Duhesme, qui jugeait avantageux de ne rien changer à la forme des autorités établies, parvint à faire accepter sa place à un vieux lieutenant-général espagnol; mais ce nouveau capitaine-général n'eut plus qu'un fantôme d'autorité.

La déclaration de l'état de siége ne produisit presque pas d'autre changement, et le général Duhesme n'en fut guère moins embarrassé pour faire face aux besoins de son corps d'armée. La solde et les approvisionnements de siége étaient au compte du gouvernement français; et, comme on le devine facilement, ils n'en avaient pas été mieux assurés. Cependant, peu de temps après notre entrée à Barcelone, il était arrivé de France, par mer, cent quatre-vingt mille rations de biscuit et six mille quintaux de blé : on les avait déposés dans les magasins de la citadelle et du fort Mont-Jouy, et ils formaient un approvisionnement de réserve, auquel on ne devait toucher qu'à la dernière extrémité. Avant de partir pour le siége de Gérone, le général Duhesme l'avait complété par l'achat d'une certaine quantité de viande salée, en se rendant lui-même caution pour le paiement. Après son retour, il s'attacha avec plus de soin encore à augmenter ses provisions de vivres. Il ne toucha point à celles des habitants; mais il s'empara du blé de plusieurs négociants, qui avaient été requis en vain d'en faire la déclaration : on le trouva caché dans des *Sitjès* ou fosses souterraines, en usage dans le pays pour conserver les grains. En y joignant celui qu'on retira de Saint-Boy, après la victoire du 2 septembre, le général parvint à assurer du pain à son corps d'armée pour près de quatre mois; mais il lui fut impossible de compléter l'approvisionnement de viande ni pour le même temps ni pour un temps bien moindre; et il ne put guère le porter au-delà de ce qu'il en fallait pour les hôpitaux.

La viande se tirait de France, et elle avait manqué dès les premiers jours de l'insurrection. On

avait peu à peu accoutumé les soldats à s'en priver, en remplaçant la ration par une indemnité
de cinq sous. Cette indemnité, déjà insuffisante
dans le principe, le devint chaque jour davantage,
surtout dans les derniers temps, où l'on ne pouvait presque plus trouver même de la viande de
porc qu'à des prix exorbitants.

D'après les conventions faites au moment de
notre arrivée à Barcelone, l'administration espagnole était chargée de la subsistance journalière
de nos troupes, ainsi que des dépenses, autres
que la solde, qu'elles pouvaient exiger. L'intendant de la Catalogne, qui depuis l'insurrection se
disait sans ressources et sans crédit, et qui plus
sûrement encore était sans zèle et sans bonne volonté, avait formé, pour aviser aux moyens de
pourvoir à cette subsistance et à ces dépenses, une
junte de notables, dont il avait choisi les membres
parmi les principaux habitants; mais ils s'en occupaient comme des gens qui eussent bien mieux
aimé être chargés d'un soin contraire. Le général
Duhesme ne leur demandait cependant plus de
vivres; il sentait qu'ils n'eussent pu les fournir : il
se bornait à exiger de quoi payer l'indemnité de
la viande et faire marcher les différents services
du corps d'armée; mais il avait beau employer
tous les moyens de persuasion, il ne pouvait presque rien obtenir, et tout le poids de l'administration retombait sur lui [1].

---

[1] Le général Duhesme, ayant besoin, pour remplir les fonctions
de chef d'état-major dans la position où il se trouvait à Barcelone,

Ce n'était pas tout encore que la subsistance des troupes : il ne fallait pas moins de sollicitude pour leur sûreté au milieu d'une si grande ville que Barcelone. Les habitants n'ayant point pris une part ouverte à l'insurrection, il eût été aussi dangereux qu'impolitique de les traiter en ennemis ; mais on devait toujours s'en défier et les surveiller de très-près. S'ils n'agissaient pas directement contre nous, ils n'en étaient pas moins unis de cœur avec les insurgés. Il était même plus que probable qu'il en sortait un bon nombre de la ville pour se joindre à eux dans leurs grands rassemblements, et qu'ils y rentraient ensuite sans qu'il fût possible de les reconnaître. Personne n'eût osé ni voulu les signaler : on ne vit jamais les Espagnols trahir un seul d'entre eux : ils semblaient sur ce point s'être tous liés par un serment.

Le général Duhesme avait senti, dès l'origine de l'insurrection, la nécessité d'une bonne police. La difficulté, presque insurmontable, était de trouver des sujets propres à la composer. A l'occasion des recherches entreprises dans les maisons pour le désarmement des habitants, il avait d'abord formé une commission ou junte de police de trois juges de l'Audience avec un commissaire de son choix, chargé d'en diriger l'action. Il avait aussi placé dans les différents quartiers et aux portes

d'un homme qui possédât des connaissances administratives, remplaça dans ces fonctions le chef d'escadron Ordonneau, qui était rentré en France avec congé après le siége de Gérone, par le sous-inspecteur aux revues Porte, qui avait été administrateur dans son département et membre du conseil des Cinq-Cents.

de la ville divers agents secondaires, pris parmi les Français domiciliés à Barcelone, ou dans l'infiniment petit nombre des Espagnols qui paraissaient nous être attachés ; mais les juges qui composaient la junte de police avaient mieux aimé passer aux insurgés que de remplir les fonctions qu'on voulait leur imposer. Le général Duhesme remit alors toutes les attributions de cette junte entre les mains du commissaire qu'il avait déjà nommé. Cette nouvelle autorité, à laquelle on fit peu d'attention d'abord, finit par acquérir sur toutes les autres la prépondérance la plus marquée.

Les soins administratifs n'interrompaient point les opérations militaires ; mais, depuis la prise du camp de Saint-André jusqu'au 10 octobre, elles ne furent que d'une faible importance. On se borna des deux côtés à une espèce de petite guerre. L'ennemi tentait des attaques ou plutôt des surprises sur nos postes avancés. Une seule obtint un succès momentané contre un de ces postes, campé au bord du Bésos sur la route de Badalone. Plus souvent nous faisions des reconnaissances ou des courses au-delà de cette rivière et du Llobrégat ; ce qui donnait quelquefois lieu à des escarmouches plus ou moins vives.

Le Bésos, dont les eaux s'enflent presque subitement, nous fit perdre quelques soldats, surpris par une crue sur sa rive gauche. Un ou deux furent emportés par le courant, et se noyèrent en voulant le repasser à la nage. Deux ou trois autres, enveloppés par les Miquelets, aimèrent mieux se faire tuer que de se rendre.

Au-delà du Llobrégat, une de nos reconnaissances de cavalerie, pour s'être imprudemment engagée, en se retirant, dans un mauvais chemin au milieu des marais, perdit plusieurs chevaux qu'elle fut obligée d'abandonner. Ils furent promenés en triomphe à Villa-Franca, quartier-général du marquis de Palacio.

En général les Espagnols s'opposaient rarement à nos troupes, lorsqu'elles allaient en avant ; mais ils ne manquaient jamais de se mettre à leur poursuite lorsqu'elles revenaient sur leurs pas. Du reste ils ne paraissaient pas songer à sortir de leurs camps. Le général Duhesme de son côté, content de les avoir relégués à une distance respectueuse des murs de Barcelone, avait renoncé à les aller troubler dans leur nouvelle position ; mais les rodomontades de Milans le firent changer de résolution.

Ce chef, qui avait adopté les habitudes et le costume des Miquelets [1], était en grand crédit

[1] Des sparbilles ou spartagnes pour chaussure ; le bas de la jambe et le pied nus ; des bottines où guêtres de cuir, qui ne couvrent ni la cheville ni le genou ; une culotte et une veste courtes, de velours noir ou bleu ; une ceinture d'un tissu de diverses couleurs, qui fait plusieurs fois le tour des reins et dans laquelle ils enveloppent leurs cartouches ; une mante ou couverture, étroite et longue, habituellement pliée et jetée avec grace sur l'épaule, mais qui sert à se couvrir, lorsqu'il faut se préserver de la pluie, du froid ou de l'humidité des nuits ; sur la tête un filet de soie noire, surmonté d'un long bonnet de laine rouge retombant sur l'épaule ; pour toute arme un fusil : tel marche fièrement, sans nul autre bagage, le Miquelet, et en général, aux cartouches et au fusil près, le paysan catalan.

parmi cette milice. Des *Tercios* de divers corrégiments étaient venus grossir sa division, qui était
toujours campée auprès de Saint-Gérony. Tous les
jours il envoyait des détachements pour harceler
nos avant-postes de Saint-André, qui se trouvaient près du Bésos. Il entretenait ainsi presque
continuellement une fusillade assez bien nourrie,
mais qui, faite d'une rive à l'autre de ce large torrent, n'aboutissait à rien, et à laquelle même nos
sentinelles finirent par ne plus faire attention.
Mais dans les journaux des insurgés, il peignait
ces tirailleries insignifiantes comme des combats
sanglants dans lesquels il se donnait toujours l'avantage[1]. Il était ainsi parvenu, dans Barcelone même
où les habitans jugeaient de la chaleur de l'action
par la durée du bruit de la mousqueterie, à donner une si haute idée du camp de Saint-Gérony et
de ses Miquelets, que le général Duhesme crut nécessaire de la détruire par la prise de ce camp.

Ce général en dirigea lui-même l'attaque, le 10
octobre. Pendant qu'il se portait, avec le général
Chabran, sur le Bésos, en face de l'ennemi, il le

---

[1] Je craindrais d'être accusé d'exagérer moi-même, si je rapportais
toutes les exagérations qu'on trouvait dans les relations des Espagnols. A l'occasion des fusillades qu'il plaisait à Milans del Bosc de
présenter comme des engagements sérieux, l'un de leurs journaux
se demandait gravement s'il ne convenait pas de les appeler les *batailles de Milans*, et de désigner ainsi dorénavant les batailles par les
noms de ceux qui les avaient gagnées, plutôt que par les noms des
lieux où elles s'étaient données. En récapitulant sur leurs rapports les
pertes qu'ils prétendaient avoir fait éprouver à notre corps d'armée,
on trouvait qu'elles s'élevaient, déjà avant le mois de novembre, à
vingt-sept ou vingt-huit mille hommes. Ce corps n'avait jamais été
de plus de douze mille.

faisait attaquer sur la gauche par l'adjudant-commandant Devaux, qui, à la tête du bataillon du 93ᵉ et d'un bataillon du 7ᵉ, avait passé le torrent avant le jour auprès de Moncade. En même temps le colonel du 3ᵉ régiment provisoire de cuirassiers, Guéry, avait marché sur la droite avec une seconde colonne, et avait détaché vers Saint-Gérony le bataillon des Vélites et deux compagnies du bataillon du 37ᵉ.

Le camp fut emporté par la colonne de l'adjudant-commandant Devaux. Les Miquelets, complétement surpris, s'enfuirent dans le plus grand désordre : quatre à cinq cents, qui étaient postés entre le camp et le Bésos, furent coupés et presque tous tués ou prisonniers. La fumée des baraques, auxquelles on mit le feu, annonça notre succès aux habitants de Barcelone étonnés. C'était la troisième fois que nous leur donnions ce spectacle depuis notre retour de Gérone : car un semblable incendie leur avait également apporté la première nouvelle de la prise des camps de Saint-Boy et de Saint-André.

L'adjudant-commandant Devaux poursuivit les Miquelets dans les montagnes jusqu'à la nuit. Ils voulurent se rallier au couvent de Montalègre, à la hauteur de Mongat ; mais il les chassa de ce couvent, et compléta ainsi leur déroute et leur dispersion[1].

---

[1] L'adjudant-commandant Devaux voulait s'arrêter après la prise du camp de Saint-Gérony ; je le décidai à poursuivre les Espagnols, en prenant sur moi de l'assurer que c'était l'intention du général en chef. Ce général, à qui j'en allai rendre compte sur-le-champ, m'approuva très-fort et me donna deux compagnies de grenadiers pour

De cinq à six mille hommes qui composaient sa division et dont nous trouvâmes l'état dans sa baraque, Milans n'avait pas le lendemain quatre cents hommes avec lui. Six canons de montagne, qu'il avait dans le camp, tombèrent en notre pouvoir avec une grande quantité d'effets et de munitions. Ils furent conduits à Barcelone, où nous ramenâmes aussi deux à trois cents prisonniers.

Pour empêcher les Miquelets de se réunir à Granollers, d'où ils tiraient la plus grande partie de leurs vivres, le général Duhesme envoya le lendemain sur cette ville l'adjudant-commandant Devaux, avec une partie de la division française. Nous y entrâmes sans résistance, après avoir mis en fuite quelques insurgés qui firent feu sur nous auprès de Monmélo. Nous trouvâmes tous les fours remplis de pain, qui était destiné pour les Miquelets, et qui acheva de cuire pour nos soldats. Nous trouvâmes aussi un magasin de fusils et deux gros canons sans affûts. Les fusils furent brisés, et les canons mis hors d'état de servir. Nous n'avions aucun moyen de les transporter à Barcelone.

Granollers comptait six à sept mille ames. A notre arrivée cette ville était entièrement déserte, quoiqu'on n'eût pu y être averti que quelques instants d'avance. Cette prompte disparition de la population tout entière n'était plus nouvelle pour nous: néanmoins, elle nous remplissait chaque fois d'un

---

le soutenir, le colonel Guéry s'étant déjà retiré avec tout son monde.

nouvel étonnement. Les habitants se retiraient dans les montagnes, toujours voisines en Catalogne, et il n'y avait pas encore d'exemple qu'on les eût surpris dans leurs retraites. Lorsque nos troupes en approchaient, ils changeaient de position, comme les hordes nomades, emmenant leurs bestiaux et emportant avec eux la plus grande partie de leurs effets [1].

Après avoir fait, suivant l'ordre qu'il en avait reçu, des démonstrations sur les deux routes de Vique et de Gérone, comme s'il avait eu le dessein de marcher dans l'une ou l'autre de ces directions, l'adjudant-commandant Devaux reprit, le 12 octobre, le chemin de Barcelone. Le général Milossevitz, avec une partie de la division Léchi, s'était porté en avant de Moncade pour lui servir de réserve et le soutenir au besoin. Il se dirigea sur Saint-Cugat, après que l'adjudant-commandant Devaux fut revenu; et celui-ci à son tour dut rester dans la position de Moncade, jusqu'à ce qu'il fût as-

[1] Une circonstance rendait moins pénible et plus facile aux Espagnols l'abandon de leurs demeures et le transport de leurs effets; c'est que, dans leurs villages et dans les villes du quatrième ordre, ils sont accoutumés à mener presque la vie des camps, connaissant à peine une partie des commodités qui sont devenues un besoin dans d'autres pays. Mais, quelque éloignés qu'ils fussent de toute mollesse, combien d'hommes et de femmes infirmes ou d'une santé délicate, combien d'enfants et de vieillards, obligés de bivouaquer, quelquefois pendant plusieurs nuits, au milieu des montagnes, durent succomber par l'intempérie de l'air, par le défaut de secours ou par l'effet de ces frayeurs subites qu'ils appellent *susto*, et dont on ne voit nulle part d'exemples aussi frappants que chez les Espagnols! On croit pouvoir assurer qu'il en périt beaucoup plus ainsi que dans les combats.

suré que le général Milossevitz n'avait pas besoin de son secours.

Ce général avait avec lui un escadron de chasseurs du Prince, le bataillon des Vélites, un autre bataillon italien, un bataillon et trois compagnies du régiment napolitain, le tout s'élevant à près de dix-huit cents hommes [1]. Il n'emmena point d'artillerie, parce qu'il devait ne faire qu'une reconnaissance, et ramener ensuite, le soir même, ses troupes dans la plaine de Barcelone, en traversant les montagnes qui la séparent de Saint-Cugat.

Nous nous attendions à trouver tout au plus quelques Miquelets à Saint-Cugat; mais presque en même-temps que nous, arrivait du côté opposé du village une division détachée des camps du Llobrégat. Elle était composée des meilleures troupes de l'armée ennemie, et, entr'autres, d'un régiment de hussards espagnols tout récemment arrivé de Mayorque, ainsi que d'un escadron d'un autre régiment de cavalerie, et de six pièces de canon. Elle marchait pour secourir Milans del Bosc, ou plutôt pour couper la retraite de la colonne qui s'était avancée jusqu'à Granollers. Dès qu'elle vit la tête de notre avant-garde, elle s'arrêta de l'autre côté de Saint-Cugat, sur un plateau formant une belle position, dont un ravin profond rendait le flanc gauche inabordable, et dont le flanc droit était aussi défendu par divers escarpements.

---

[1] Les corps ne marchaient jamais en entier, parce que, pour les gardes, ou pour d'autres causes, ils laissaient toujours à Barcelone une partie de leur monde.

Le général Milossevitz avait déjà détaché le bataillon napolitain sur sa droite et le bataillon italien sur sa gauche, pour tourner des deux côtés le village vers lequel il avançait lui-même de front avec le reste de sa colonne, lorsqu'il aperçut cette division. Malgré la supériorité du nombre et l'avantage de la position, il ne balança pas à l'attaquer sur-le-champ.

Le bataillon des Vélites traversa Saint-Cugat et marcha avec audace sur les canons ennemis. Il n'était arrêté ni par leur feu ni par celui de l'infanterie, lorsqu'il se vit tout-à-coup charger par la cavalerie espagnole. C'était la première fois qu'il voyait cette cavalerie. Au milieu de la poussière qu'elle faisait élever, il la prit pour la nôtre au premier abord. Cette erreur mit de l'hésitation dans son mouvement, et ralentit, interrompit même un moment son feu. Le bataillon finit par être rompu. L'escadron de chasseurs du Prince, qui le soutenait, lâcha pied devant les hussards espagnols. Les efforts de ses officiers furent impuissants pour le retenir ; mais les Vélites, se montrant dignes de faire partie de la garde, se rallièrent dans un instant, prirent position en arrière de Saint-Cugat, et attendirent de pied ferme les ennemis.

Le général Duhesme m'avait ordonné d'accompagner l'adjudant-commandant Devaux à Granollers et le général Milossevitz à Saint-Cugat [1]. J'avais

---

[1] Depuis le siége de Gérone, le général Duhesme avait pris l'habitude de m'envoyer partout où il n'allait pas lui-même, de sorte

marché sur la droite avec le bataillon napolitain;
mais, voyant qu'il ne voulait plus avancer dès qu'il
fut à portée de l'artillerie et surtout après avoir
vu la charge de la cavalerie espagnole, je le quittai
pour aller rejoindre le général Milossevitz, que
je trouvai à pied au milieu des Vélites.

La nuit approchait, et il devait rentrer, le soir
même, dans la plaine de Barcelone. Les chasseurs
du Prince et les Napolitains s'étaient déjà presque
entièrement débandés. Le bataillon italien se re-
tirait en toute hâte par les montagnes. Les Vélites
restaient seuls immobiles dans leur position.

L'ennemi n'osait les attaquer de front; mais,
sur leur gauche, une de ses colonnes s'avançait
par le lit d'un torrent qui sépare Saint-Cugat de
la montagne. Je fis observer au général Milossevitz
qu'elle allait les envelopper, si le bataillon italien
ne s'arrêtait pour l'en empêcher. Le général n'a-
vait en ce moment ni aide-de-camp ni officier d'é-
tat-major près de lui. Je pensai que je n'avais pas
été envoyé là pour le conseil seulement; je me
portai moi-même à travers le torrent vers ce
bataillon; et, de concert avec le colonel Foresti
qui le commandait, je parvins à rallier la compagnie de grenadiers, dont le feu bien dirigé arrêta
la colonne ennemie. Le flanc des Vélites fut dé-
gagé, et ils se retirèrent en bon ordre et par échelons vers Moncade et Saint-André.

La compagnie de grenadiers avait attiré sur

---

qu'il n'y eût plus d'affaire un peu importante où je n'assistasse avec
ou sans lui.

elle - même la poursuite dirigée contre eux. Elle la soutint très-bien d'abord, se retirant successivement de hauteur en hauteur; mais, près de gagner la crête des montagnes, elle fut arrêtée par les cris et la proximité des Espagnols qui cherchaient à l'y prévenir, et elle se rejeta sur la gauche, pour se retirer par le flanc de ces montagnes [1].

L'ennemi eût pu profiter de cette circonstance et suivre la crête, pour tâcher de couper la compagnie de grenadiers, ainsi que le reste du bataillon italien. La nuit commençait d'être épaisse, et dans l'obscurité il n'osa le tenter. Au contraire il se retira de son côté pour se rallier dans Saint-Cugat; et il en repartit le soir même, pour regagner ses camps du Llobrégat, comme s'il avait craint de nous voir revenir l'attaquer pendant la nuit [2].

Le bruit de l'artillerie et de la mousqueterie, répété et multiplié de la manière la plus extraordinaire par les échos des montagnes et de la ville, avait jeté déjà l'alarme parmi nos troupes dans Barcelone, lorsqu'elle fut portée à son comble

[1] M'étant mis en vain à la tête des grenadiers pour les engager à faire un dernier effort, je me trouvai le dernier dans la retraite. Les montagnes, sur le versant de Saint-Cugat, sont couvertes de bois, et entrecoupées de ravins et de précipices. Au milieu des ténèbres, je tombai dans un de ces précipices, où je restai quelques minutes sans mouvement. Lorsque j'en sortis, j'étais déjà entouré d'ennemis. Je traversai leurs postes à la faveur de la nuit, suivi de trois soldats qui ne m'avaient pas quitté, et je parvins à rejoindre le général Milossevitz et les Vélites à Saint-André.

[2] Dans le rapport officiel de l'ennemi sur le combat de Saint-Cugat, on fut assez étonné de voir compter l'humidité de la nuit au nombre des causes qui l'avaient empêché de nous poursuivre.

par l'arrivée de quelques fuyards, qui annoncèrent que tout ce qui avait marché à Saint-Cugat
était perdu. Ces fuyards étaient des officiers, dont
quelques-uns même s'étaient fait une grande réputation de bravoure. Le général Léchi, commandant supérieur de la place et leur chef d'ailleurs,
reçut leurs rapports le premier. Il courut aussitôt
chez le général en chef, désespéré, entièrement hors
de lui. «Vous avez toujours voulu jouer le tout
« pour le tout, lui cria-t-il en entrant : eh bien !
« vous avez enfin réussi à détruire ma division. »
Et il se mit, après ces mots, à déplorer amèrement
la perte de ses troupes : le général Duhesme sortit
dans la nuit même de Barcelone, croyant n'avoir
que des débris à recueillir ; mais à Saint-André, où
il trouva le général Milossevitz, il eut déjà lieu
de s'apercevoir combien on doit se défier du rapport de gens qui ont leur fuite ou leur frayeur à
justifier ; et, au jour, il en fut encore bien plus
convaincu, lorsqu'il vit que nous n'avions en tout
que cinquante hommes à regretter.

La moitié étaient des Vélites, qui, à proprement
parler, s'étaient seuls battus à Saint-Cugat. Les
chasseurs du Prince, outre un assez grand nombre
de chevaux qu'ils furent obligés d'abandonner
pour traverser les montagnes, avaient perdu douze
à quinze hommes. De ce nombre étaient leur chef
d'escadron et un autre officier, qui avaient été faits
prisonniers.

Un jeune officier de cuirassiers était aussi resté
entre les mains des Espagnols. Nous n'avions pu

trouver un habitant pour être notre guide de Moncade à Saint-Cugat. Cet officier, qui avait été envoyé précédemment en reconnaissance dans ce village, nous en avait servi, et il avait ensuite chargé avec les chasseurs italiens.

Il nous avait fait suivre un chemin qui n'était pas le plus court. L'adjudant-commandant Devaux, n'ayant entendu aucun bruit, ni de canon ni de mousqueterie, pendant le temps qu'il avait jugé nécessaire pour arriver à Saint-Cugat, avait quitté la position de Moncade avant que notre combat fût engagé; et il était rentré dans Barcelone.

On vit par les rapports de l'ennemi qu'il avait perdu cinquante-six hommes, tués, blessés ou égarés, autant que nous par conséquent; mais, dans ces mêmes rapports, il faisait monter notre perte à six cents hommes[1].

C'était le comte de Çaldagués, le même qui le 16 août avait dirigé la grande sortie de Gérone, qui commandait les Espagnols à Saint-Cugat. Ainsi, dans les deux seules occasions où ils obtinrent sur nous un avantage marqué, ils étaient commandés par un Français.

La prise du camp de Saint-Gérony, malgré l'échec qui l'avait suivie, n'en avait pas moins eu pour résultat la dispersion totale de la division de

[1] L'état de situation du corps d'armée des Pyrénées au 15 octobre, que j'ai entre les mains, prouve que depuis le premier du même mois le nombre des morts avait été, dans le bataillon des Vélites, de vingt-cinq, dans l'autre bataillon italien qui était au combat de Saint-Cugat, de huit, et dans le régiment des chasseurs du Prince, de quinze hommes.

Milans del Bosc. Il ne put la réunir de nouveau en entier que vers la fin du mois. Elle reparut alors sur les montagnes en avant de Saint-André; mais les bataillons français, qui l'avaient déjà chassée de cette position et de celle deSaint-Gérouy, allèrent au-devant d'elle, et la forcèrent encore à s'éloigner. Ce fut le dernier événement du mois d'octobre.

CHAPITRE X.

Situation du corps d'armée des Pyrénées-Orientales à la fin d'octobre. Attaque générale des Espagnols. Affaire de Horta.

Nous touchons au moment où les Espagnols se crurent assez forts pour prendre décidément l'offensive et commencer enfin leurs attaques contre Barcelone. Avant d'en entamer le récit, je crois devoir jeter un coup d'œil rapide sur le corps d'armée qui devait défendre cette place.

Au quinze octobre, trois jours après le combat de Saint-Cugat, les troupes de ce corps d'armée comptaient, présents sous les armes :

	OFFICIERS.	SOLDATS.	CHEVAUX.
Infanterie.	292	7,780	»
Artillerie.	11	310	311
Cavalerie.	54	1,351	1,168
TOTAL.	357	9,441	1,479

Dans ce nombre, extrait des états de situation

remis à l'état-major général, il y avait trois mille six à sept cents hommes d'infanterie française.

Mais ces états de situation ne donnaient que la force numérique de la garnison de Barcelone. Pour faire bien connaître ce qu'on pourrait appeler sa force morale, il est nécessaire d'entrer, sur les troupes et sur les chefs, dans quelques détails, sans lesquels on s'expliquerait peut-être difficilement tout ce qu'on verra se passer dans cette ville.

Le général commandant en chef Duhesme avait une activité infatigable, qui le tenait sans cesse en mouvement; il était doué d'un coup d'œil rapide, et je dirais presque, d'un instinct qui lui découvrait d'abord dans une position le point d'attaque le plus avantageux. Il ne possédait pas, pour juger la force des places et les moyens de les attaquer ou de les défendre, les connaissances positives qu'on n'acquiert guère que dans les corps du génie et de l'artillerie; mais il avait fait une étude approfondie de la guerre de campagne; son *Essai sur l'infanterie légère* [1] en faisait foi, et peut-être encore mieux ses différents combats autour de Barcelone. Cependant les généraux de son corps d'armée ne voulaient presque lui reconnaître que du courage. Ils l'accusaient d'être trop entreprenant; et ils lui pardonnaient encore moins de ne

---

[1] Le général Duhesme avait déjà publié, avant 1808, la première partie de son *Essai sur l'infanterie légère*, où, à côté des leçons de l'histoire, il a consigné le fruit de ses observations et de sa propre expérience.

pas se conduire entièrement par leurs conseils. En revanche tout ce qu'il y avait de plus brave et de plus distingué parmi les officiers particuliers lui était entièrement dévoué.

Le général Léchi, joignant au commandement de sa division le commandement supérieur de la ville et des forts [1], marchait dans Barcelone presque l'égal du général Duhesme. Il n'avait pu voir d'un œil content ce général venir prendre sur lui le commandement en chef d'un corps d'armée dont le noyau s'était rassemblé sous ses ordres; et dès le principe il avait montré un esprit d'opposition très-prononcé contre toutes ses entreprises. Mais le général Duhesme avait encore pu ne voir dans cette conduite que prudence et circonspection : il conservait toujours pour lui les plus grands ménagements; et, comme ses talents ne pouvaient être contestés, c'était de tous les généraux celui qu'il consultait le plus [2].

Depuis le siége de Gérone, le général Chabran paraissait étroitement uni avec le général Léchi : on ne les voyait rivaliser ensemble que pour fronder les opérations du général en chef.

[1] Sous la dénomination générale de *forts*, on comprenait la citadelle, ainsi que le Mont-Jouy et le fort Pio. Pour plus de brièveté, je le ferai moi-même quelquefois.

[2] Peut-être la première cause des ménagements du général Duhesme pour le général Léchi fut-elle la crainte, si leur mésintelligence éclatait trop ouvertement, de voir la division s'établir entre les troupes italiennes et les troupes françaises. En outre, je dois avouer que malgré leurs discords, quelquefois assez violents, le général Léchi avait l'art de lui persuader qu'il était toujours son ami.

Goullus, le plus ancien des généraux de brigade, croyant son grade au-dessous de ses services et de ses talents, n'exécutait aucun ordre qu'avec une es-pèce de répugnance. Le général Nicolas était criblé de blessures qui l'empêchaient de faire un service actif en campagne, et lui avaient fait donner le commandement supérieur de la citadelle. Le général Bessières refusait tout commandement d'infanterie, et l'adjudant-commandant Devaux remplissait au-dehors, à la place du général Nicolas, les fonctions de général de brigade. Quand il fallait marcher, il ne faisait jamais entendre ni refus ni objection : aussi dans les attaques avait-il souvent le poste d'honneur.

Le général Schwartz avait toujours la cavalerie de la division italienne sous ses ordres. L'adjudant-commandant Léchi, frère du général, était censé commander l'une des brigades d'infanterie; mais en campagne on ne voyait à la tête des troupes italiennes que le général Milossevitz. Élevé dans la discipline autrichienne, ce général ne savait ce que c'était que de résister aux ordres d'un chef; mais avec l'instruction d'un savant, il en avait aussi l'air timide et modeste, et semblait, aux yeux des soldats, manquer d'assurance et d'élan.

L'âge, le grade, les connaissances et l'esprit du colonel d'artillerie Fabre, lui donnaient une grande influence dans les conseils de nos généraux. Le chef de bataillon Gerbet ayant été tué sous Gérone, le capitaine Ménard était resté commandant du génie. Il était plein de zèle et d'hon-

neur; mais il ne jouissait pas de tout le crédit qui
lui eût été nécessaire pour compenser l'infériorité
de son grade. Les circonstances devenant plus
difficiles, le général Duhesme avait rendu le commandement de la ville au colonel Latour, qui l'a-
vait quitté, comme je l'ai dit, pour marcher sur
Gérone. Cet officier, de la bravoure la mieux
éprouvée, était aussi d'une vigilance et d'une activité qui ne pouvaient être surpassées. Mais les
habitants admiraient encore davantage sa justice
et son désintéressement; car il était *sans reproche*
comme *sans peur*.

Tels étaient les principaux chefs.

Les troupes françaises ne s'étaient encore distinguées des autres que par plus de discipline;
mais elles devaient bientôt déployer toutes les
autres qualités qui font les meilleurs soldats. Les
officiers du 7ᵉ régiment sortaient la plupart des
prisons d'Angleterre, où ils avaient langui depuis les désastres de Saint-Domingue. Oubliés
dans leur captivité, comme on l'est ordinairement
dans le malheur, ils n'avaient obtenu ni les décorations ni les grades dus à leurs blessures et à
leurs services. Ils faisaient des prodiges de valeur
pour les mériter de nouveau; et leurs soldats se
montrèrent bientôt dignes de pareils officiers.

Les bataillons du 37ᵉ et du 93ᵉ rivalisaient avec
le 7ᵉ. Ils faisaient alternativement avec ce régiment le service des postes extérieurs. Le bataillon
des gardes départementales, qu'on ne jugeait pas
encore assez aguerri pour ce service, restait en

garnison à la citadelle, sans qu'on le fît jamais sortir.

Les bataillons cédés après le siége de Gérone au général Reille avaient laissé, en partant pour ce siége, des détachements à Barcelone; mais ces détachements étaient composés d'hommes à peu près hors de service par suite de blessures, d'accidents ou de maladies. Des causes semblables diminuaient aussi plus ou moins dans tous les autres corps le nombre des véritables combattants.

Les soldats du bataillon suisse, dans lequel on avait incorporé beaucoup trop de déserteurs et de prisonniers du régiment de Wimpfen, semblaient se faire un jeu de passer des Espagnols aux Français et des Français aux Espagnols. On n'osait leur confier aucun poste au-dehors : on ne les employait qu'à monter des gardes dans l'intérieur de la ville.

La compagnie française d'artillerie légère était un corps d'élite : le capitaine Simonin, officier d'une rare bravoure, la commandait. Ses deux jeunes lieutenants, Masson et Prévereau, marchaient à l'envi sur ses traces : tous les deux ont trouvé depuis la mort dans les combats.

Le 3ᵉ régiment provisoire des chasseurs se conduisait de manière à mériter de faire définitivement partie des cadres de l'armée. Si le 3ᵉ régiment provisoire de cuirassiers n'obtint pas le même honneur, la faute n'en fut ni aux soldats ni aux jeunes officiers. Les cavaliers démontés faisaient le service du canon.

Les bataillons italiens ne le cédaient aux Français ni en courage ni en intelligence. Les Vélites,
sur le champ de bataille comme ailleurs, se montraient dignes de tenir parmi eux le premier rang.
Le combat de Saint-Cugat avait donné une idée
peu avantageuse des chasseurs du Prince.

Le régiment d'infanterie napolitaine s'était bien
battu tant qu'il n'avait eu affaire qu'à des rassemblements de paysans, et même contre des troupes
de ligne à l'attaque du camp de Saint-Boy; mais
il perdit pour toujours à Saint-Cugat sa réputation de bravoure, et il ne conserva que celle d'in-
discipline, qu'il avait acquise à plus juste titre dès
l'ouverture de la campagne. Il comptait cependant
des officiers très-distingués [1].

Pour résumer la situation morale de la garnison
de Barcelone, je dirai que le général Duhesme
aurait en vain cherché dans les officiers-généraux
l'ardeur et le dévouement qu'il était sûr de trouver dans la masse des autres officiers. Il pouvait
tout se promettre des soldats français. Quant aux
Italiens, les Vélites exceptés, il ne pouvait fonder
sur eux une confiance aussi illimitée. Ils en méritaient cependant beaucoup plus que les Napolitains. On ne pouvait rien attendre des Suisses. Les
Espagnols disaient même assez hautement qu'au
moment décisif nous ne pourrions compter que sur
les Français; et ils annonçaient ce moment comme
très-prochain.

---

[1] Le chef de bataillon Ambrosio brillait au premier rang parmi
les meilleurs officiers napolitains.

Outre les *Tercios* de Miquelets, les garnisons de Mayorque et de Minorque, et divers régiments qui se trouvaient en Catalogne lors de l'insurrection, ou qui depuis y étaient venus de l'intérieur du royaume, l'armée de blocus avait encore été augmentée d'une division de vieilles troupes espagnoles, qui, après avoir été désarmée par les Français en Portugal, avait été délivrée par les Anglais et avait fait par mer le tour de la péninsule pour se rendre devant Barcelone. On évaluait cette armée à plus de vingt mille hommes de troupes de ligne ou de corps régulièrement organisés.

Un nouveau général en chef marchait à sa tête. C'était Vivès, capitaine-général des îles Baléares ; il était Catalan, et avait obtenu des succès dans la première guerre de la révolution française. Il avait long-tems différé de prendre une part active à la grande lutte qui s'était engagée ; mais cédant aux ordres de la junte centrale du royaume, ou plutôt séduit par le commandement en chef d'une armée et par l'espoir d'expulser les Français de son pays, il avait enfin consenti à quitter ses îles, emmenant avec lui le reste de leurs garnisons.

L'affaire du 2 septembre avait porté un coup mortel à la réputation du marquis de Palacio. Absorbé d'ailleurs tout entier par les préparatifs de la grande entreprise qu'il méditait contre Barcelone, il ne s'était signalé par aucun exploit éclatant, et se bornait à bloquer de loin ou plutôt à observer cette place, sans la resserrer de très-

près. Les Catalans, qui brûlaient d'en commencer
l'attaque, murmuraient hautement contre son inaction : ils l'appelaient par dérision *le général Patience*, et ils apprirent avec des transports de joie
qu'il était remplacé par un de leurs compatriotes.

Pour exalter de plus en plus leur confiance et
leur enthousiasme, Vivès leur adressa, dès son
entrée au commandement, une proclamation où se
lisaient ces paroles orgueilleuses : « L'Espagne tout
« entière m'a vu battre les Français dans la dernière
« guerre, et je viens à présent les chasser de votre
« territoire. » Voulant leur montrer les effets unis
aux paroles, il disposa, sans tarder, toute son armée pour fondre sur nous, et notre perte leur
parut dès-lors inévitable.

Les habitants de Barcelone s'attendaient de jour
en jour à le voir entrer dans leurs murs : déjà
leur joie n'était presque plus troublée que par la
crainte du pillage. La plupart des fonctionnaires publics qui étaient restés dans la ville, craignant qu'on
ne leur en fît un crime, s'empressaient d'en sortir
pour acheter leur pardon ou prévenir la vengeance
des insurgés. M. d'Aranza lui-même, intendant de
la Catalogne, s'évada furtivement dans un bateau
pendant la nuit, quoique peu de jours auparavant
il eût donné sa parole d'honneur de rester à son
poste, et qu'il n'eût obtenu qu'à ce prix la per-
mission d'embarquer sa femme et ses deux filles[1].

---

[1] L'évasion de l'intendant Aranza étonna d'autant plus, qu'a-
près avoir manqué à sa parole d'honneur pour se séparer des Français, il devint peu de temps après conseiller d'état du roi Joseph.

Tout le monde enfin croyait que la première attaque de Vivès le rendrait maître de Barcelone. Il
le crut sans doute lui-même, si l'on en juge par
une seconde proclamation, encore plus empha-
tique que la première, qu'il fit à son armée la veille
de cette attaque. Se flattant de vaincre avec ses
seules forces, il ne voulut pas même attendre l'arrivée du général Réding, qui, avec un corps d'armée parti de l'Andalousie, était en marche pour le
joindre. Il se regardait déjà comme le héros de la
Catalogne, et craignait peut-être de partager avec
un autre la gloire d'en reconquérir la capitale.

Cette grande attaque, l'objet de l'attente de tous,
eut lieu le 8 novembre. Dès le point du jour la
plaine de Barcelone fut inondée de troupes espagnoles, faisant irruption de tous les côtés. Les colonnes les plus considérables, menant avec elles
plusieurs pièces d'artillerie, y entrèrent du côté
du Llobrégat et par Saint-André. D'autres moins
nombreuses traversèrent les montagnes et se diri-
gèrent, dans l'intervalle qui séparait les premières,
vers Sarria et vers Gracia.

Les colonnes du Llobrégat étaient parties de
Saint-Boy et de Molins-de-Rey: elles étaient dirigées
par le général en chef lui-même ayant sous ses
ordres le général Caldagués et le général de Witte,
qui était gouverneur de Barcelone au moment de
l'entrée des Français en Catalogne. Les garnisons
de Mayorque et de Minorque, deux ou trois autres
régiments d'infanterie de ligne, le régiment des
hussards espagnols et un corps de dragons en fai-

saient partie, ainsi que plusieurs *Tercios* de Miquelets. La colonne de Saint-André était commandée
par le général Laguna : elle était formée par la division de Portugal et par celle de Milans-del-Bosc.
Les colonnes intermédiaires n'étaient composées
que de Miquelets et de Somatens.

Nous étions maîtres de la plaine entre le Bésos et le
Llobrégat jusqu'à une lieue de Barcelone. La division française occupait les postes extérieurs de la
droite, dont le plus important était Saint-André. Les Italiens avaient la garde des postes de
la gauche : Esplugas était le point central de leur
position, qui s'étendait d'Hospitalet au poste de
Saint-Pierre-Martyr. A tout événement on préparait pour eux une position plus sûre, en construi-
sant sur la croupe avancée du Mont-Jouy des
batteries et des retranchements, auxquels on donnait déjà le nom de camp retranché.

Le général Duhesme, obligé, pour contenir les
habitants, de laisser dans la ville une forte partie
de ses troupes, ne pouvait disposer au dehors
que de cinq mille hommes au plus. Ne pouvant
faire face partout aux attaques des Espagnols, il
résolut de refuser sa droite pour porter sur sa
gauche un coup décisif. Il envoya au général Goullus, qui commandait cette droite, l'ordre de se
replier sur le fort Pio, et de diriger vers la gauche
sa cavalerie et toutes les compagnies d'élite de
l'infanterie.

Avant que cet ordre fût parvenu, le combat
avait déjà commencé à Saint-André, et l'on s'était

battu avec le plus grand acharnement. Nos troupes
avaient d'abord évacué ce village, qui n'est qu'un
long coupe-gorge, et elles avaient pris en arrière
la même position que le 2 septembre; mais le général Goullus, accouru de la ville au premier bruit
de l'attaque, leur ordonna de reprendre Saint-André. Le 7ᵉ régiment y rentra aussitôt tête baissée,
et nos chasseurs à cheval le traversèrent dans toute
sa longueur. L'ennemi, partout repoussé d'abord,
revint bientôt en force de tous les côtés. Il fallut
de nouveau se retirer. Deux compagnies du 7ᵉ,
qui s'étaient le plus avancées, furent coupées dans
le village. L'une se fit jour tout entière au travers
des Espagnols: c'était une compagnie de grenadiers;
mais trente hommes de l'autre furent forcés à
mettre bas les armes. Ce ne fut qu'après ce sanglant prélude que les dispositions du général Duhesme purent recevoir leur exécution.

On se battait en même temps sur notre gauche.
Le général Milossevitz y commandait. Quoique la
position d'Esplugas fût naturellement forte et qu'on
l'eût encore armée de quelques légers retranchements, ce général, voyant son flanc gauche menacé par la colonne ennemie qui, de Saint-Boy,
avait marché sur Hospitalet, crut devoir se replier
jusqu'à la Croix-Couverte, point de jonction du
chemin d'Hospitalet et de Saint-Boy avec la grande
route qui vient d'Esplugas[1].

La colonne de Molins-de-Rey le poursuivit

[1] La Croix-Couverte est ainsi nommée parce qu'elle est couverte
d'un petit dôme.

jusque dans le village de Sans. Elle se fût encore avancée davantage, si le général Duhesme, qui, outre les gardes ordinaires, tenait toujours dans la ville une réserve prête à agir au dedans ou au dehors suivant le besoin, n'en eût détaché, pour secourir les Italiens, le bataillon du 93ᵉ et un escadron de cuirassiers. Il les suivit bientôt lui-même, et reprenant l'offensive sans même attendre les autres renforts mandés de la droite, il repoussa les Espagnols du village de Sans.

Une pluie des plus violentes, qui tombait depuis le matin, interrompit le combat, et donna au général en chef le temps de reparaître dans la ville, où sa présence dans ces moments valait plus d'un bataillon, quoiqu'il y eût laissé le général Léchi pour maintenir la tranquillité et pour exécuter quelques ordres importants. Cette pluie ayant diminué, et la colonne qui venait de la droite étant en mesure de le seconder, il revint se mettre à la tête des troupes. Il marcha lui-même par la grande route directement sur Esplugas, tandis que cette colonne, conduite par l'adjudant-commandant Devaux, s'avançait entre ce village et Sarria, pour tomber sur le flanc des Espagnols. Ceux-ci n'attendirent pas l'effet de cette manœuvre: ils se retirèrent après une courte résistance, laissant entre nos mains plusieurs voitures chargées de munitions et de biscuit.

Ce mouvement rétrograde fut suivi par la colonne qui s'était dirigée sur Hospitalet. Elle repassa le Llobrégat avec peine, le torrent grossi par la pluie ayant emporté un pont qu'elle avait jeté la nuit précédente auprès de Saint-Boy.

Les troupes de Miquelets et de Somatens qui étaient descendues des montagnes pour se répandre dans la plaine disparurent également après la retraite du corps principal. Les divisions qui avaient pénétré par Saint-André gardèrent seules les positions qu'elles avaient gagnées le matin.

Le général Duhesme n'était pas homme à se contenter d'un demi-succès. Il aurait, dès le lendemain, attaqué ces divisions, si pendant toute la journée la pluie n'eût continué de tomber par torrents. Mais elle cessa le matin du 10, et il fit aussitôt ses dispositions pour exécuter cette attaque avec les meilleures troupes de la division française. Les ennemis avaient porté leurs forces sur un contre-fort des montagnes qui s'avance, à gauche de Saint-André, entre Gracia et Horta. Il dirigea vers Gracia, sous les ordres de l'adjudant-commandant Devaux, les bataillons du 37e et du 93e, pour attaquer en flanc de ce côté: et il réunit au Clot le 7e régiment et le régiment de chasseurs, afin de les porter sur Horta au moment de l'attaque et de tourner ainsi la pointe du contre-fort. Une partie du régiment de cuirassiers devait couvrir notre droite en s'avançant avec quelque infanterie sur les deux routes de Saint-André et de Badalone. Une compagnie du 37e et quatre compagnies napolitaines devaient se jeter dans les montagnes pour écarter les Miquelets de notre gauche.

Le nombre et la position des Espagnols impo-

saient à tout le monde. On parlait surtout de deux
mille grenadiers provinciaux des deux Castilles,
qui faisaient partie de la division de Portugal, et
qu'on disait les meilleurs soldats de l'Espagne. Pour
la première fois le général Duhesme lui-même n'o-
sait trop compter sur le succès. Il crut devoir haranguer les troupes réunies au Clot.

Leur montrant l'ennemi qu'elles allaient combattre, il leur dit que la possession de la plaine de
Barcelone, avec tous ses beaux villages, serait le
prix de la victoire ; et qu'au contraire, si elles
étaient repoussées, elles seraient obligées de se
renfermer derrière les remparts de la place, où du
reste, à tout événement, le pain ne leur manquerait pas, et où elles auraient toujours pour dernière ressource les chevaux de nos cuirassiers. Il
leur rappela que le temps n'était plus où quelques
hommes avaient seuls le droit de prétendre aux
premiers grades de l'armée ; qu'on pouvait par la
bravoure parvenir à tous, même aux plus élevés ;
et que c'était ainsi qu'il était lui-même devenu général en chef. Pour mieux assurer l'effet de sa ha-
rangue, il fit espérer de nombreuses récompenses,
et il en décerna quelques-unes sur-le-champ. Il demanda qu'on lui désignât les deux capitaines et
les deux sous-officiers qui s'étaient le mieux conduits pendant la campagne: il se borna à promettre
aux deux premiers, (N..., du 3e provisoire de chasseurs, et Erhard, adjudant-major du 7e), le grade
de chef d'escadron et de bataillon ; mais il fit reconnaître lui-même à l'instant, à la tête de leurs

régiments, les deux sous-officiers pour sous-lieu-
tenants [1].

Les esprits ainsi préparés, le général Duhesme attendit avec impatience que le bruit de la mousqueterie, qui tardait à se faire entendre, lui annonçât
que l'attaque était commencée du côté de Gracia. A
peine ce bruit eut-il frappé son oreille, qu'il marcha sur Horta avec le 7e régiment et lança dans la
plaine la plus grande partie des chasseurs. Le général Goullus s'avança en même temps sur Saint-
André à la tête des cuirassiers.

Tous ces mouvements furent exécutés avec le
plus bel ensemble. C'étaient des dispositions semblables à celles de l'attaque des camps de Saint-
André et de Saint-Gérony, faites, non plus dans
l'obscurité de la nuit, mais en plein jour, sous les
yeux même de l'ennemi. Il n'en fut pas moins
également surpris.

Les bataillons du 37me et du 93me avaient gravi la
montagne en avant de Gracia, sans tirer un coup
de fusil. Les Espagnols, dont toute l'attention s'é-
tait dirigée sur le Clot, ne les aperçurent qu'au
moment d'en être abordés. Ils commencèrent
alors, avec une grande vivacité, mais avec un désordre qui trahissait leur surprise et leur confusion,
une vaine fusillade, qui n'arrêta pas un instant
l'élan de nos troupes. En un clin-d'œil ils furent
culbutés et chassés de leur position. Le 7me régi-

_____

[1] Les promotions, faites ou promises par le général Duhesme,
ne furent confirmées qu'après un laps de temps excessivement long.
Napoléon n'aimait pas que d'autres que lui pussent conférer des
grades, lors même qu'ils étaient le mieux mérités.

ment poussa jusqu'au-delà de Horta sans pouvoir les atteindre. Saint-André fut repris sans résistance par le général Goullus. Les Espagnols évacuèrent également tous les autres points qu'ils occupaient depuis le 8, et se retirèrent sur Saint-Cugat. Le général Duhesme ne jugea pas à propos de les poursuivre.

Nous dûmes à la rapidité de l'attaque de n'avoir que deux hommes tués et une vingtaine de blessés. Le général espagnol Laguna avoua lui-même, dans son rapport, que cette attaque avait été si vive qu'il n'avait pas eu le temps de se mettre en défense. Il porta sa perte à une centaine d'hommes. En revanche, il crut devoir dire que le 7me régiment avait été presque entièrement détruit, tandis que, grâce à la prompte retraite de l'ennemi, ce régiment n'avait ni tiré, ni reçu un coup de fusil, et n'avait par conséquent pas perdu un seul homme.

Nous acquîmes à Horta une nouvelle preuve de la cruauté des Espagnols. Nous y délivrâmes un sous-officier du 7me régiment, qui avait été pris le 8 à Saint-André. Il nous raconta que l'officier et les vingt-huit soldats faits prisonniers avec lui avaient été égorgés par les Miquelets, de la manière la plus atroce, long-temps après le combat. Lui-même avait été couvert de blessures, et n'avait été sauvé qu'avec la plus grande peine par un officier de troupes de ligne. Ses vêtements tout ensanglantés confirmaient la vérité de son récit [1].

___

[1] Les meurtres et les cruautés commis sur nos blessés et sur nos prisonniers ne le furent jamais par les troupes de ligne espagnoles,

Le 8, nous avions été favorisés par la pluie; mais le succès du 10 ne fut dû qu'aux dispositions du chef et à l'intrépidité des soldats. La division française en eut seule tout l'honneur.

A l'apparition des troupes espagnoles sur la montagne en avant de Horta, la population tout entière de Bárcelone s'était portée sur les toits et les terrasses des maisons, les appelant de ses vœux et de ses regards; mais elles ne vinrent si près que pour lui donner le spectacle de leur défaite; et cette grande attaque de Vivès, tant prônée d'avance, dont le résultat infaillible devait être la reprise de Barcelone, échoua ainsi sur tous les points, et ne tourna qu'à sa honte et à celle de son armée.

mais uniquement par les habitants non militaires ou par les soldats de nouvelle levée; et encore ceux-ci n'en commettaient-ils plus lorsqu'ils étaient depuis quelque temps sous les drapeaux.

Je laisse aux détracteurs du métier des armes à expliquer comment ce métier, qui, au premier coup-d'œil paraît si peu propre à ramener aux sentiments d'humanité, adoucissait cependant la férocité naturelle des Espagnols; comment il parvenait à les rendre humains et généreux envers des ennemis qu'auparavant ils égorgeaient sans pitié; comment enfin il produit dans presque tous les pays le même effet sur les soldats, qu'en général on voit se révolter à l'idée de verser le sang des autres, lorsque ce n'est plus au risque de voir couler le leur.

CHAPITRE XI.

Désarmement des gardes-walonnes. Projet de retraite dans la citadelle
et le fort Mont-Jouy. Abandon de ce projet.

Des troupes espagnoles qui formaient la garnison de Barcelone au moment de notre arrivée, il
restait encore dans cette ville le bataillon des gardes-
walonnes. Après l'arrestation du comte d'Ezpéléta,
le jour de la proclamation de l'état de siége, les officiers de ce bataillon s'étaient rendus en corps
chez le général Duhesme, pour lui déclarer qu'ils
n'avaient jamais eu d'autre chef à Barcelone que
le capitaine-général de la Catalogne; que ce chef
étant arrêté, ils n'en connaissaient point d'autre à
qui ils pussent obéir avec honneur; et que, pour
sauver leur réputation dans les circonstances extraordinaires où ils étaient placés, ils venaient
prier eux-mêmes le général français de les recevoir prisonniers de guerre. L'un d'eux, ayant sur-
le-champ détaché son épée, l'avait déjà déposée sur
une table, et les autres étaient prêts à l'imiter,
lorsque le général Duhesme arrêta ce mouvement.
« Ce n'est point ainsi, leur dit-il, que je fais des
« prisonniers de guerre : je n'en fais que sur le
« champ de bataille. » Ce général sentait que la
captivité des gardes-walonnes, n'étant alors impérieusement commandée ni par leur conduite ni
par les événements, aurait quelque chose d'o-

dieux; mais il sentait aussi qu'il valait encore mieux les avoir pour ennemis déclarés au dehors que pour ennemis cachés au dedans; et après quelques instants, il parla en ces termes à leurs officiers : « Je sens, Messieurs, tout ce que votre « position a de pénible, je n'en abuserai point. Mais « en ce moment il n'y a plus que deux chefs en « Catalogne, le marquis de Palacio et moi. Il faut « nécessairement se prononcer pour l'un ou pour « l'autre. Si vous vous déclarez pour nous, nos « rangs vous sont ouverts; vous y serez accueillis « avec joie, et traités comme des Français. Voulez- « vous, au contraire, vous ranger du côté des in- « surgés? Les portes de la ville ne sont point fer- « mées, vous pouvez aller vous joindre à eux. Je « vous réponds de n'y mettre aucun obstacle. »

Cette offre qui avait quelque chose de chevale-resque, sans être cependant désavouée par la prudence, ne fut pas mise à profit par les officiers des gardes-walonnes : ils furent retenus dans Barcelone par je ne sais quelles considérations, quoique tous leurs vœux fussent pour les insurgés. Le général Duhesme, adoucissant la rigueur de l'alternative qu'il leur avait proposée, n'exigea point qu'ils combattissent avec nous; il se contenta de la parole d'honneur qu'ils lui donnèrent de tenir leurs soldats dans l'ordre et de ne point prendre part aux troubles du pays.

Après une telle conduite, il devait pouvoir compter sur cette parole; mais il fut averti de plus d'un côté qu'il ne fallait pas s'y fier. Il fut même informé qu'une réunion de plusieurs de ces officiers avait mis en délibération s'ils ne forceraient pas, au moment de l'attaque des Espagnols, une des portes de la ville pour aller se joindre à eux. Ce n'était plus le moment des demi-mesures : il fallait en venir nécessairement à un parti décisif.

Le matin même du 8 novembre, le général Duhesme, avant de sortir pour repousser l'ennemi du dehors, fit convoquer chez lui tous les officiers des gardes-walonnes. En même temps il ordonna au général Léchi de surprendre dans leur caserne et désarmer les soldats, ainsi privés de leurs chefs. Ce même général, à qui non-seulement sa qualité de commandant-supérieur de la place, mais encore plus la connaissance de son caractère et de son habileté, faisait confier l'exécution de toutes les mesures acerbes et difficiles, devait ensuite signifier aux officiers réunis chez le général en chef, que, s'ils ne juraient fidélité au frère de Napoléon, il allait sur-le-champ les faire tous arrrêter.

La caserne des gardes-walonnes fut environnée à l'improviste par le bataillon des Vélites. Les soldats furent désarmés sans opposer de résistance. Mais ce fut en vain qu'on demanda un serment aux officiers. Tous le refusèrent, à l'exception d'un seul. Ils furent en conséquence arrêtés et constitués prisonniers de guerre, ainsi que leurs soldats. Le nombre de ces derniers s'élevait à près de huit cents.

Cet acte de fermeté, au moment où ils croyaient voir les insurgés entrer dans leurs murs, frappa

d'étonnement et de crainte les habitants de Barcelone. Mais, peu d'instants après, quelques-uns de
nos chefs les plus marquants leur ménagèrent un
autre coup-d'œil plus agréable pour eux. Ils virent celui qui, après le général en chef, attirait le
plus les regards, évacuer en toute hâte de son logement ses effets et ses équipages, et presser lui-
même, à travers les flots de pluie, leur marche
vers le fort Mont-Jouy. Il avait plus d'un imitateur;
et de tous côtés on apercevait des bagages dirigés
avec précipitation vers la citadelle ou vers ce fort.
Chez le général Duhesme même, tout fut emballé
et prêt à être transporté, comme s'il n'y avait plus
de sûreté dans la ville et que rien ne pût empêcher l'ennemi d'y pénétrer dans un instant. Ce n'é-
taient pas en effet les Catalans seuls qui pensaient
que nous ne pouvions la défendre contre les insurgés. C'était aussi l'opinion de la plupart de nos
généraux; et malheureusement ils parurent y avoir
entraîné le général en chef lui-même.

On ne cessait de répéter que nous n'étions pas
assez nombreux et qu'il fallait au moins quinze
mille hommes pour garder une place d'un aussi
grand développement que Barcelone. On ajoutait
que la ville était très-faible sur quelques points,
et tout-à-fait hors d'état de résister à une attaque
de vive force, cette attaque surtout pouvant être
secondée par un soulèvement général des habitants. On avait enfin résolu de l'abandonner pour
se retirer dans la citadelle et dans le fort Mont-
Jouy, que Napoléon lui-même, en ordonnant de

les approvisionner particulièrement, semblait avoir
désignés comme un lieu de refuge dans des circonstances difficiles.

Le général Duhesme, avec le général Chabran
et la majeure partie des troupes, devait se renfermer dans la citadelle; et le général Léchi, avec les
Italiens, occuper le fort Mont-Jouy. C'était pour
éloigner l'ennemi de ce fort, quoiqu'on eût dû
être assez rassuré par ses enceintes redoublées,
qu'on avait établi le camp retranché dont j'ai déjà
parlé; et le 8 novembre, au moment de l'attaque
des Espagnols, on s'était hâté d'y amener de la
ville les pièces destinées à son armement, de peur
de ne pouvoir le faire plus tard ; aucun chemin de
voitures n'y conduisant du fort Mont-Jouy.

Les ouvrages de ce camp étaient fort aventurés.
A la faveur des ravins et des pentes rapides de la
montagne, on pouvait venir sur leur front, sur
leurs flancs et même sur leurs derrières, sans être
vu et sans avoir rien à craindre de leur feu. Il était
par conséquent facile de les enlever, et nous devions plus tard en avoir la preuve. Cependant on
n'avait pas hésité à y conduire des canons du plus
gros calibre, qui auraient pu finir par être tournés
contre nous; et l'on n'osait en armer les remparts
de la ville, qui était le véritable camp retranché
de la citadelle et du fort Mont-Jouy : au contraire,
on commençait d'en retirer un petit nombre de
pièces qui s'y trouvaient en batterie.

Le projet de retraite dans les forts, encore renfermé entre les premiers chefs, n'était point connu

du reste du corps d'armée ; mais les Espagnols ne l'ignoraient pas, et ils en triomphaient déjà dans leurs journaux [1]. Les succès des 8 et 10 novembre, qui avaient si fort amélioré notre position, ne le firent point abandonner. Ses partisans en regardaient l'exécution comme une mesure impérieusement commandée par la prudence : à leurs yeux c'était le seul moyen infaillible d'attendre avec sûreté l'arrivée d'une armée de secours ; et l'on rentrerait ensuite avec cette armée dans la ville, qu'on n'aurait ainsi que momentanément abandonnée.

Mais une fausse démarche en entraîne toujours de plus funestes à sa suite. Pour moi, je voyais

---

[1] On lisait dans la *Gazette politique et militaire de Catalogne*, journal officiel des insurgés, « qu'on voyait bien que les Français ne « se croyaient pas en sûreté dans Barcelone, qu'ils songeaient à se reti- « rer dans les forts, et que la plupart de leurs généraux étaient d'avis « que ce qu'ils avaient de mieux à faire, c'était d'obtenir une capi- « tulation honorable, semblable à celle de l'armée de Portugal. »

Dans les premiers jours de novembre, le bâtiment qui, en vertu de la capitulation de Baylen, portait de Cadix en France le général Védel et les autres généraux de sa division, avait été forcé de relâcher dans le port de Barcelone, d'où il n'était reparti que la veille de l'attaque des Espagnols. Ces généraux nous avaient fait un pompeux éloge de la capitulation de l'armée de Portugal, dont nous ignorions entièrement les détails.

Ces malheureux exemples et les autres nouvelles sinistres qui nous étaient venues de divers points de la Péninsule, avaient peut-être plus contribué que nos propres dangers à inspirer des idées de découragement et des projets conformes à ces idées. Il faut se rappeler qu'en Espagne, à cette époque, tout retentissait du bruit du désastre de Baylen, de l'expédition manquée de Valence, de l'évacuation de Madrid, de la levée du siége de Sarragosse, de la retraite des armées françaises derrière l'Ebre, et des rodomontades des Espagnols qui se vantaient d'avance de les rejeter bientôt derrière les Pyrénées.

dans l'abandon de la ville, non-seulement la perte des ressources de tout genre qu'elle nous offrait, celle du port, de l'arsenal et de ses immenses approvisionnements ; mais encore un effet moral cent fois plus à craindre, et le prélude presque assuré d'une capitulation à laquelle le général en chef se verrait entraîné malgré lui; capitulation qu'on voudrait faire comme celle de Portugal, mais qui finirait probablement comme celle de Baylen.

Malgré tous les bruits, les apparences et les témoignages les moins suspects[1], je ne pouvais croire encore que le général Duhesme, naturellement ennemi des conseils timides, eût réellement pris une résolution aussi opposée à son caractère. Je ne pouvais du moins l'y croire bien affermi ; et dans tous les cas, j'eusse cru trahir et mon devoir et ce général lui-même, si je n'avais fait tous mes efforts pour l'en détourner.

Je n'attendais qu'une occasion favorable, j'avais déjà même tenté de la faire naître[2], lorsque, le

[1] Le soir même du 10 de novembre, j'entendis le général Duhesme dire aux membres de la junte des notables qu'il aimait à convoquer après ses succès, qu'en quittant la ville il ne manquerait pas de les comprendre dans la *capitulation*. Le lendemain matin, je vis le général Léchi lui apporter un plan de la citadelle et lui montrer un autre plan du fort Mont-Jouy, en lui disant : « Voilà votre affaire, « et voici la mienne, » comme s'ils eussent été déjà prêts à se séparer, pour se retirer dans ces deux forteresses. Enfin, peu de moments après, mon camarade Fleury m'apprit qu'il avait eu connaissance de ce projet de retraite par des personnes à portée d'être bien instruites, et notamment par des négociants français, que dans leur intérêt le général Duhesme en avait prévenus lui-même.

[2] A table chez le général Duhesme, causant avec le général Goul-

soir du 11, sortant de chez ce général, je trouvai
le capitaine Fleury, qui venait m'avertir que des
ordres qu'il avait reçus de son général de division Chabran pour l'intérieur de la citadelle, lui
avaient donné la certitude que tout se préparait
pour s'y retirer sans le moindre délai; que les loge-
ments y étaient déjà disposés pour les principaux
chefs; et que le comte d'Ezpéléta, ancien capitaine-général, qui occupait l'hôtel du gouverneur,
venait d'être transféré dans la ville pour faire place
au général Duhesme. Il ajouta que j'étais le seul
qui pût faire changer d'avis ce général, mais que,
si je tardais un jour, peut-être il ne serait plus
temps.

Amis déjà depuis des années, mais dans cette
circonstance plus unis encore par l'honneur que
par l'amitié, nous avions, Fleury et moi, la même
manière de voir, et nous redoutions également
qu'une autre prévalût. Au milieu de notre entretien nous fûmes joints par le colonel Latour,
qu'une conformité de conduite et de sentiments
nous avait tendrement attaché. Alarmé de son
côté, il nous communiqua ses craintes sur l'aban-

---

(1) . . . .

lus qui était assis à son côté, j'avais amené la conversation sur la
force respective des différentes parties de la place, et j'avais dit que
la ville était à l'abri de toute attaque de vive force. Le général Duhesme garda le silence; mais le général Goullus me répondit: « Oui,
« si vous n'aviez affaire qu'à des troupes réglées; mais, avec des
« paysans qui viendont vous attaquer de tous côtés! »

C'était la première fois que, pour l'attaque des places je voyais
mettre des paysans au-dessus des troupes réglées; mais le général
Goullus voulait sans doute dire seulement qu'ils seraient si nombreux que nous ne pourrions leur faire face partout.

don de la ville, à la défense de laquelle, comme commandant d'armes, il croyait son honneur plus particulièrement intéressé. « Je m'en rapporte en- « tièrement à vous, nous dit-il. Que faut-il dire? « Que faut-il faire? Je suis prêt à tout pour vous « seconder. »

Le colonel Latour était peut-être l'officier le plus estimé du corps d'armée. Fort d'un tel auxi- liaire, je me décidai à rentrer avec lui sur-le-champ chez le général Duhesme.

Nous le trouvâmes avec le chef d'état-major, le colonel d'artillerie, et quelques autres officiers et principaux chefs de service du corps d'armée. Le colonel Latour commença, ainsi que nous en étions convenus, par se plaindre de ce que, l'en- nemi assiégeant déjà nos portes, on ne garnissait point d'artillerie les remparts de la ville, et qu'au lieu de se disposer à la défendre, on semblait au contraire se disposer à l'abandonner. Le général Duhesme lui répondit avec douceur qu'on ne l'abandonnerait pas sans une bonne capitulation. « Point de capitulation, mon général, répliqua le « brave Latour : je veux mourir sur la brèche. »

Le colonel d'artillerie éleva des objections con- tre l'armement de la ville. Je pris la parole à mon tour pour lui répondre. Il s'établit entre nous un long et vif débat, que je soutins avec avantage; car je défendais une belle cause, et j'étais bien préparé. Le colonel, remarquant que le général en chef ne l'appuyait que faiblement, se tourna vers lui et sembla lui reprocher de remettre en délibération ce qui avait déjà été décidé. Le général parut alors s'animer contre moi ; mais je n'en parlai qu'avec plus de force, et ne m'adressai plus qu'à lui seul.

« Si vous vous retirez dans la citadelle, lui dis-je, « vous vous déshonorez, vous vous perdez, et « vous perdez avec vous tout votre corps d'armée. « Elle sera, elle est déjà encombrée de combattants « et de non combattants [1]. Elle n'a point pour eux « de bâtiments à l'épreuve de la bombe : vous n'y « tiendrez pas deux fois vingt-quatre heures con- « tre un bombardement. Les mêmes hommes qui « vous conseillent aujourd'hui de vous y renfer- « mer, vous forceront à capituler. Vous vous trou- « verez alors à la merci des Espagnols avec toutes « vos troupes ; et trop d'exemples vous ont appris « ce que vous devez en attendre [2]. Il n'y a de salut « pour tous que dans la ville. Elle n'a, quoi qu'on « ait pu vous dire, rien à craindre au-dehors d'une « attaque de vive force ; et il n'y a peut-être pas « de ville au monde mieux prémunie contre les

[1] Les généraux et les principaux chefs avaient déjà installé dans les forts leurs maîtresses et leurs protégés.

[2] Indépendamment des horribles cruautés commises de tous côtés par les Espagnols, nous venions d'apprendre (par le général Védel et ses compagnons), que la capitulation de Baylen, déjà fort mal observée avec les généraux, avait été indignement violée à l'égard des troupes, et que ces troupes, qui, aux termes de cette capitula- tion, devaient être renvoyées en France, avaient été reléguées dans des îles désertes de la Méditerranée, où elles étaient en proie à la misère et à toutes sortes de maux.

Pour échapper à cette affreuse captivité, plusieurs de nos soldats à diverses époques osèrent braver les flots de la mer sur de frêles radeaux. La plupart périrent, ou retombèrent dans les mains des Espagnols. Quelques-uns eurent le bonheur d'aborder à Barcelone.

« entreprises du dedans. Les rues principales, les
« places et presque tous les lieux de rassemble-
« ment sont balayés par la citadelle ou par les
« Atarazanas ; ce qui suffirait pour contenir les
« habitants, indépendamment même du fort Mont-
« Jouy, qui leur inspire une frayeur si grande.
« Ces habitants doivent d'ailleurs donner d'autant
« moins d'inquiétude que, déjà depuis long-temps,
« tous les boute-feu se sont éloignés, et qu'il n'est
« presque resté que les hommes paisibles et rési-
« gnés à tous les événements. »

Le général m'ayant objecté que nous comptions
à peine sept mille baïonnettes, « C'est encore plus
« qu'il ne faut, lui répondis-je. On s'exagère étran-
« gement la garnison nécessaire pour défendre
« Barcelone. Ayant ses derrières appuyés à la mer,
« et ses flancs soutenus par la citadelle et par le
« Mont-Jouy, la ville ne présente aux attaques
« qu'un front de médiocre étendue, et n'exige
« pas pour sa défense la moitié du monde qu'on
« s'imagine communément. Les derniers succès
« remportés par nos troupes, en accroissant leur
« confiance et leur valeur, ont d'ailleurs multiplié
« leur force, pour ainsi dire ; et les soldats fran-
« çais seraient fort étonnés en apprenant qu'on
« met en question si l'on abandonnera une ville
« fortifiée devant ces mêmes Espagnols qu'ils ont
« chassés, malgré leur nombre supérieur, de la su-
« perbe position de Horta.

« Cette ville est plus forte que lorsqu'elle fit
« ses belles défenses contre Vendôme et contre

« Bervick. Elle peut, non-seulement repousser les
« attaques de vive force, mais encore soutenir un
« siége en règle. Le siége d'une aussi grande place
« que Barcelone est une des opérations militaires
« les plus difficiles. Il exige d'immenses préparatifs
« que les Espagnols ne peuvent avoir terminés ; et
« il veut en outre des troupes autrement aguerries
« que celles que nous avons devant nous, presque
« toutes de nouvelle levée, ou depuis long-temps
« déshabituées de la guerre. Nous devrions bien
« plutôt désirer que craindre de les voir s'engager
« dans cette entreprise : nous pourrions les atten-
« dre avec confiance aux assauts et aux autres ac-
« tions de vigueur que demande la fin d'un siége.
« Mais nous n'en viendrons jamais là. L'empereur
« attache trop d'importance à Barcelone : il ne l'aban-
« donnera pas, vous pouvez en être certain ; il se
« gardera même bien d'attendre le dernier moment
« pour la secourir[1]. Ne vous abandonnez pas vous-
« même, mon général. En conservant la ville, vous
« vous couvrez de gloire, et d'une gloire bien fa-
« cile, je ne crains pas de le dire. Montrez-vous,
« oui, montrez-vous seulement bien décidé à la
« défendre ; et j'ose presque vous répondre que
« l'ennemi n'osera l'attaquer. »

[1] Je ne me trompais point dans ce que je disais de Napoléon au
sujet de Barcelone. Il redoutait tant de perdre cette place, qu'il ordonna au général Saint-Cyr de marcher à son secours aussitôt après
son arrivée en Catalogne, avec le septième corps de l'armée d'Espagne ; ce ne fut qu'avec l'impatience la plus inquiète qu'il vit ce
général attendre la fin du siége de Roses pour exécuter cet ordre.
Le général Saint-Cyr lui-même me raconta ces circonstances à Barcelone.

J'ajoutai tout ce que je crus le plus propre à convaincre et entraîner le général Duhesme. On ne peut être mieux soutenu que je le fus par le colonel Latour. Cependant, après plus de trois heures d'une discussion très-animée, nous dûmes nous retirer sans pouvoir nous flatter d'un heureux résultat, mais avec la conscience du moins d'avoir fait tout ce qu'il était en nous de faire pour l'obtenir.

L'assemblée se sépara peu d'instants après notre départ. Retourné le lendemain comme à mon ordinaire chez le général Duhesme, j'appris qu'il était resté seul dans son cabinet, sans se coucher, jusqu'à quatre heures du matin. Je le trouvai assis contre une table, les yeux attachés sur un plan de la place, et paraissant méditer profondément. J'en tirai un heureux augure, et voulus en l'abordant reprendre avec plus de calme que la veille la question de la défense de la ville. Mais se levant aussitôt, il m'interrompit par ces paroles qui me comblèrent d'une joie que je ne pourrais exprimer : « *Vous prêchez un converti.* Faites appeler les « commandants du génie et de l'artillerie : nous « ferons avec eux le tour de la ville pour en arrê- « ter l'armement [1]. »

[1] Je ne dois point laisser ignorer que ce ne fut pas seulement en 1808 qu'on agita la question d'abandonner la ville pour se retirer dans la citadelle et le fort Mont-Jouy. Elle fut encore plus d'une fois agitée depuis, mais dans des circonstances différentes, et uniquement dans le but de laisser à Barcelone une moindre garnison. Appelé à traiter encore cette question sous ce nouveau point de vue, mon sentiment resta le même qu'en 1808. J'exposai que la citadelle et le Mont-Jouy, séparés de la ville, semblables en quelque sorte

Je fis prévenir sur-le-champ ces deux commandants, et j'appelai de mon côté le capitaine Fleury, pour me seconder au besoin, s'il s'élevait encore quelque dissentiment. Le colonel Latour vint, quelques moments après, faire son rapport journalier en sa qualité de commandant de la place ; et nous accompagnâmes tous cinq le général sur les remparts.

On ne détermina dans cette tournée que l'armement du corps de la place : on ne voulut point entendre qu'on pût tenir le chemin couvert, ni même les demi-lunes. J'étais d'un avis très-opposé, mais je n'insistai pas pour éviter de rouvrir une discussion qui n'avait déjà blessé que trop d'amours-propres [1]. Ayant gagné le point principal en faisant adopter le principe de la défense de la ville, je n'attachais plus la même importance à des points secondaires, qu'il serait facile de changer ou de modifier au moment du besoin. Je dois

aux bras séparés du tronc, perdraient une grande partie de leur force ; que les deux garnisons particulières qu'ils exigeraient, étant isolées, ne seraient guère moins nombreuses que la garnison entière qu'il fallait pour garder la ville et les forts réunis, et qu'on gagnerait ainsi peu de chose même sous ce rapport, tandis qu'on perdrait des avantages de tout genre, qui n'étaient attachés qu'à la possession de la ville. Et ce n'étaient pas les avantages matériels, tout grands qu'ils étaient, que je regardais comme les plus précieux à conserver.

[1] Dans la chaleur de la discussion j'avais peut-être outrepassé, envers le général Duhesme, les bornes que devait m'imposer l'immense supériorité de son grade et de sa position. Mais, loin de m'en savoir mauvais gré, il me voua une amitié qui n'a fini qu'avec sa vie. Il n'en fut pas de même de mes autres contradicteurs, quoique j'eusse mieux gardé avec eux la mesure que commandaient les bienséances.

avouer d'ailleurs que je ne croyais pas les Espagnols gens à franchir notre chemin couvert; et si les vivres ne nous manquaient pas, le siége de Barcelone me semblait devoir être pour eux un nouveau siége de Troie.

Le général Duhesme ne portait pas la confiance au même point : il n'était pas même tout-à-fait tranquille sur le nouveau parti qu'il venait d'embrasser. Pour le justifier au besoin, il me demanda, après sa tournée, de faire signer, par les commandants de l'artillerie et du génie, une déclaration qui portât *que la ville était à l'abri d'un coup de main.*

Je rédigeai sur-le-champ, et signai le premier cette déclaration, où je mis que la ville était non-seulement à *l'abri d'un coup de main*, *mais encore en état de soutenir le siége le plus opiniâtre.* Le capitaine Fleury la signa le second avec transport. Le capitaine Ménard, chef de notre arme, signa sans balancer, bien qu'il ne vît pas entièrement les choses comme nous. Enfin, le colonel Fabre lui-même consentit à signer, ayant auparavant ajouté de sa main, *après que l'armement sera terminé.* Le général Duhesme eut ainsi entre les mains cette pièce qu'il jugeait nécessaire peut-être pour sa responsabilité.

Je le voyais avec peine conserver ce reste de défiance, qui pouvait laisser quelque doute sur le fond de ses sentiments. J'aurais voulu qu'il les proclamât hautement, de manière à dissiper, aux yeux des amis comme des ennemis, jusqu'à l'ombre d'une incertitude, et à se lier en même-temps lui-même par une espèce d'engagement solennel. Un ordre du jour à son corps d'armée me parut pouvoir atteindre ce double but. Je l'écrivis à l'instant et j'allai le proposer au général Duhesme[1]. « Ce n'est pas encore le moment d'exciter tant d'en- « thousiasme, me dit-il après l'avoir lu. » Il le garda toutefois ; et dès le lendemain, de son propre mouvement, il se prononça d'une manière qui eût dû produire encore plus d'effet qu'un simple ordre du jour.

C'était un dimanche, jour de grande parade. Tous les généraux, officiers d'état-major et chefs de service étaient réunis dans son salon. En paraissant au milieu d'eux, il leur annonça son dessein de défendre la ville, et lut notre déclaration, en omettant l'espèce de restriction qu'avait ajoutée le colonel d'artillerie. Mais les généraux ne lui répondirent qu'en se regardant d'un air étonné ; et personne ne prit la parole pour applaudir à sa résolution, excepté Delcros, payeur du corps d'armée, qui avait assisté à la discussion du 11[2].

---

[1] Avant de présenter au général en chef mon projet d'ordre du jour, je le communiquai au colonel Latour et au capitaine Fleury. Le colonel désira que j'y fisse entrer les mots *point de capitulation*, qu'il avait fait entendre avec tant de force la veille ; et voici comment cet ordre du jour fut terminé.

« Ainsi d'un côté la gloire et les récompenses ; de l'autre la honte « et le malheur. Pourrions-nous hésiter sur le choix ? Non, *point de* « *capitulation !* Que les ennemis nous retrouvent toujours tels qu'ils « nous ont vus dernièrement à Horta, et nous pourrons, nous aussi, « dire un jour avec orgueil : *Nous étions de la garnison de Barcelone.* »

[2] Delcros rappela que dans la première guerre de la révolution,

Frappé, trop vivement peut-être, du morne silence des généraux, le général Duhesme rentra dans son cabinet à l'instant même, en m'appelant par mon nom à très-haute voix. Je le suivis un peu inquiet. « Vous m'aviez promis de l'enthou- « siasme, me dit-il, plutôt avec l'accent de la dou- « leur que du reproche. Eh bien! vous voyez! » Après quelques mots d'explication, je l'engageai à parler aux troupes mêmes à la parade.

Du reste je n'avais point promis d'enthousiasme : j'avais seulement parlé des bonnes dispositions des troupes, surtout dans la division française. Je vis avec peine que leurs officiers n'en donnèrent aucun signe, lorsque le général en chef leur fit connaître sa résolution et qu'il lut notre déclaration devant eux, comme il l'avait déjà lue devant l'état-major et tous les généraux assemblés. Le colonel du régiment d'infanterie napolitaine, Pégot, rompit seul le silence, pour l'assurer qu'il pouvait compter sur tous les officiers pour défendre la ville avec lui jusqu'à la mort; mais sa voix, n'étant ni répétée ni soutenue par aucune autre, ne produisit qu'un faible effet.

On n'en lut pas moins, le lendemain, dans le journal de Barcelone, que toutes les troupes avaient juré de s'ensevelir sous les ruines de la ville plutôt que de la rendre; et depuis ce jour le général Duhesme, bien qu'on essayât encore d'ébranler sa résolution, ne cessa plus un instant

les prisonniers français avaient été égorgés dans Barcelone même (à Barcelonette).

de parler et d'agir en homme vraiment décidé à se conduire ainsi.

Tant que ce général avait pensé à se retirer dans les forts, il avait paru contraint dans ses actions et dans ses discours. Cette idée lui pesait sans doute; et à quelques-unes de ses paroles, on peut douter qu'il l'eût jamais franchement adoptée. Mais dès qu'il y eut définitivement renoncé, il parut rentrer dans son élément naturel. Il se montrait et parlait plus souvent aux soldats, excitant et soutenant par tous les moyens leur courage et leur émulation. Tous les jours il réunissait chez lui un grand nombre d'officiers de toutes les armes, et là il les entretenait de la défense de la place avec un talent et une chaleur qu'on ne pouvait assez admirer. Electrisés par ses discours, ces officiers attendaient avec impatience que l'ennemi commençât les approches, et se disputaient déjà l'honneur de faire les premières sorties et de lui prendre ses canons. Loin d'être effrayés par la perspective d'un siége, ils paraissaient en ambitionner la gloire et les dangers. Cet enthousiasme devint ou parut bientôt général; et ceux même qui l'éprouvaient le moins ne furent pas des derniers à l'afficher.

CHAPITRE XII.

Mesures de défense et de sûreté au dehors et au dedans de Barcelone. Coopération des Anglais contre cette place.

Irrévocablement déterminé à défendre la ville, le général Duhesme ordonna de fortifier à l'extérieur les points le plus avantageusement situés pour en éloigner les approches : il voulait porter et soutenir la défense au dehors le plus long-temps possible. Ce système, qui s'accorde le mieux avec le caractère français, tirait un nouveau prix des circonstances où nous nous trouvions. Non-seulement il prévenait le découragement des troupes, dont le moral est toujours plus ou moins affecté lorsqu'elles sont réduites à se confiner dans l'enceinte d'une place ; mais il offrait peut-être un avantage plus grand encore, en empêchant l'armée assiégeante de se mettre dans une espèce de contact avec les habitants de la ville, contre lesquels nous ne devions pas moins nous prémunir.

J'ai déjà fait mention du camp retranché du fort Mont-Jouy. Ses principaux ouvrages consistaient en deux grandes batteries, qui avaient été établies devant des magasins à poudre, construits pour le temps de paix, sur le côté de la montagne le plus éloigné de la ville, afin de prévenir les malheurs qui suivent une explosion : elles n'étaient défendues que par l'enceinte en pierres sèches qui entourait chacun de ces magasins. Deux autres batteries non-fermées s'élevaient en arrière et sur les côtés des deux premières. Celles-ci étaient ar-mées de pièces de siége : les autres ne l'étaient que de pièces de campagne.

Au bas du Mont-Jouy, sur un plateau à droite de la Croix-Couverte, fut commencée une grande redoute., qui avait en partie les mêmes vices de position que les batteries du camp retranché ; car, en suivant le pied du plateau, on pouvait la tour-ner et venir à sa gorge sans en être vu.

La division Léchi, qui devait garder ces ouvra-ges, était aussi chargée de leur construction, qui se faisait sous la surveillance des officiers du génie italiens et sous la direction du capitaine Ménard.

Du côté des positions occupées par la division française, on crénela les maisons les plus avancées. du faubourg ou village de Jésus, situé très-près de la ville, presque à égale distance de la citadelle et du fort Mont-Jouy, et l'on en couvrit la tête par des retranchements et par des abattis. Le capitaine Fleury fut particulièrement chargé de l'exécution de ces travaux.

Sur la droite, le fort Pio semblait rendre inu-tile toute fortification de campagne : cependant on profita d'un ressaut du terrain et de la digue du ca-nal de Moncade[1] pour établir, presque sans tra-

---

[1] Le canal de Moncade est une dérivation du Bésos. Il alimente la plus grande partie des fontaines de Barcelone, et fait tourner plu-sieurs moulins dans l'intérieur de la ville et au dehors. Il sert aussi à l'irrigation des terres. Les Français l'appelèrent *Canal de Moncade*, du nom du village près duquel il prend sa source ; mais les Catalans

vail, à la gauche de ce fort, une nouvelle ligne de retranchements, qui s'étendait jusqu'auprès des glacis de la ville.

La gorge du fort Pio, étant trop éloignée de la place pour en être bien défendue contre une attaque nocturne, fut renforcée par un bon abattis; et pour être plus tranquille sur ce fort, qui était armé d'une nombreuse artillerie, le général Duhesme en confia le commandement à un officier de cette arme, le capitaine Lesbaupin.

Les environs de la place étaient semés, à très-peu de distance des glacis, d'une infinité de maisons, qui pouvaient favoriser les approches de l'assiégeant, et qui, suivant les règles et les usages reçus, auraient dû être démolies. Mais les ouvrages que nous venions d'élever les défendaient presque toutes, et il n'en fut démoli qu'un très-petit nombre qui masquaient trop les feux de la place ou ceux de ces ouvrages.

Dans l'intérieur de la ville, on ne pouvait circuler au pied des remparts que du côté du port. Sur le reste de leur pourtour, la circulation était arrêtée par des bâtiments qui se trouvaient adossés à leur terre-plein, ou qui en étaient très-rapprochés. Il ne fut question alors d'abattre aucun de ces bâtiments; mais on prit le parti de

---

l'appellent *Rech Condal* (Ruisseau des Comtes); ce qui indique que son origine remonte au temps des comtes de Barcelone.

Il existe encore un canal ou plutôt un aqueduc souterrain, qui, des montagnes entre Gracia et Sarria, conduit aussi de l'eau aux fontaines de la ville. On nomme cette eau, *eau de mine*, pour la distinguer de *l'eau de rivière*, fournie par le canal de Moncade.

les faire évacuer par les habitants; et ils devaient être occupés par nos troupes lorsqu'elles seraient définitivement forcées à se renfermer dans la place. Tout était prévu pour ce moment, et la garnison avait ses postes marqués sur tous les points [1].

La prudence commandait trop d'éviter avec soin tout ce qui eût pu agiter une aussi grande masse de population que celle de Barcelone, pour qu'on osât forcer les bouches inutiles à sortir de la ville, ni même en tenter le dénombrement. Les hommes regardés comme les plus dangereux furent seuls expulsés. Les moines étaient rangés les premiers dans cette classe : on ne conserva, par couvent, que ceux qui étaient strictement nécessaires pour le service divin; et les autres, bien plus nombreux, furent obligés à s'éloigner. Quelques moyens indirects furent aussi mis en usage pour faire écouler sans violence au dehors une partie des habitants; mais ils n'eurent que très-peu de succès.

La police exerça dans l'intérieur de la ville la

---

[1] L'expérience nous révéla, au sujet des maisons adossées aux remparts, un danger que nous n'avions pas prévu. Les habitants firent partir de la cave d'une de ces maisons une mine ou galerie souterraine qui, passant sous les remparts, allait déboucher dans le fossé : les deux issues étaient masquées par des planches, recouvertes de terre dans la cave, et de gazon, dans le fossé. Les insurgés espéraient tirer de cette mine le même parti que les anciens tiraient quelquefois des leurs, et que le prince Eugène tira de l'égout de Crémone. Elle nous resta inconnue pendant des années; et son existence se liait aux conspirations qui furent ourdies plus d'une fois dans le sein de la ville pour y introduire les troupes espagnoles.

Toutes les maisons adossées aux remparts de Barcelone, qui avaient été épargnées en 1808, furent démolies au commencement de 1814. Il en avait été de même des maisons extérieures qui pouvaient favoriser les approches de l'ennemi.

surveillance la plus active et la plus sévère. Afin que le signal d'un soulèvement ne pût être donné par le tocsin, tous les battants des cloches furent enlevés, et l'on mura l'entrée de tous les clochers. On ordonna la peine de mort contre tout Espagnol qui monterait sur les remparts. La même peine fut portée contre ceux qui feraient partie d'un attroupement; et trois hommes, trouvés ensemble la nuit dans une rue ou sur une place, étaient considérés comme un attroupement. La frayeur qu'inspirèrent des ordres si menaçants fut cause peut-être qu'on n'eut pas lieu de les mettre une seule fois à exécution.

Lorsque les divisions espagnoles avaient paru sur les montagnes de Horta, les habitants de Barcelone s'étaient empressés de monter, pour les contempler, sur les terrasses qui couvrent leurs maisons. On pensa que, si nous recevions un échec qui jetât du désordre dans nos troupes, ils pourraient, à la vue de ce désordre, être tentés d'en profiter pour seconder les insurgés. Il leur fut défendu de se montrer sur les terrasses et sur les toits, et nos sentinelles eurent ordre de faire feu sur ceux qui transgresseraient cette défense.

Pendant deux ou trois jours ce ne fut qu'un tiraillement continuel, que plusieurs habitants se plaisaient à provoquer par des apparitions réitérées sur les points les plus élevés de leurs maisons. Mais ils se lassèrent bientôt de courir de gaîté de cœur le danger de se faire tuer. De notre côté, on n'était pas moins las d'entretenir, sans résultat, un

feu roulant de mousqueterie, plus propre à produire du mal qu'à le prévenir. Comme par une
convention tacite, les habitants cessèrent de paraître sur leurs terrasses, au moment où nous re-
noncions à les y tourmenter ; et il n'y eut plus
d'autre feu que celui qui se faisait au dehors.

Pendant la nuit, indépendamment des rondes
ordinaires, les officiers de l'état-major particulier
du général en chef se succédaient alternativement
d'heure en heure sur les remparts. De fréquentes
patrouilles, à pied et à cheval, circulaient continuellement, et la nuit et le jour, dans les
différents quartiers de la ville. Celles de nos cuirassiers faisaient le plus grand effet sur les habitants. Ils tremblaient à la vue de ces *hommes de
fer*, qui cependant, dans leurs rues étroites et
toutes percées de petits canaux ou égouts faciles à
mettre à découvert, eussent été de toutes nos
troupes les moins à craindre pour eux.

De même ils craignaient bien plus le fort Mont-
Jouy que la citadelle ; et cette crainte, qui contribua peut-être plus que tout le reste à les contenir,
n'était guère mieux raisonnée. Ce fort, qui, comme
tout ce qui est très-élevé, impose beaucoup au
vulgaire, n'est, pour ainsi dire, qu'un épouvantail
pour la ville ; et c'est la citadelle, dont ce vulgaire
fait fort peu de cas, parce qu'elle s'élève à peine
au-dessus de terre, qui en est le véritable frein.
Elle la foudroie à bout portant, et donne toujours
les moyens d'y rentrer, si l'on était momentané-

ment forcé de l'abandonner; ce que ne peut faire le fort Mont-Jouy [1].

Il y avait à Barcelone un grand nombre de Français et d'Italiens de tous les états. Le général Duhesme les invita à concourir, non à la défense extérieure de la ville, mais au maintien de la tranquillité intérieure, à laquelle ils étaient aussi intéressés que nous. A cette époque où l'exaspération des Espagnols, déjà naturellement si cruels, était portée au plus haut degré, c'en était fait des propriétés et de la vie de tous les étrangers, si les insurgés entraient dans Barcelone, ou si les habitants se révoltaient. Ils ne pouvaient en douter, eux qui les connaissaient, et qui devaient avoir l'imagination encore frappée des massacres récents exécutés à Valence sur tant de familles innocentes qui se trouvaient dans une position semblable à la leur. Cependant il n'y en eut qu'environ deux cents des plus pauvres, décidés encore presque tous par l'appât de la ration de pain qu'on leur promit, qui répondirent à l'appel du général Duhesme: il

[1] La ville est entièrement ouverte et sans défense du côté de la citadelle, dont elle n'est séparée que par une courte esplanade. Elle est au contraire à douze cents mètres du fort Mont-Jouy, et de ce côté elle est fermée par une bonne enceinte et peut très-bien se défendre, comme l'ont prouvé les deux siéges qu'elle soutint, en 1705 et 1706, après la prise de ce fort. Du reste l'opinion des habitants de Barcelone sur l'importance respective de la citadelle et du fort Mont-Jouy était partagée par beaucoup de militaires. Elle parut l'être surtout par les généraux espagnols qui commandèrent successivement en Catalogne: dans tout le cours de la guerre, ils firent des tentatives sans nombre pour surprendre ou acheter le fort Mont-Jouy, et ils n'en firent presque point pour recouvrer la citadelle.

en forma deux compagnies, qu'il nomma *compagnies de garde nationale*. Les autres, presque tous négociants, étaient bien éloignés de vouloir nous prêter leur secours; ils semblaient au contraire plus irrités contre nous que les Espagnols eux-mêmes. Ils ne pouvaient nous pardonner d'avoir, par notre arrivée, interrompu leur commerce et blessé ainsi leurs intérêts, auprès desquels leurs compatriotes et jusqu'à leur propre sûreté ne leur semblaient plus rien.

Comme dans l'expédition d'Égypte, les employés des administrations militaires furent armés, et ils apprirent l'exercice du fusil ou la manœuvre du canon. Ceux du trésor se firent remarquer par leur zèle et par leur prompte instruction : ils sollicitèrent l'honneur d'être seuls chargés du service d'une batterie sur les remparts de la ville.

Ainsi le général Duhesme n'oubliait rien au dehors ni au dedans pour ajouter à ses moyens de défense et de sûreté. L'article encore plus difficile des subsistances n'excitait pas moins sa sollicitude; et ses efforts pour les augmenter ne furent pas entièrement sans succès.

Le foin manque en Catalogne, et la paille est la nourriture habituelle des chevaux. On s'était fié, pour en faire un approvisionnement, à des réquisitions qui n'avaient presque rien produit. La possession de la plaine de Barcelone, que très-heureusement nous conservions encore, nous permit de réparer cette faute. Les moyens de transport manquant à l'administration de l'armée, on abandonna aux corps et aux officiers le soin de se pourvoir eux-mêmes de paille dans les villages des environs; et bientôt il y en eut dans Barcelone une telle abondance qu'il ne resta plus la moindre inquiétude à cet égard.

Ces fourrages donnèrent lieu à quelques désordres, parce que tous les fourrageurs ne se bornèrent pas à prendre de la paille; mais ils sauvèrent notre cavalerie; car, au bout de huit jours, il eût fallu commencer à tuer les chevaux, si l'attaque du 8 novembre, comme cela devait naturellement arriver, nous avait entièrement rejetés dans la place. Les soldats et les officiers eurent aussi par-là le moyen de se former de petits approvisionnements particuliers, non de blé ou de viande qu'on ne trouvait plus dans les villages des environs, mais de légumes et d'autres menus articles, qui leur furent du plus grand secours.

Les frégates anglaises qui bloquaient le port de Barcelone étaient secondées dans ce blocus par des chaloupes et par des corsaires, qui avaient été armés par les Catalans, et qui étaient répandus tout le long de la côte pour épier le passage des bâtiments dirigés de la France sur ce port. Elles n'avaient pu cependant parvenir à intercepter les petits bateaux de poste, qui, à diverses époques de la campagne, étaient venus nous apporter des ordres. D'autres bâtiments, à peu près de même grandeur, eussent pu également leur échapper et nous apporter des vivres. Le général Duhesme avait plusieurs fois demandé avec instance qu'on se servît de ce moyen; mais ses demandes, ou les tentatives faites en conséquence n'eurent point de succès.

On a déjà vu que les Anglais avaient mis du monde à terre pour attaquer le fort de Mongat, et ensuite le faire sauter, après qu'il eut été rendu ou plutôt vendu par les Napolitains. Ils en mirent aussi, peu de temps après, pour faire également sauter la *Torre del Rio*, autre batterie de côte, située près de l'embouchure du Llobrégat. Nous ne l'avions jamais occupée, et ils semblaient, en la démolissant, nous faire moins la guerre qu'à leurs alliés les Espagnols. Mais ils leur avaient promis de les aider dans leur entreprise sur Barcelone par d'autres exploits, et depuis long-temps ils nous menaçaient d'un bombardement par mer, dont bien des gens se faisaient une image effrayante.

Ce bombardement devait avoir lieu le 8 novembre, au moment de la grande attaque du général Vivès; et, d'après les calculs et les espérances des Espagnols, il devait produire en leur faveur une puissante diversion et peut-être le soulèvement entier de la ville ; mais le mauvais temps ou d'autres causes empêchèrent les Anglais de tenir ce jour-là leur promesse, et nous vîmes dans Barcelone des habitants, furieux contre eux, les accuser hautement de perfidie, parce qu'ils ne lançaient ni bombes ni boulets sur leurs maisons.

Dans les jours qui suivirent le 8 novembre, on remarqua sur les frégates des signaux fréquemment répétés. Le 13, dans la nuit, elles s'approchèrent très-près de terre et jetèrent sur la ville

13

et sur le port des fusées à la Congrève; mais ces fusées ne produisirent d'autre effet que de mettre le feu à un navire marchand.

Le lendemain 14, les montagnes qui entourent Barcelone, entre le Bésos et le Llobrégat, furent couvertes d'insurgés, attirés probablement par le feu des frégates. Le général Duhesme résolut d'aller au devant d'eux. Il s'avança le 15 vers le centre de ces montagnes, et il fit une reconnaissance générale sur leur crête depuis Saint-Pierre-Martyr jusqu'à la hauteur de Saint-André. Il repoussa les ennemis sur tous les points et ne rentra qu'à la nuit.

Les Anglais, qui s'imaginèrent peut-être de leur côté que le feu qu'ils avaient entendu sur toute la ligne annonçait une nouvelle attaque des Espagnols, se disposèrent à les seconder cette fois par une coopération plus active, à laquelle ils n'avaient fait que préluder le 13. A la faveur de la nuit ils cherchèrent d'abord, avec leurs embarcations, à surprendre l'entrée du port. Leur tentative ayant échoué par la vigilance de nos marins, ils embossèrent leurs deux frégates et plusieurs chaloupes canonnières tout près de cette entrée, et ils commencèrent contre la ville la canonnade la plus violente.

Déjà fort content d'avoir éloigné les insurgés de la place, le général Duhesme le fut encore davantage de voir agir les Anglais dans le moment où ils pouvaient le moins l'inquiéter. Une pareille canonnade, le 8 novembre, lui eût donné bien

d'autres soucis. Voyant qu'ils la prolongeaient avec
le plus grand fracas, ce général se porta, suivi de
tout son état-major, aux batteries des Atarazanas,
pour redoubler par sa présence l'ardeur des canonniers.

Ces batteries, celles du fort Mont-Jouy, celles
de la Lanterne, qui étaient servies par nos marins
et qui tiraient presque à bout portant, toutes les
batteries de la place enfin qui avaient quelque action sur l'entrée du port, répondirent aux Anglais
avec la plus grande vivacité : elles ne purent cependant éteindre leur feu. Ils l'avaient commencé
à sept heures du soir, et ils le continuèrent avec
une espèce de fureur jusqu'à onze heures et
demie.

Nous n'eûmes que quelques soldats blessés dans
les casernes par des éclats de maçonnerie. Il y eut
un beaucoup plus grand nombre d'habitants tués
ou blessés. Plusieurs maisons furent endomma-
gées ; mais la ville resta parfaitement tranquille.

Les frégates furent très-maltraitées. Elles furent
obligées de s'éloigner de leur croisière pour aller
se radouber dans des ports et y réparer les avaries
qu'elles s'étaient attirées par une témérité qu'elles
ne furent plus tentées de renouveler depuis. C'é-
tait lord Cochrane qui les commandait.

CHAPITRE XIII.

Deuxième attaque générale des Espagnols. Perte du poste de
Saint-Pierre-Martyr. Disette dans Barcelone.

Le milieu du mois de novembre se passa en reconnaissances et en escarmouches. Les opérations
de l'armée espagnole étaient, pour ainsi dire, suspendues. Devenu plus circonspect depuis l'attaque
du 8, le général en chef Vivès l'avait ramenée
dans ses anciennes positions, résolu de ne plus
rien tenter avant l'arrivée des renforts qui lui venaient d'Andalousie.

On savait depuis long-temps qu'un corps d'armée, qu'on disait de huit à dix mille hommes,
était parti du royaume de Grenade pour se rendre
en Catalogne. Il était commandé par le Suisse Réding, qu'avait rendu célèbre la journée de Baylen,
où il avait joué le plus beau rôle. C'était ce général qui avait demandé lui-même à venir contre
Barcelone, croyant égaler sous ses murs la gloire
de Vendôme et de Bervick. Il arriva devant cette
place vers la fin du mois de novembre.

On devait s'attendre que l'arrivée d'un nouveau
corps d'armée et d'un des généraux les plus renommés des insurgés serait marquée par une nouvelle attaque. Cette attaque eut lieu en effet le
26 novembre; et malheureusement pour nous, le
général Duhesme était alors en proie à des dou-

leurs d'entrailles extrêmement aiguës , qui le mettaient hors d'état , non-seulement de monter à cheval, mais encore de donner des ordres pour diriger la défense. Ses médecins empêchaient même qu'on pût arriver jusqu'à lui.

Le général en chef Vivès marcha , comme la première fois, avec les principales colonnes du côté du Llobrégat. Elles étaient commandées sous lui par les généraux Réding et Caldagués, ses meilleurs lieutenants. Le premier se dirigea sur Hospitalet, et le second, par la route de Molins-de-Rey. Ils attaquèrent de concert notre gauche, qui était défendue par les Italiens et les Napolitains. Le général Milossevitz, qui les commandait, se retira après une honorable résistance jusqu'à la Croix-Couverte.

Le 93e, un des bataillons qui étaient en réserve dans la ville, ayant marché avec un détachement de la compagnie d'artillerie légère pour le soutenir, il rentra un instant dans le village de Sans; mais, d'après l'ordre du général Léchi, qui était sorti avec la réserve, ainsi que le général Schwartz, il l'abandonna bientôt de nouveau. Le nombre des ennemis était trop grand pour que nos troupes pussent s'y maintenir. Ils ne dépassèrent pas cependant ce village, voulant sans doute, avant de pousser plus loin, connaître le résultat des attaques dirigées contre notre centre et notre gauche.

Nous n'avions à opposer à ces attaques que le 7e régiment d'infanterie de ligne et le 3e régiment provisoire de chasseurs; les autres troupes françaises étaient nécessaires dans la ville ou avaient déjà marché au secours des Italiens. C'était le général Laguna qui conduisait de ce côté les colonnes ennemies, composées, comme le 8 novembre, de la division de Portugal et de celle de Milans. L'une de ces colonnes marcha en avant de Saint-André, que nous avions évacué à son approche. Elle fut arrêtée au hameau du Clot par un bataillon du 7e, et obligée, après un assez long combat, de renoncer à l'emporter.

Mais le plus fort de l'action fut au centre, près du village de Gracia. La division de Milans tout entière se dirigea sur ce village, tandis qu'une autre colonne pénétrait dans Sarria et semblait marcher pour la seconder. A la vue de tant d'ennemis, qui descendaient avec précipitation dans la plaine par tous les sentiers de la montagne, nos troupes évacuèrent Gracia et se replièrent, en arrière de la maison de plaisance dite le Palais de la Vice-Reine [1], dans une position qui interceptait tous les chemins directs entre Sarria et Saint-André. Elles s'y retranchèrent à la hâte, en faisant des abattis d'aloès et d'autres arbustes [2]; elles profitèrent encore, pour se couvrir, de quelques parties de murs et de haies, ainsi que des accidents du terrain, qui descend par ressauts successifs depuis les montagnes jusqu'à Barcelone.

---

[1] Le palais de la Vice-Reine est ainsi nommé, parce qu'un Catalan, qui avait été vice-roi du Pérou, l'avait fait bâtir pour sa femme.

[2] Les arbres sont très-rares autour de Barcelone, et les haies d'aloès y sont communes.

Le combat avait déjà commencé, lorsque le général Goullus, qui commandait les postes extérieurs de la division française, arriva sur le champ de bataille avec le général Bessières. Peut-être la prudence faisait-elle une loi de se retirer sur le faubourg de Jésus : c'était l'avis des principaux officiers, même des plus braves. Mais nous n'entendions plus le feu sur notre gauche : nous crûmes que de ce côté l'ennemi avait échoué dans son attaque. Les Italiens l'ayant repoussé, n'eût-il pas été honteux aux Français de se retirer devant lui, presque sans l'avoir combattu ? On se détermina à tenir.

Les Espagnols s'avancèrent plusieurs fois avec impétuosité pour forcer notre position ; mais tous leurs efforts vinrent se briser contre l'inébranlable fermeté du 7ᵉ régiment. Attaqué sur son front et menacé sur ses flancs par des forces infiniment supérieures, il résista, comme un roc, sans faire un seul mouvement en arrière. Le feu d'un obusier et de deux pièces de quatre, et la vue de nos chasseurs à cheval prêts à fondre sur l'ennemi, s'il débordait nos ailes, contribuèrent aussi beaucoup à le contenir et à l'empêcher de se répandre dans la plaine.

Le combat durait déjà depuis plus de cinq heures, lorsque les Espagnols imaginèrent de monter dans les étages du palais de la Vice-Reine et de tirer à la fois par toutes les croisées, d'où ils plongeaient entièrement sur nous. Dans un instant le palais parut tout en feu. En même temps la colonne de Sarria faisait un mouvement sur notre gauche. Le général Goullus crut devoir ordonner la retraite ; mais je lui représentai qu'elle était devenue bien plus difficile que le matin, et qu'il perdrait dix fois plus de monde en se retirant, enveloppé par les Espagnols, qui se précipiteraient sur lui de tous les côtés, qu'en continuant de se défendre de pied ferme dans une position, qu'on voyait bien après tout qu'ils n'osaient pas aborder. Il se rendit à mes raisons et révoqua l'ordre de retraite qu'il avait donné, mais qu'on n'avait pas encore commencé d'exécuter.

C'était le moment décisif et le dernier effort des ennemis. Rebutés par notre opiniâtre résistance, ils sortirent du palais de la Vice-Reine et mirent fin à leurs attaques. La colonne de Sarria ne poussa pas sur nous son mouvement, qui avait peut-être un autre but.

Nous prîmes alors l'offensive à notre tour, et nous rentrâmes dans Gracia. Les Espagnols revinrent à la charge avec fureur pour nous en chasser ; mais nos soldats, fiers de les avoir repoussés tant de fois, s'élancèrent sur eux avec une espèce d'enthousiasme et parvinrent à les rejeter dans les montagnes.

Le 7ᵉ régiment n'eut que sept hommes tués à Gracia sur le champ de bataille même ; mais il eut soixante-dix-huit blessés, parmi lesquels on comptait huit officiers. Nous n'avions pas sur ce point plus de huit cents hommes. La perte de l'ennemi, qui était sept à huit fois plus nombreux, fut infiniment plus grande que la nôtre : outre le feu de notre mousqueterie, les deux pièces de quatre et surtout l'obusier lui firent beaucoup de mal. De son côté il n'avait point d'artillerie, n'ayant pu en amener par les montagnes.

On se battit depuis le commencement jusqu'à la fin du jour. Le courage des officiers et des soldats fut digne des plus grands éloges. Le chef de bataillon Miocque, officier d'un rare mérite, se fit remarquer par-dessus tous, autant par son imperturbable sang-froid que par son intrépidité. Le colonel du 7e, Aussenac, était en personne à la tête de la partie de son régiment qui combattait à Gracia [1].

Le général Goullus, blessé d'une balle morte à l'épaule, se fit panser sur le champ de bataille, et ne voulut pas le quitter que l'affaire ne fût ter-

---

[1] Comme on manquait de vivres, on avait recommandé de ne plus faire de prisonniers, pour n'être pas obligé de les nourrir, et personne ne cherchait plus à en faire. Mais, pendant le combat de Gracia, un Miquelet s'était embusqué à moins de demi-portée de fusil de notre première ligne, derrière un des arbres de l'avenue du palais de la Vice-Reine ; et de là il ne cessait de tirer sur nos troupes, sans que leur feu pût l'atteindre ni l'éloigner. Un de nos soldats se détache, se glisse d'arbre en arbre, le saisit, lui fait rendre son arme, et le force à marcher devant lui jusqu'au groupe de nos généraux derrière la deuxième ligne. « Pourquoi amènes-tu cet homme, « lui dit un officier ? Tu sais bien qu'on ne fait plus de prisonniers. « — Le voilà, répond le soldat : je l'ai pris : tuez-le si vous voulez ; » et il se retourne froidement pour regagner le poste du danger. L'officier, comme on le pense bien, se garda de répliquer ; et le prisonnier fut conduit à Barcelone. Le soldat qui l'avait épargné, après avoir bravé le plus grand péril pour le prendre, était du 7e régiment, dont vingt-neuf hommes avaient été lâchement égorgés par les Miquelets après l'affaire du 8 novembre ; et il ne l'ignorait pas.

minée. Il eut un puissant secours dans la présence du général Bessières, qui fut constamment à son côté, et qui disposa nos chasseurs à cheval dans la plaine de la manière la plus propre à imposer aux Espagnols. Le colonel d'artillerie Fabre déploya la bravoure et toute l'activité d'un jeune homme, dirigeant et pointant lui-même les pièces contre les masses ennemies : il eut son chapeau percé d'une balle.

En général tous les officiers français parurent redoubler de zèle et de dévouement pour réparer ce qui pouvait manquer dans l'ensemble des dispositions par la maladie du général en chef. Presque tous ceux qui n'avaient point de poste déterminé s'étaient portés d'eux-mêmes vers Gracia : le capitaine Fleury y avait volé avec moi dès les premiers coups de fusil.

Le 8 novembre, le général Duhesme avait manœuvré pour suppléer à l'infériorité du nombre, et le succès avait couronné sa manœuvre. Le 26, où cette infériorité beaucoup plus grande rendait d'habiles combinaisons encore plus nécessaires, l'absence du premier chef se fit vivement sentir [1]. Ce général, même en se défendant, avait su toujours attaquer et ne jamais attaquer de front. Ce

[1] Vers la fin de la journée le général Léchi vint se montrer aux troupes à Gracia. Les officiers italiens qui le précédaient l'annonçaient à très-haute voix sous le nom de général en chef. Si le général Duhesme eût abandonné le commandement à cause de sa maladie, ce n'était pas cependant Léchi, mais Chabran, qui aurait dû le remplacer; mais ce dernier général ne sortit pas de la ville le 26 novembre.

jour-là au contraire, chacun combattant devant soi, sans presque regarder à droite ni à gauche, ne fit que se défendre sur son propre terrain, et se maintint ou céda suivant sa bravoure plus ou moins opiniâtre, et le nombre plus ou moins grand des ennemis qui lui étaient opposés. Cependant en conservant le point central de Gracia, nous avions rompu tout l'ensemble de l'attaque environnante des Espagnols, et empêché la jonction de leurs différentes colonnes dans la plaine.

Par un effet singulier de la correspondance des échos des montagnes et de la ville, dont j'ai déjà parlé à l'occasion de la retraite de Saint-Cugat, le bruit de l'artillerie et de la mousqueterie avait été infiniment plus fort dans l'intérieur de Barcelone qu'au lieu même du combat devant Gracia. L'action en avait paru plus terrible : on ne parla plus que du 7ᵉ régiment, et son exemple enflamma tous les autres de la plus noble émulation[1].

D'un autre côté nos affaires ne se présentaient pas sous un aspect aussi favorable. On avait vu avec peine, dans la journée du 26, notre gauche opérer définitivement sa retraite, sans avoir ramené, sans avoir même rien tenté pour sauver la

[1] Le général Duhesme faisait ordinairement insérer dans le journal de Barcelone une relation des principales affaires. Les corps et les officiers qui s'étaient le plus distingués étaient ainsi connus, non-seulement du corps d'armée, mais encore de la plupart des habitants de la ville, qui étaient presque tous abonnés à ce journal ; et l'on peut dire qu'ils jouissaient ainsi de leur gloire presque aussitôt après l'avoir acquise. Aussi attachait-on le plus grand prix à être honorablement cité dans ces relations, qui attiraient quelquefois des suffrages encore plus doux que ceux des généraux.

garnison du poste de Saint-Pierre-Martyr, qui se trouvait ainsi coupée de la place sans espoir de secours. Le soir du même jour, le général Léchi avait fait rentrer ses Italiens dans le camp retranché du fort Mont-Jouy, et le lendemain, il alla passer lui-même toute la journée dans ce fort, d'où il envoyait les billets les plus alarmants sur les mouvements des Espagnols. Les médecins continuaient de rendre le général Duhesme invisible, veillant avec un soin extrême à ce qu'aucun officier n'approchât de lui. Sa maladie, qu'un pareil soin faisait juger très-grave, pouvait faire passer le commandement en chef dans des mains qu'on croyait peu disposées à défendre la ville. Nous en vînmes à trembler qu'il ne fût de nouveau question de retraite dans les forts; mais heureusement, ce jour même, le général Duhesme, quoique encore très-malade, put se montrer; et dès cet instant toutes nos inquiétudes s'évanouirent.

On doit se rappeler que le poste de Saint-Pierre-Martyr avait été fortifié dès les premiers jours des hostilités. Sentinelle avancée de la place, il avait pendant toute la campagne interrompu la ligne de blocus, ou, comme l'appelaient les insurgés, le cordon qu'ils formaient autour de Barcelone. Il avait été attaqué plusieurs fois, mais toujours sans succès. Le tonnerre y était tombé et avait mis le feu au dépôt des cartouches. L'explosion avait tué ou blessé plusieurs soldats et fait sauter quelques parties du bâtiment; mais elles avaient été réparées, et le poste se trouvait encore en bon état de défense. Les Espagnols ne l'attaquèrent point et se bornèrent à le bloquer. On blâma l'officier italien qui le commandait de n'avoir pas tenté pendant la nuit de s'échapper avec la garnison, qui était de quatre-vingts hommes. Le bruit courut qu'au lieu d'attendre qu'il eût consommé ses provisions, il avait lui-même demandé à se rendre dès le second jour. Ce bruit fut cause qu'après son échange cet officier fut jugé par un conseil de guerre ; mais il fut acquitté.

Le 7ᵉ régiment se maintint à Gracia le 27 et le 28 novembre, quoiqu'il y fût continuellement harcelé. Il désirait, par point d'honneur, ne pas quitter cette position avant d'être relevé par les bataillons du 37ᵉ et du 93ᵉ ; mais nos généraux la jugèrent trop aventurée, et il reçut l'ordre de se replier, dans la nuit du 29 au 30, sur le faubourg de Jésus.

Ainsi nous ne fûmes obligés de nous retirer qu'à la fin de novembre, non pas encore derrière les remparts de la ville, mais dans les positions que nous avions fortifiées en avant de ces remparts. Le 7ᵉ régiment ne put même se résoudre à se renfermer entièrement dans les retranchements du faubourg de Jésus. Il porta en avant une chaîne d'avant-postes, que les soldats retranchèrent d'eux-mêmes, ayant éprouvé à Gracia l'avantage d'être couverts par des obstacles matériels, quelque faibles qu'ils pussent être.

Sur la droite, qui était aussi gardée par la division française, nous tenions pendant le jour une grand-garde dans le hameau du Clot, dont l'entrée était barricadée du côté de l'ennemi. Sur la gauche, la division Léchi s'était retirée, les Italiens dans le camp retranché du Mont-Jouy, et les Napolitains, en arrière du plateau de la Croix-Couverte, presque contre les murs de la ville, n'occupant plus, même pendant le jour, que comme une espèce de garde avancée la redoute qu'on construisait sur ce plateau.

Le général Duhesme, la première fois que sa maladie lui permit de sortir, ne put s'empêcher de témoigner son mécontentement de les voir dans une position si reculée. Après avoir demandé à leurs chefs, en leur montrant les jardins qu'ils avaient abandonnés, s'ils n'auraient pas de honte de les voir moissonner sous leurs yeux par les Espagnols, il leur ordonna de repousser sur-le-champ les postes avancés de l'ennemi. Les Italiens s'avancèrent aussitôt avec intrépidité sur le chemin d'Hospitalet et sur la grande route vers Esplugas, chassant ces postes devant eux. Une colonne, sortie de Sarria, s'avança pour les prendre en flanc; mais elle fut arrêtée par les voltigeurs napolitains, lancés par le colonel Pégot, qui se trouvait avec une réserve aux ordres du général Schwartz sur le plateau de la Croix-Couverte; et les Italiens se retirèrent sans perte.

Barcelone est entourée, de presque tous les côtés, de jardins nombreux et cultivés avec grand soin. Nous en conservions la possession, en occupant les dehors de la place; et ce n'était pas là un des avantages les moins importants du système de défense qu'avait adopté le général Duhesme.

Les légumes de ces jardins étaient pour nos troupes un supplément précieux à la ration incomplète qu'elles recevaient des magasins du corps d'armée; mais la maigreur des hommes indiquait combien cette nourriture peu substantielle était loin de pouvoir remplacer la viande. On n'entendait cependant ni plainte ni murmure : la gaieté même n'abandonnait pas les soldats français. Le général Duhesme leur avait annoncé, le 10 novembre, qu'ils auraient pour dernière ressource les chevaux de nos cuirassiers. Ils ne l'avaient pas oublié : quelques-uns calculaient en riant quand viendrait le moment de manger ces chevaux, et presque tous trouvaient là une source féconde de saillies plus ou moins plaisantes. Il y avait plus d'un avantage à les avoir familiarisés d'avance avec cette idée.

Si nos troupes, à qui du moins le pain ne manquait pas, souffraient de la disette, elle se faisait encore bien plus cruellement sentir aux habitants de Barcelone, qui manquaient presque également et de viande et de pain. A peine en pouvaient-ils trouver à des prix exorbitants. Le poisson provenant de la pêche qui se faisait dans le voisinage du port était pour eux d'un grand secours; mais les Anglais finirent par les en priver, en interdisant cette pêche et capturant tous les bateaux qui voulaient s'y livrer.

En vain des ouvriers ou d'autres gens pauvres,

poussés par la soif du gain, allaient chercher au loin quelques comestibles et parvenaient quelquefois à les introduire dans la place, en traversant pendant la nuit, au péril de leur vie, les lignes des Espagnols. En vain, grâce aux Anglais eux-mêmes, toujours commerçants avant tout, y arrivait-il ainsi une grande quantité de morue, qu'ils vendaient dans les environs et dont ils étaient bienaises de se défaire à très-haut prix, fût-ce au détriment de leurs alliés. Tout cela était loin de suffire à la consommation d'une aussi grande ville.

Les habitants en étaient réduits à manger les rats et les souris [1]. Ils portaient sur leurs traits l'empreinte de la famine : pâles, exténués, on les voyait errer dans les rues, comme des spectres ambulants. Ils ne pouvaient cependant se résoudre à s'éloigner, ou ils ne le faisaient qu'à la dernière extrémité, après avoir consommé jusqu'au dernier reste de leurs provisions, prolongées par tous les moyens imaginables.

Il est impossible, lorsqu'on n'a pas vécu longtemps au milieu d'eux, de se faire une juste idée de l'amour que non-seulement les habitants de Barcelone, mais encore tous les Catalans en général, nourrissent dans leur cœur pour cette ville, qu'ils regardent comme l'honneur et l'ornement de leur patrie. Cet amour semblait augmenter avec ses

---

[1] Les Catalans n'ont pas pour la chair des rats et des souris la répugnance qu'on éprouve ailleurs. Il paraît même qu'il ne l'ont jamais eue ; car déjà autrefois les Castillans leur donnaient le sobriquet de *Mange-rats*.

malheurs, et l'expression n'en était jamais plus touchante que lorsque dans leurs chants ou leurs écrits ils déploraient sa *captivité*, et qu'ils en appelaient le terme par leurs vœux [1].

Ce qui contribuait peut-être encore plus à retenir les habitants à Barcelone, c'est que, d'un instant à l'autre, ils comptaient voir ces vœux exaucés, la voir enfin arrachée de nos mains. Portés par caractère, comme tous les Espagnols, à ne jamais douter de rien, ils prenaient pour des réalités les plus faibles lueurs d'espoir. « Le coup, le « grand coup, disaient-ils, allait être frappé. » Dix fois ils avaient annoncé ce grand coup : dix fois ils en avaient fixé le jour; et, quoiqu'ils l'eussent toujours attendu en vain, leurs espérances, tant de fois trompées, n'étaient jamais entièrement détruites.

CHAPITRE XIV.

Désertion parmi les troupes étrangères. Attaque nocturne et première batterie des Espagnols. Avis d'une conspiration. Derniers combats. Levée du siège de Barcelone. Conclusion.

Les attaques du mois de novembre, en nous donnant, pour ainsi dire, la mesure de ce que notre ennemi pouvait faire, avaient plutôt fortifié qu'affaibli la juste assurance que nous devions

[1] Les Français même qui restaient quelque temps à Barcelone semblaient contracter pour cette ville une partie de l'amour que lui vouent tous les Catalans.

14

prendre en nous-mêmes; mais il restait dans les esprits un autre sujet d'inquiétudes et de défiance. Les Espagnols avaient toujours persévéré dans le système d'embauchage et de désertion qu'ils avaient déjà essayé avant l'ouverture des hostilités. Ils en poursuivaient l'exécution avec une activité nouvelle, depuis que les dangers, les fatigues, les privations, qui allaient croissant chaque jour, étaient devenus pour eux un puissant auxiliaire auprès de nos soldats.

La désertion s'étendait de plus en plus parmi les Suisses et les Napolitains. Malgré la contagion de l'exemple, elle fut inconnue des soldats français. Elle était aussi moins forte parmi les Italiens; on vit cependant un officier de cette nation dépasser les avant-postes sous prétexte d'une reconnaissance, et mener à la fois à l'ennemi soixante-dix hommes, qu'il avait ou trompés ou séduits. Ce même officier fut blessé peu de jours après, conduisant les colonnes espagnoles à l'attaque de nos ouvrages.

Peu contents des résultats de leurs attaques de jour, les généraux ennemis voulurent essayer d'une attaque nocturne. Ils l'exécutèrent, vers trois heures du matin, le 5 décembre, et ils obtinrent d'abord des succès sur notre gauche, peut-être uniquement parce qu'ils trouvèrent des guides parmi les déserteurs.

Une de leurs colonnes, commandée par Calda-gués et ayant en tête l'officier italien dont je viens de parler, marcha sur la redoute de la Croix-Couverte. Deux compagnies napolitaines, qui la gardaient, se laissèrent surprendre et s'enfuirent en désordre jusqu'à la porte de la ville. Le bataillon dont elles faisaient partie, et qui était posté dans les maisons en arrière pour les soutenir, n'opposa pas plus de résistance et fut rejeté sur les glacis.

D'autres colonnes espagnoles, dirigées par le général Réding, se portaient en même temps contre le camp retranché du fort Mont-Jouy. Les Italiens se laissèrent aussi surprendre dans les batteries des magasins à poudre : ils les abandonnèrent, ainsi que celle de droite, et se dispersèrent sur la montagne; mais l'ennemi échoua contre la batterie de gauche, où commandait le chef de bataillon Rossi.

Au premier bruit de l'attaque, tout fut sur pied dans l'intérieur de la place, où l'on était toujours sur ses gardes, et chacun courut à son poste. Le général Bessières, qu'au jour du danger on retrouvait toujours sur le point le plus menacé, était rendu des premiers sur la partie des remparts opposée à la Croix-Couverte; mais il y témoignait peut-être un peu trop haut sa méfiance contre les Italiens.

Le général Duhesme, sans perdre un instant, eut recours à ses réserves. Il fit sur-le-champ sortir de la ville le bataillon des Vélites et le régiment des chasseurs du Prince; il les dirigea sur la Croix-Couverte; et, quoique à peine convalescent, il les suivit lui-même à la tête de cent cuirassiers et de deux compagnies de grenadiers du 7me régiment.

14.

Les Vélites, soutenus de très-près par la cavalerie, marchèrent à l'ennemi sans s'arrêter. Le premier feu mit un instant le désordre dans leurs rangs ; mais, à la voix de son brave chef de bataillon Cotti, cette troupe choisie se reforma bientôt ; et, chargeant à la baïonnette, elle reprit la redoute et mit en fuite les Espagnols.

Le bataillon qui avait perdu les batteries des magasins à poudre s'était rallié sur le revers du Mont-Jouy. Impatient de laver sa faute, il alla de lui-même attaquer les Epsagnols dans ces batteries, les culbuta et tua sur les pièces mêmes leurs canonniers et leurs plus braves soldats, qui, ne pouvant plus les défendre, voulaient au moins les enclouer. On en trouva quelques-uns parmi les morts qui étaient décorés de l'ordre de Baylen [1].

Au jour, le combat avait cessé, et les ennemis étaient repoussés sur tous les points de notre gauche ; mais le feu commençait presque au même moment sur notre droite. Le général Laguna et Milans avaient marché de ce côté, comme le 8 et le 26 novembre. Ils s'étaient emparés du Clot et paraissaient vouloir s'avancer par la grande route : mais l'artillerie du fort Pio et le bataillon du 37me, qui gardait nos postes de ce côté, les empêchèrent de déboucher. Marchant alors avec vivacité par la droite du canal de Moncade, leurs soldats se portèrent vis-à-vis de ce fort et entretinrent un

[1] Les Espagnols avaient créé, à l'occasion de la bataille de Baylen, un ordre, dont la décoration était un aigle renversé.

assez long combat, qui ne pouvait plus avoir pour eux ni but ni résultat avantageux.

L'ennemi laissa en se retirant plusieurs morts à l'entrée du Clot. Il y abandonna également une grande quantité de fascines; ce qui fit supposer qu'il avait des desseins sur le fort Pio. Il ne tenta rien contre le faubourg de Jésus : il craignit sans doute de trouver encore là les mêmes hommes qu'il avait combattus le 26 novembre à Gracia.

Les Espagnols, ayant ainsi échoué dans toutes leurs attaques, démasquèrent, le soir même du 5, une grande batterie de six canons de vingt-quatre et de quatre obusiers, qu'ils avaient construite en avant de Sarria, et ils la firent jouer avec une grande violence contre la redoute de la Croix-Couverte. Nous y eûmes dans peu de moments un officier et cinq ou six soldats tués.

Cette redoute, qui exigeait de grands remuements de terre, n'était pas encore fort avancée, bien qu'on eût pris le parti de payer les troupes italiennes qui travaillaient à sa construction. Par un contraste tout à la louange des troupes françaises, quoiqu'on ne leur eût jamais ni donné ni promis de paiement, elles avaient très-promptement achevé les retranchements et tous les travaux ordonnés de leur côté : il avait suffi de faire un appel à leur zèle et à leur bonne volonté. Le général Duhesme y eut encore recours pour terminer la redoute de la Croix-Couverte.

Il fallait y travailler sous le feu de l'ennemi : il sut en faire le poste d'honneur en n'y appelant désormais que les troupes d'élite, qui s'étaient le plus distinguées dans les deux divisions. Les grenadiers du 7ᵉ et le bataillon des Vélites s'y relevèrent alternativement, comme à un travail de tranchée. Ils y apportèrent les uns et les autres d'autant plus d'ardeur, que les Vélites étaient fiers d'être assimilés à ces braves grenadiers, et que ceux-ci de leur côté n'étaient pas moins glorieux d'avoir été choisis pour donner en quelque sorte une leçon aux Italiens.

En peu de jours la redoute fut terminée. On l'arma de pièces de campagne, et on l'entoura d'une bonne ligne d'abattis. Elle put ainsi braver une nouvelle attaque, et sinon répondre avec avantage, du moins résister à la batterie ennemie, qui depuis le 5 ne cessait de la canonner avec la même violence. Cette batterie était aussi contre-battue, mais obliquement et de très-loin, d'un côté par celles du camp retranché, et de l'autre par le bastion le plus saillant de la ville.

Ainsi les Espagnols en étaient réduits à traiter de simples retranchements de campagne sans consistance comme des remparts très-respectables, et à leur faire l'honneur inattendu de diriger uniquement contre eux leurs premières batteries. Avouant par là leur impuissance de les emporter de vive force, ils semblaient se résigner à faire le siége en règle de ces faibles ouvrages, qu'ils voyaient élever sous leurs yeux.

Cette marche timide enfla le courage de nos troupes. De nouvelles circonstances vinrent encore redoubler leur confiance. Les Espagnols, commençant enfin à douter, malgré toute leur jactance, du succès de leurs armes contre Barcelone, voulurent, pour s'en rendre maîtres, essayer l'or et la trahison. Leur général en chef tenta la fidélité du commissaire général de police et celle du général Léchi, offrant à ce dernier un million de piastres, des honneurs et de l'avancement parmi eux, s'il voulait leur livrer la citadelle et le fort Mont-Jouy[1].

En les voyant recourir à de pareils moyens, on prit de leurs forces une idée désavantageuse; et l'on s'y confirma de plus en plus, lorsqu'on vit déserter d'au milieu d'eux, pour se rendre parmi nous, un officier, qui se dit aide-de-camp du général Réding. On conclut naturellement de son arrivée que, connaissant l'armée ennemie, il ne se fût pas jeté dans la place, si cette armée eût été assez forte pour s'en emparer.

Cet officier, nommé Draparnaud, qui était Français, et qui avait dû quitter la France par suite de je ne sais quelle affaire et quel jugement dans lesquels il mêlait le nom du général Moreau, voulait acheter par un service important le droit de rentrer dans sa patrie. Il nous donna en conséquence des renseignements sur le nombre, la position et les desseins des assiégeants. Il déclara qu'il existait dans la ville, pour leur en ouvrir les portes, une conspiration qui devait éclater au pre-

[1] La réponse que fit le général Léchi au général Vivés n'est pas celle que nos journaux donnèrent dans le temps. Celle-ci était probablement de la façon de Napoléon. On peut les voir toutes les deux, ainsi que la lettre de Vivés, à la fin, sous le n° 7.

mier revers éprouvé par nos troupes. Il annonça également qu'il y avait plusieurs dépôts cachés d'armes et de munitions. Enfin il donna les noms de quelques habitants, qu'il désigna comme les principaux conspirateurs.

Les assiégeants avaient dans leur camp l'ancien gouverneur de Barcelone, le président de l'Audience et d'autres personnages marquants qui avaient occupé des emplois dans cette ville. On ne pouvait douter qu'ils n'entretinssent de nombreuses intelligences dans son sein, qu'ils n'eussent tout fait pour y fomenter une véritable conspiration, et qu'ils ne crussent peut-être y avoir complètement réussi. Cela seul pouvait expliquer l'inconcevable confiance avec laquelle, à chacune de leurs attaques, et surtout à la première, ils avaient cru que Barcelone était à eux[1]. Mais cette conspiration était-elle réellement bien formée ? Avait-elle atteint ce degré de maturité qui peut seul assurer le succès d'une entreprise de cette nature ? ou bien les Espagnols, avec leur présomption ordinaire, ne s'étaient-ils pas flattés que l'approche et l'attaque de leur armée produiraient dans la ville une explosion simultanée qui aurait le même résultat ? Ce qu'il y eut de certain, c'est que les arrestations et toutes les recherches, auxquelles donnèrent lieu les déclarations de l'officier déserteur, ne purent faire

[1] On assura que, le 8 novembre, madame de Vivés, femme du général en chef espagnol, s'était avancée avec sa voiture d'apparat jusqu'à Saint-Féliu, comptant faire le jour même son entrée solennelle à Barcelone, où d'un autre côté on tenait des dîners tout préparés pour les généraux et les principaux officiers des insurgés.

découvrir la moindre trace ni de la conspiration ni des dépôts d'armes dont il avait annoncé l'existence.

On put présumer avec vraisemblance que, si l'armée de siége avait compté pour entrer dans la ville sur une conspiration des habitants ; ceux-ci avaient compté de leur côté sur les succès de l'armée de siége, et n'avaient osé tenter d'ouvrir les portes à des gens qui n'étaient pas assez forts pour en approcher. Le général Duhesme redoubla de précautions et de surveillance, au dehors et au dedans, pour qu'il ne fût pas plus possible aux assiégeants d'aborder ces portes, qu'aux conjurés, s'il y en avait, de les forcer.

Il fit établir, en avant de la porte Saint-Antoine, qui est située entre le faubourg de Jésus et la Croix-Couverte, un nouveau poste retranché, dont le besoin s'était fait sentir lors de l'attaque nocturne du 5 décembre. L'ennemi avait tourné de ce côté la redoute de la Croix-Couverte, et même il s'était avancé jusqu'auprès de cette porte sans rencontrer aucun obstacle.

Jusqu'alors on n'avait osé confier aux Suisses aucun poste extérieur ; mais leurs chefs ayant répondu des deux compagnies de grenadiers et de voltigeurs, le général Duhesme leur donna la garde de ce nouveau poste, qui prit le nom de *poste des Suisses.* (Ces deux compagnies se montrèrent très-bien depuis lors dans toutes les occasions.)

Les arrestations qu'on venait de faire et une

plus grande sévérité dans les mesures de police répandirent la terreur parmi les habitants. La famine augmentait d'ailleurs chaque jour, et ils commençaient à ne plus regarder l'entrée des insurgés comme si prochaine. Tous ces motifs en firent sortir un grand nombre, qui allèrent chercher au dehors plus de sécurité et une subsistance plus facile. Cette émigration, très-rassurante pour le maintien de la tranquillité, avait de plus l'avantage de ménager les faibles ressources du reste de la population.

Le général Duhesme faisait tout de son côté pour ménager aussi et faire durer le plus long-temps possible les vivres de la garnison. Quoique les soldats souffrissent beaucoup du défaut de viande, et qu'ils eussent déjà fait main-basse sur tous les animaux domestiques dont ils pouvaient s'emparer, il voulait attendre que nous fussions entièrement renfermés dans la ville, privés des jardins et des autres secours extérieurs, pour commencer à distribuer la viande salée qui faisait partie des approvisionnements de réserve. Lorsque cette viande serait entièrement consommée, il devait enfin avoir recours aux chevaux de la cavalerie, dont il aurait alors ordonné des distributions réglées. En attendant on tuait et l'on mangeait déjà ceux qui étaient susceptibles de réforme : il en fut même mangé à la table du général en chef [1].

----

[1] Lorsqu'il craignait que les premières attaques des Espagnols ne le refoulassent dans la ville et peut-être même dans les forts, le général Duhesme avait pensé que ses vivres ne pourraient durer que

Sur le refus du général Vivés d'échanger les prisonniers de guerre, le général Duhesme, pour diminuer de plus en plus la consommation journalière de ses vivres, renvoya sans échange environ quatre cents Miquelets, dont le plus grand nombre avaient été pris au camp de Saint-Gérony. Avant de les mettre en liberté, il les fit jurer sur l'évangile de ne plus porter les armes contre nous. Il n'était guère probable qu'ils tinssent ce serment; mais il aimait encore mieux s'exposer à les retrouver dans les rangs ennemis, que de les faire mourir de faim, comme on l'a vu, dit-on, dans d'autres places assiégées. Du reste il ne renvoya ainsi que des hommes de nouvelle levée; et il ne prit le même parti ni pour les gardes walonnes ni pour les autres soldats de la ligne.

Depuis le 5 décembre les Espagnols n'avaient encore fait jouer que la batterie dirigée contre la

jusqu'à la fin de décembre, et il l'écrivit ainsi, au mois de septembre et le lendemain du combat de Saint-Cugat; mais, malgré ces attaques, il avait conservé, pendant presque tout le mois de novembre, la possession de la plaine de Barcelone, où nos troupes trouvèrent une partie de leur subsistance. Le blocus moins resserré facilita l'introduction dans la ville de divers comestibles, entre autres, de morue, dont il fit acheter une bonne partie pour les magasins du corps d'armée. Il augmenta encore ses ressources par diverses acquisitions de grains que les négociants étaient parvenus à faire entrer furtivement dans le port, ainsi que par les rachats de rations qu'il avait autorisés. Par suite de toutes ces circonstances et de ces divers moyens, les approvisionnements de réserve, qui étaient renfermés dans la citadelle et dans le fort Mont-Jouy, et qu'il avait craint de devoir entamer au commencement de novembre, ces approvisionnements, dis-je, qui étaient suffisants pour la subsistance de la garnison pendant deux mois, étaient encore intacts au milieu du mois de décembre.

redoute de la Croix-Couverte. Nous savions qu'ils
en préparaient d'autres, que leur artillerie de
siége était arrivée, et qu'ils faisaient confectionner
de tous côtés des gabions, des fascines et d'autres
approvisionnements de tranchée. Nous n'en étions
pas moins disposés à continuer notre défense avec la
même vigueur que nous l'avions commencée; mais
nous pouvions déjà prévoir que nous ne devrions
pas la pousser jusqu'aux dernières extrémités.

Nous ignorions, il est vrai, les victoires rem-
portées par Napoléon sur les armées espagnoles :
nous n'avions même reçu aucune nouvelle directe
de ce qui se passait au nord de la Catalogne;
mais nous apprenions, par les journaux même
des insurgés, une partie des progrès du siége de
Roses, entrepris par le général Saint-Cyr; et nous
ne pouvions guère douter qu'après la reddition
de cette place, ce général, qui était entré en Catalogne avec le 7e corps de l'armée d'Espagne, ne
marchât aussitôt à notre secours. Néanmoins quelques personnes pensaient qu'il entreprendrait encore auparavant le siége de Gérone.

Le 12, le bruit se répandit que les Espagnols
faisaient un mouvement. Le général Duhesme ordonna une reconnaissance générale sur leur ligne;
mais on les trouva partout occupant les mêmes
positions.

Le 13 et le 14, il courut plusieurs bruits semblables, sans que rien de positif vînt encore les
confirmer; mais, le 15, il n'y eut plus d'incertitude. Les découvertes du matin rapportèrent

que Saint-André était évacué. Le général Duhesme y fit aussitôt marcher un bataillon, qui n'y trouva plus qu'une faible arrière-garde, la chassa, et la poursuivit jusqu'auprès de Moncade.

Il suivit lui-même ce bataillon avec une partie de la division française. Il apprit à Saint-André que l'ennemi faisait un mouvement sur sa gauche, et qu'il portait environ dix mille hommes du côté d'Hostalrich.

En retournant à Barcelone, il aperçut, sur les coteaux de Gracia, une colonne en marche qui semblait prendre la même direction. Il la fit attaquer par le 7e régiment. Après un combat fort vif, qui dura jusqu'à la nuit, elle fut forcée à se retirer sur les sommités des montagnes. Si elle n'eût pas été arrêtée par cette attaque, elle aurait pu se trouver à la bataille qui se donna le lendemain à Cardedeu (à huit lieues de Barcelone).

Toujours dans le même dessein d'empêcher les Espagnols de se dégarnir davantage devant nous, et de porter trop de forces contre le général Saint-Cyr, dont leur mouvement devait nous faire présumer la marche, le général Duhesme résolut de faire, le 16, une attaque vigoureuse sur tous les quartiers qu'ils occupaient encore autour de Barcelone, et il fit converger tous les efforts contre Sarria, qui était le dépôt central de leurs approvisionnements.

Les deux bataillons du 37e et du 93e, avec les deux compagnies d'élite du bataillon suisse, furent chargés d'attaquer ce village de front. Ils l'emportèrent avec beaucoup de vivacité, mais ils ne poussèrent pas plus loin, ne voyant point paraître le 7ᵉ régiment, qui devait le tourner par la droite, en s'y dirigeant du côté de Gracia.

Ce régiment avait été arrêté dans sa marche par une colonne nombreuse, qui était descendue des montagnes voisines (la même dont il avait la veille interrompu le mouvement). Il s'était élancé sur elle avec sa bravoure accoutumée et l'avait mise en désordre ; mais le retard apporté dans sa marche par cet engagement donna du temps à l'ennemi. Il en profita pour réunir des forces très-supérieures aux nôtres sur les hauteurs à gauche de Sarria ; et il fallut nous borner à nous maintenir dans ce village.

La division italienne, qui devait en menacer le flanc gauche en s'avançant du côté d'Esplugas, avait été aussi arrêtée par un corps espagnol qui, débouchant par le chemin d'Hospitalet, avait menacé de la tourner. Quoique ce corps eût été vigoureusement repoussé par le bataillon des Vélites qui formait la réserve de cette division, celle-ci n'avait pu se porter assez en avant pour seconder efficacement de son côté l'attaque principale de Sarria.

Ainsi, quoique nos colonnes d'attaque eussent obtenu chacune séparément des succès, elles ne purent, pour les compléter, agir avec l'ensemble et le concert que s'était promis le général Duhesme, n'ayant pas cru que les Espagnols eussent encore là des forces si nombreuses.

Le combat, terminé sur tous les autres points, se soutenait toujours à Sarria. Les ennemis avaient repris l'offensive et voulaient nous déloger de ce village. Ils le tentèrent plusieurs fois ; mais ils firent de vains efforts et se virent constamment repoussés. Enfin, à l'entrée de la nuit, ils se déterminèrent à opérer leur retraite ; et le siége, ou plutôt le blocus de Barcelone, fut ainsi entièrement levé.

Nous trouvâmes Sarria rempli de fascines, de gabions et de munitions de guerre et de bouche de toute espèce. Nous en trouvâmes aussi une quantité considérable dans les autres villages. Nous prîmes, le 16 même, huit pièces d'artillerie. (La batterie qui battait la redoute de la Croix-Couverte avait été évacuée dans la nuit avant notre attaque.) Dans les jours suivants, nous en découvrîmes encore plusieurs, qui avaient été enterrées dans la campagne ou précipitées dans des ravins.

Les combats du 16 décembre terminèrent la campagne du corps d'armée des Pyrénées-Orientales. Le lendemain 17, la division Léchi se porta en avant d'Esplugas et d'Hospitalet, chassant devant elle les partis ennemis qui n'avaient pas encore repassé le Llobrégat. La division française de son côté envoya des reconnaissances vers Badalone et vers Saint-André ; mais, au lieu d'ennemis, celles-ci rencontrèrent l'avant-garde du 7e corps, commandé par le général Saint-Cyr, et revinrent au grand galop pour l'annoncer dans Barcelone.

Nous n'espérions pas voir si promptement ce corps d'armée : nous n'avions reçu aucun avis de son approche ; et nous n'aurions jamais supposé que l'armée ennemie eût attendu pour le combattre qu'il fût dans la vallée du Bésos, lorsque plus loin, les places de Gérone et d'Hostalrich, et le pays montueux qu'il avait à traverser, semblaient offrir des moyens sûrs de l'arrêter. Je n'essaierai pas de peindre les transports de joie qui éclatèrent parmi nos troupes à la nouvelle de son arrivée. Chacun s'y livra, pour ainsi dire, en raison de la crainte plus ou moins grande qu'il avait éprouvée : plusieurs les portèrent jusqu'au délire[1].

L'entrée du général Saint-Cyr à Barcelone fut saluée par de vives acclamations : elles partaient du cœur de nos soldats et des étrangers établis dans cette ville ; mais la masse des habitants était bien loin d'y prendre part, et le contraste était trop frappant pour n'être pas remarqué. Malgré tout ce qu'ils avaient souffert, ils ne purent se réjouir d'un événement qui ne les délivrait des horreurs de la famine, qu'en leur ôtant l'espoir

[1] Je restai assez calme au milieu de l'ivresse générale : je ne voyais dans notre délivrance qu'un événement dont je n'avais jamais douté ; et j'avoue même que, trouvant, à prolonger notre défense, plus de gloire que de danger, j'eusse désiré n'en voir arriver le moment qu'un ou deux mois plus tard, surtout si ce temps eût pu être employé à prendre Gérone. Je le dis, le jour même, au général Duhesme, en l'accompagnant chez le général Saint-Cyr. « Je l'eusse désiré comme « vous, me répondit-il : aussi n'ai-je point écrit de nouveau pour « demander du secours. » Mais, contre les règles de la hiérarchie militaire, d'autres généraux, qui étaient sous ses ordres, l'avaient fait.

d'être délivrés de notre joug. Soutenus par cet espoir, ils avaient conservé du courage contre leurs misères ; mais ils furent atterrés par nos succès. L'abattement moral succéda, pour ainsi dire, chez eux à l'abattement physique, et leurs visages ne peignaient qu'une profonde consternation.

Le général Saint-Cyr, après la prise de Roses, avait marché sur Barcelone avec une rapidité qui trompa tous les calculs des généraux espagnols. Il n'y avait de route praticable pour les voitures que celle qui passe à Gérone et sous le fort d'Hostalrich. Ces généraux ne s'imaginaient point que, sans s'inquiéter de ces deux places, le 7e corps osât s'enfourner dans la Catalogne, sans artillerie, sans bagages, et presque sans vivres ni munitions. Lorsqu'ils ne purent plus en douter, il était trop tard pour s'y opposer : tous les obstacles les plus difficiles étaient déjà franchis.

Le général Saint-Cyr avait commencé sa marche le 8 décembre. (Roses avait capitulé le 5.) Le général en chef des Espagnols, Vivés, crut d'abord que cette marche ne menaçait que Gérone. Sans rien changer à ses dispositions devant Barcelone, il se borna à détacher, le 12, sous les ordres du général Réding, un corps d'observation qu'il ne porta qu'à Granollers. (Le départ de ce corps avait donné lieu au bruit d'un mouvement général de l'armée de siége, bruit qui courut le jour même dans Barcelone.)

Le général Saint-Cyr ayant passé le Ter, le 11,

15

pour se porter sur la Bisbal, Vivés ne pouvait plus conserver d'incertitude sur son véritable dessein. Il perdit cependant encore des moments précieux en délibérations oiseuses, et ce ne fut que le 15 qu'il partit enfin lui-même pour aller se joindre au général Réding. Mais, ne pouvant se résoudre à lever, même momentanément, le siége de Barcelone, au lieu de conduire son armée tout entière contre le général Saint-Cyr, il en laissa une grande partie devant cette place; et, le 16, il fut complétement battu à Cardedeu.

Le 7e corps, auquel celui des Pyrénées - Orientales fut de suite réuni [1], s'arrêta trois jours autour de Barcelone après cette victoire. Pendant ce temps l'armée espagnole se rallia derrière le Llobrégat, dans les positions de Saint - Vicens et de Molins-de-Rey; et le 21, elle osa recevoir une nouvelle bataille; mais elle essuya une seconde défaite, plus honteuse encore que celle de Cardedeu, et dans sa déroute elle perdit le reste de son artillerie de siége et de ses approvisionnements.

Tel fut le résultat définitif de l'entreprise des Espagnols contre Barcelone en 1808; entreprise qu'ils avaient préparée avec le plus grand appareil et dont ils s'étaient promis une issue bien différente. Elle avait été commencée par les seuls in-

---

[1] Le général Duhesme ne fit point difficulté de reconnaître pour chef le général Saint-Cyr, quoiqu'il n'eût reçu aucun ordre à cet égard : non-seulement Saint-Cyr était son ancien; mais, bien qu'alors il ne fût pas encore maréchal, il était déjà mis par l'opinion au dessus de la plupart des maréchaux.

surgés de Catalogne, sans le secours d'aucunes troupes de ligne. Quelques régiments n'avaient pas tardé à se joindre à eux ; mais ils ne purent nous empêcher de rompre, quand nous le voulûmes, la ligne dont ils nous avaient entourés ; et ils ne parvinrent à arrêter nos courses, qu'après avoir été successivement renforcés par les garnisons de Mayorque et de Minorque, par la division de Portugal, et enfin par le corps d'armée du général Réding, à qui l'on donnait alors le nom pompeux de vainqueurs de Baylen. Toutes ces forces réunies ne purent encore nous renfermer entièrement dans la place, et l'armée de secours nous trouva au dehors, conservant toujours l'attitude offensive que nous n'avions jamais quittée depuis le commencement de la campagne.

Napoléon n'avait commis au général Duhesme que l'occupation et la garde de Barcelone. Consultant moins ses forces que son zèle, ce général voulut faire plus, et il échoua deux fois devant Gérone. En revanche, il obtint en rase campagne les succès les plus brillants, et il conserva intact l'honneur de nos armes en Catalogne, à une époque où il recevait de si rudes atteintes sur d'autres points de la Péninsule. Il répondit enfin à tout ce que l'empereur avait attendu de lui, en défendant glorieusement la place de Barcelone dans les temps les plus difficiles de cette guerre.

Bloqué par terre et par mer, près de sept mois sans secours et presque sans nouvelles de France, ce général sut, avec un corps d'armée composé

15.

de soldats nouveaux et de différentes nations, contenir une immense population, poussée à la révolte et au désespoir par le mécontentement et la famine, et résister en même temps à toutes les forces de la province la plus belliqueuse de l'Espagne, secondées à la fin par les meilleures troupes de ce royaume. Par son opiniâtreté à disputer pied à pied chaque pouce de terrain en avant de la place, il rappela, avec un plus heureux dénouement, les défenses de Mayence et de Gènes, et mérita que Napoléon dît de lui, dans le vingt-sixième bulletin de l'armée d'Espagne : « Tout ce « qui s'est passé à Barcelone est un titre d'éloge « pour le général Duhesme, qui a déployé autant « de talent que de fermeté. »

A l'ouverture des hostilités, le corps d'armée des Pyrénées - Orientales comptait douze mille hommes : dans les premiers jours de décembre, il était réduit à moins de neuf mille. Ces hommes, en entrant en Catalogne, n'étaient presque tous que des conscrits : à la fin de la campagne, ils pouvaient être mis à côté des plus vieilles bandes, et ils y tinrent leur rang avec éclat dans tout le cours de cette guerre.

En annonçant dans ses bulletins la levée du siége de Barcelone, Napoléon rappela avec complaisance que c'était la première fois, depuis les Romains, que les peuples d'Italie avaient porté la guerre en Espagne. Il voulait relever l'esprit militaire de ces peuples, et il ne donna d'éloges qu'aux troupes italiennes, quoiqu'elles fussent loin d'en

avoir plus mérité que les troupes françaises, dont
il ne parla point ; du reste il répandit les récom-
pensés d'une main également libérale, et sur les
unes et sur les autres. Excepté la décoration française qu'il donna au général Milossevitz, il n'accorda rien, il est vrai, aux généraux ni même aux
colonels ; mais il accorda, sans exception, tout ce
qui fut demandé par le général Duhesme pour les
officiers d'un grade inférieur [1].

[1] Sur cinq officiers du génie français employés au corps d'armée des Pyrénées-Orientales, deux avaient péri, le chef de bataillon Gerbet et le capitaine Lepoitevin. Les trois autres reçurent
des récompenses après la campagne. Le capitaine Ménard obtint la
décoration de la légion d'honneur ; et Fleury, qui l'avait déjà, fut,
ainsi que moi, nommé chef de bataillon.

FIN DE LA CAMPAGNE
DU CORPS D'ARMÉE DES PYRÉNÉES-ORIENTALES.

PRÉCIS

DES CAMPAGNES

DE CATALOGNE

DE 1808 A 1814.

CAMPAGNE DE 1808.

Résumé des événements de cette campagne. Arrestation du général en chef espagnol. Composition de l'armée française de Catalogne.

Dans les *Mémoires sur la campagne du corps d'armée des Pyrénées-Orientales*, nous avons vu le général Duhesme entrer le premier en Catalogne à la tête de ce corps d'armée, s'emparer par surprise et par menaces de Barcelone et du fort de Figuières, battre les insurgés dans plusieurs combats sans pouvoir étouffer l'insurrection, faire deux tentatives sur Gérone, et défendre enfin avec gloire la capitale de la Catalogne. Nous avons également vu le général Saint-Cyr marcher avec autant d'audace que de bonheur au secours de cette capitale après avoir pris la place de Roses, et gagner deux batailles sur l'armée espagnole à Cardedeu et à Molins-de-Rey.

Irrités par des revers qu'ils avaient été loin de prévoir, les Catalans jetèrent le général en chef Vivés dans un cachot; et de leur propre autorité, sans s'inquiéter de la junte centrale du royaume, entre les mains de laquelle se trouvait alors le gouvernement de l'Espagne, ils le remplacèrent par son second le général Réding qui, s'il n'avait pu ravir la victoire aux Français, avait du moins donné des preuves du plus grand courage.

Après la bataille de Molins-de-Rey, le général Saint-Cyr porta ses troupes en avant de Villa-Franca. On crut généralement que, s'il avait marché tout de suite sur Tarragone, cette place, où régnait une horrible anarchie, se fût rendue. Mais les Espagnols, si faciles à battre en rase campagne, étaient tout autres derrière des murailles; et l'apparition de l'armée française devant Tarragone n'eût fait que rallier tous les esprits contre l'ennemi commun.

Cette armée se composait alors de la division Reille, qui était restée dans l'Ampourdan occupant Roses et Figuières; des divisions Chabran et Léchi, qui formaient précédemment le corps des Pyrénées-Orientales; des divisions Souham et Pino, l'une française et l'autre italienne; et de la division Chabot, qui ne consistait qu'en un régiment d'infanterie napolitaine et un bataillon de chasseurs des montagnes, qu'on appelait dans le pays les Miquelets français : en tout environ trente mille hommes.

Le général Saint-Cyr ne laissa d'abord à Barce-

lone que l'infanterie de la division Léchi et le
3e régiment provisoire de cuirassiers; mais il ne
tarda pas à y renvoyer le bataillon de gardes départementales et le bataillon suisse, qui fesaient
partie de la division Chabran.

Le général Duhesme continua de rester dans
cette place avec le titre de commandant-général
de la province [1].

~~~~~~

CAMPAGNE DE 1809.

Bataille de Valls. Tentatives des Espagnols contre Barcelone. Dernier siége de Gérone.

Le général Réding surpassa d'abord les espérances des Catalans par la promptitude avec laquelle il réunit et réorganisa l'armée qu'avait entièrement dispersée la déroute de Molins-de-Rey.
Avide de gloire, il voulut encore mieux justifier
leur choix par d'éclatants succès : il conçut un
vaste plan contre les Français; et dans les premiers jours de février, il sortit de Tarragone pour
l'exécuter.

Le général Saint-Cyr sembla n'avoir donné à
l'ennemi le temps et la facilité de se rallier que
pour se ménager l'occasion de nouvelles victoires.
Au bruit des mouvements du général espagnol, il

[1] Par ordre du général Kirgener, chef du génie à l'armée de
Catalogne, je continuai d'être particulièrement attaché au général
Duhesme; et je commandai en même temps le génie à Barcelone, où
restèrent avec moi Fleury, Vincenzi, Guaragnoni et Grassi.

marche brusquement sur lui, bat à Igualada une partie détachée de ses troupes, et le force à rétrograder vers Tarragone.

Il était facile à Réding d'éviter les Français; mais il ne peut se résoudre à se retirer sans combattre : et contre l'avis de son conseil de guerre, il prend une direction qui rend leur rencontre inévitable. Il en vient aux mains près de Valls, et il est vaincu de la manière la plus décisive par le général Saint-Cyr. (25 février.) Il meurt bientôt après, bien plus du chagrin de cette défaite que des suites d'une blessure qu'il avait reçue.

La position du général français, malgré tous ses succès, devenait chaque jour plus difficile. Son armée ne trouvait qu'avec peine à vivre dans des pays montueux et très-peu fertiles. En se mettant en marche sur Barcelone, il avait dû renoncer à ses communications avec la France; et, afin de les conserver avec cette place, il fut obligé d'en tirer, pour les garder, une partie des bataillons de la division Léchi. La garnison se trouva ainsi réduite à deux mille hommes, dont le plus grand nombre étaient Suisses ou Napolitains.

Les Catalans crurent l'occasion favorable pour s'emparer de Barcelone, et réparer ainsi d'un seul coup tous leurs malheurs. Ils comptaient sur une conspiration dans le sein de la ville. Leurs Miquelets accoururent de tous les points de la province sous ses murs; et s'avançant avec impétuosité jusqu'aux glacis, ils nous forcèrent à retirer tous nos postes extérieurs.

Le danger était imminent : quelques-uns de nos chefs témoignèrent des inquiétudes encore plus vives qu'en 1808 ; mais le général Duhesme ne se montra jamais plus ferme ni plus intrépide[1]. Suppléant par l'activité et l'audace aux troupes qui lui manquaient, il sut contenir les conspirateurs du dedans, et imposer en même temps aux ennemis du dehors. Ceux-ci n'osèrent rien entreprendre sans le concours des habitants ; et l'ayant vainement attendu pendant quatre nuits, embusqués au nombre de plusieurs mille dans le faubourg de Jésus, ils renoncèrent enfin à leurs rendez-vous nocturnes. (Mars.)

Ils ne s'éloignèrent pas cependant. D'autres troupes et une grande masse de Sômatens s'étant joints à eux, ils prirent position à Molins-de-Rey, sur les derrières de l'armée du général Saint-Cyr. Ils se flattaient de l'isoler de Barcelone, qui finirait ainsi par retomber en leur pouvoir ; mais ils ne purent résister à la division Chabran qui marcha contre eux, et cette place fut dégagée.

Le général Saint-Cyr y rentra lui-même bientôt après, mais il n'y fit qu'un court séjour ; et il alla dans la plaine de Vique, encore vierge et riche en subsistances, attendre que tout fût prêt pour le siége de Gérone, dont le général Reille faisait à Figuières les préparatifs.

Barcelone, encore une fois abandonnée pour

---

[1] Le général Duhesme était secondé par les mêmes officiers dont il avait éprouvé le dévouement en 1808, entre autres par le brave colonel Latour, qui était toujours commandant de la place.

long-temps à ses propres forces, n'était pas sous
le rapport des vivres dans une situation beaucoup
plus rassurante qu'à la fin de 1808. Les environs
avaient été épuisés par les armées des deux partis :
on fit pour l'approvisionner d'inutiles efforts, et
l'on fut forcé de reconnaître qu'elle ne pouvait
plus être ravitaillée que par mer.

Elle le fut en effet par cette voie dans le mois
d'avril, peu de temps après l'éloignement du général Saint-Cyr. Le contre-amiral Cosmao sortit
de Toulon avec une escadre de cinq vaisseaux de
ligne et deux frégates, escortant vingt-sept bâtiments de transport chargés de vivres et de munitions. Trompant la vigilance de la flotte anglaise
de la Méditerranée, que l'infériorité de ses forces
ne lui permettait pas de combattre, il conduisit
son convoi dans le port de Barcelone, et regagna
ensuite heureusement celui d'où il était parti.

Rassurée ainsi sur ses approvisionnements, Barcelone bientôt après courut un danger d'un autre
genre. Une conspiration, la première peut-être
qui méritât vraiment ce nom, avait été tramée
dans ses murs. Les conjurés, par des moyens qui
ne nous furent jamais bien connus, se croyaient
certains de prendre la ville ; mais ils craignaient
de ne pouvoir la conserver, s'ils ne s'emparaient
en même temps du fort Mont-Jouy. Pour y parvenir, ils essayèrent de corrompre des officiers de
la garnison. Un capitaine italien, nommé Provana,
feignit d'entrer dans leurs vues, et découvrit ainsi
le plan de la conspiration et les noms des princi-

paux conspirateurs. Plusieurs furent arrêtés ; et la peine capitale fut prononcée contre cinq d'entre eux, parmi lesquels figuraient un moine génovéfain et le curé de la citadelle.

Au moment de leur exécution, quoique les portes des clochers eussent été murées et les battants des cloches enlevés l'année précédente, on entendit tout-à-coup sonner le tocsin à la cathédrale. A ce signal, des essaims d'hommes armés parurent dans différents quartiers de la ville ; mais, la masse des habitants étant restée tranquille, ils se dissipèrent, avant même d'avoir vu les troupes qui marchaient contre eux [1].

Ces événements se passaient dans le mois de juin. De long-temps on n'entendit plus parler de conspirations dans Barcelone. Celle qui venait d'avorter servit de leçon aux habitants de cette ville ; et ils restèrent étrangers à celles qui dans la suite y furent encore ourdies.

Après la mort du général Réding, la junte centrale du royaume avait réuni, dans les mains du général Blake, le commandement en chef de l'armée de Catalogne à celui de l'armée d'Aragon et de Valence. Celle-ci s'étant dissipée de la manière la plus honteuse à Belchite, Blake vint se mettre à la tête de l'armée de Catalogne que commandait par *interim* le général Coupigny.

La guerre d'Autriche, qui avait forcé Napoléon à s'éloigner de la Péninsule, releva les espérances

---

[1] On fut pendant cinq jours avant de pouvoir découvrir les sonneurs de tocsin, qui s'étaient cachés dans les soufflets de l'orgue.

des Espagnols. Blake crut sans doute les augmenter encore en Catalogne, et donner une haute idée de ses forces, en sommant le général Duhesme de lui rendre Barcelone; mais toutes ses tentatives pour l'y obliger se bornèrent à cette fanfaronnade.

Le nombre des combats qui se livrèrent autour de cette place fut presque aussi grand qu'en 1808. Le général Duhesme, qui ne voulait pas se laisser resserrer dans son enceinte, tombait avec son activité accoutumée sur les corps ennemis qui paraissaient dans les environs. Ceux-ci de leur côté attaquaient, tantôt la nuit, tantôt le jour, les postes qu'il s'obstinait à maintenir dans quelques villages; mais grâce à la bravoure de nos soldats et à la parfaite connaissance qu'ils avaient des localités, il n'y eut pas une seule occasion où l'avantage ne finît par rester de notre côté.

Les Français avaient mis de nouveau le siége devant Gérone; et le général Saint-Cyr était descendu de la plaine de Vique pour couvrir ce siége, qui était conduit par le général de division Verdier. La place était défendue par le brigadier Alvarez, que nous avons vu, en 1808, s'obstiner long-temps à ne pas ouvrir au général Duhesme les portes du fort Mont-Jouy de Barcelone.

Le fort du même nom à Gérone fut encore pris pour point d'attaque, comme en 1808. Les trois redoutes avancées, dont nous nous étions alors emparés sans coup férir, avaient été mises en état de défense: elles auraient pu seules soutenir un long siége; mais avant qu'il y eût de véritables

brèches, nos troupes s'étant avancées avec audace jusque sur les glacis, les Espagnols les évacuèrent, effrayés d'un assaut qui ne pouvait que manquer.

Du reste, ce premier succès ne fut fatal qu'aux assiégeants, par l'excès de confiance qu'il leur inspira. Une batterie de vingt canons, construite en sacs à terre dans une seule nuit, ayant ouvert un des bastions du fort Mont-Jouy, ils ne craignirent pas, pour marcher à la brèche, de partir à découvert de deux cents mètres de distance. En vain quelques braves allèrent se faire blesser sur cette brèche : ils y furent repoussés. La colonne qui les suivait resta long-temps stationnaire sur les glacis, n'osant avancer, et ne voulant pas reculer sans en avoir reçu l'ordre, que personne ne lui donnait. Elle eut ainsi onze cents hommes tués ou blessés.

On en revint à la voie, lente mais sûre, des cheminements réguliers qu'on avait cru malheureusement pouvoir abréger. Le fort résista jusqu'après le logement dans la demi-lune, opération dont les siéges des dernières guerres n'avaient offert aucun exemple : il ne fut évacué qu'au moment où on allait donner l'assaut au corps de place.

Après la prise du fort Mont-Jouy, la ville, comme il avait été facile de le prévoir, n'en fut pas plus disposée à se rendre : il fallut l'attaquer à son tour. Le point d'attaque fut encore mal choisi, et la brèche ouverte, on livra l'assaut avec autant d'imprudence qu'au fort Mont-Jouy. Il ne réussit pas mieux; mais la perte y fut beaucoup moins grande, parce que du moins cette fois, dès que le

succès fut jugé impossible, on donna aux assaillants l'ordre de se retirer.

Le général Blake faisait tous ses efforts pour secourir Gérone. Il était parvenu, avant cet assaut, à y faire entrer un convoi de munitions et de vivres. Il fut battu plus tard par le général Saint-Cyr, lorsqu'il voulut en introduire un second ; mais alors le siége avait été converti en blocus. Les maladies, qui faisaient de grands ravages dans notre armée, avaient contribué, autant que les pertes des combats, à faire prendre ce parti.

On reprit les attaques contre la ville après plus de deux mois d'interruption. La garnison et les habitants, épuisés par les fatigues et par la famine, étaient hors d'état de se défendre plus longtemps ; et le généralissime Saint-Narcisse fut obligé de rendre son épée au maréchal Augereau, qui avait succédé au général Saint-Cyr. Le gouverneur ne signa pas la capitulation : il était malade, ou peut-être il feignit de l'être, afin de ne pas attacher son nom à de *pareilles écritures*.

Le siége de Gérone avait duré plus de sept mois. Quoiqu'on ne sortît point dans ce siége des usages ordinaires comme à Sarragosse, les Espagnols le placent dans leurs fastes militaires à côté de celui de cette ville, qui eut lieu au commencement de la même année. La vue de leurs maisons écrasées par les bombes, et la perspective toujours croissante des dangers et des privations ne purent ébranler un instant la constance des habitants de Gérone : ils se montrèrent encore plus déterminés que les troupes à pousser la résistance jusqu'aux dernières extrémités.

A Sarragosse, on avait vu quelques femmes isolées se mêler, les armes à la main, parmi les combattants. Les femmes de Gérone prirent à la défense une part plus utile et plus convenable à leur sexe. Elles organisèrent militairement deux compagnies ; mais elles ne chargèrent point leurs bras d'armes meurtrières. Elles prodiguaient les secours aux blessés : elles portaient des munitions, des vivres, des rafraîchissements sur les remparts, sans être arrêtées par la crainte des balles ni des boulets. Bravant ainsi la mort sans la donner, elles furent pendant tout le siége de précieux auxiliaires, dont l'exemple et les regards doublaient l'enthousiasme des défenseurs.

La prise de Gérone par les Français termina la campagne de 1809.

CAMPAGNE DE 1810.

Combat de Mollet. Bataille de Vique. Siéges de Lérida et de Tortose. Opérations des Anglais en Catalogne.

La chute de Gérone jeta la discorde et la consternation parmi nos ennemis. Blake dut abandonner la Catalogne pour ne point partager le sort de Vivés. Le général Portazgo, nommé par la junte centrale du royaume pour le remplacer, n'eut que le temps de faire une proclamation : les Catalans refusèrent de le reconnaître. Ils ne voulaient plus que d'un chef qui se fût signalé sous leurs yeux : ils choisirent Henry O'Donnel, et la junte fut obligée de ratifier leur choix.

O'Donnel n'était officier-général que depuis quelques jours ; mais il s'était particulièrement distingué dans les défenses de Gérone, et surtout à la dernière. Entré dans la place en escortant un convoi, il en était ensuite sorti avec un petit corps de troupes pendant la nuit, et il traversa les quartiers de l'armée française, où il répandit le plus grand désordre [1].

Après la prise de Gérone, le maréchal Augereau resta plus d'un mois sans faire un seul mouvement. Voulant ensuite amener un convoi dans Barcelone, il s'avança par la route d'Hostalrich avec ce convoi, qu'escortait le gros de l'armée, et il dirigea la division Souham sur la plaine de Vique. En même temps il envoya par un espion au général Duhesme l'ordre de sortir sur-le-champ de Barcelone avec un détachement de la garnison pour aller l'attendre à Granollers, où se réunissent le chemin de Vique et la route d'Hostalrich.

O'Donnel s'opposa au passage de la division Souham, qui fut obligée de retourner sur ses pas. Le maréchal Augereau retarda la marche du convoi ; et il n'en donna point avis au général Duhesme, qui, posté à sept lieues de Barcelone avec

[1] O'Donnel obligea à s'enfuir de sa baraque, presque nu, le général Souham, qui plus tard devait prendre sur lui la plus glorieuse revanche.

dix-huit cents hommes seulement, pouvait être facilement accablé par l'armée espagnole.

Ce général ayant vainement attendu quatre jours à Granollers, alla faire une apparition à Barcelone, où il n'avait laissé qu'une garnison très-affaiblie aux ordres du général Chabran. Pendant son absence, qui ne fut que de dix-huit heures, ses troupes qui l'avaient suivi jusqu'à Mollet pour attendre son retour, surprises par l'avant-garde d'O'Donnel, reçurent un échec sensible (21 janvier). Le maréchal Augereau, qui en était la première cause, en fit un chef d'accusation contre le général Duhesme, avec lequel il avait eu déjà de violents démêlés à une autre époque; et ce général dut quitter la Catalogne, où il laissa des souvenirs chers à l'armée française et même aux habitants du pays [1].

Il fut remplacé d'abord provisoirement par le général Rey, et définitivement ensuite par le général Lacombe Saint-Michel, ancien officier d'artillerie.

Après avoir conduit son convoi dans Barcelone, le maréchal Augereau retourna du côté de la France, sans avoir rien tenté contre les Espagnols; et il envoya la division Souham s'établir dans la plaine de Vique, qui est entourée de toutes parts de montagnes et de défilés.

O'Donnel conçut le projet de tomber sur cette division isolée; bien sûr, s'il parvenait à la dé-

---

[1] Voyez à la fin, sous le n° 8, une note sur le général Duhesme.

truire, d'avoir ensuite bon marché du reste de l'armée française, composée presque en entier d'Italiens, d'Allemands et de Napolitains. Il marcha sur Vique à la tête de toutes ses troupes. Les Français étaient trois fois moins nombreux ; mais ils se battirent en hommes qui, n'ayant point de retraite, se trouvaient placés entre la victoire et une perte assurée. Les Espagnols commencèrent leur attaque avec furie, et la renouvelèrent plusieurs fois avec un acharnement qu'on ne leur avait pas encore vu dans les combats ; mais tous leurs efforts vinrent se briser contre l'imperturbable intrépidité de nos troupes, qui restèrent enfin maîtresses du champ de bataille et de la plaine de Vique.

Ce combat eut lieu le 20 février. Ce fut un des plus beaux faits d'armes de la guerre. Le général Souham, blessé au visage, prit à peine le temps de se laisser panser, et reparut sur le champ de bataille au milieu de ses soldats.

Le maréchal Augereau, ayant reçu des renforts, se porta de nouveau vers le centre de la Catalogne. Il s'établit de sa personne dans la capitale : il envoya jusqu'à Reus [1], au-delà de Tarragone, les divisions Souham et Pino ; et non encore corrigé par les exemples de Mollet et de Vique, de la manie de diviser ses forces, il en dissémina le reste dans des postes isolés, comme s'il n'eût plus existé d'armée ennemie en Catalogne, et qu'il ne se fût agi que de prendre des cantonnements dans une

---

[1] Reus est après Barcelone la ville la plus commerçante et la plus peuplée de la Catalogne : elle compte vingt-cinq mille ames.

province entièrement soumise. La prise de sept compagnies à Villa-Franca, celle d'un bataillon sous le Mont-Serrat, d'autres pertes encore, le danger que courut d'étre enlevée dans Manrése une brigade allemande, qui ne se sauva que par miracle, et la retraite enfin de toute l'armée, furent les fruits de cette imprudence.

Le maréchal Augereau alla se poster encore du côté de Gérone, et il borna toutes ses opérations au blocus incomplet du fort d'Hostalrich, dont la garnison parvint à s'échapper presque en entier, lorsque les vivres achevèrent de lui manquer. Napoléon ne le laissa pas plus long-temps à la tête de l'armée, et il mit à sa place le maréchal Macdonald.

Augereau, en se retirant, avait laissé O'Donnel entièrement libre de se porter avec toutes ses forces contre le général Suchet, qui était venu d'Aragon faire le siége de Lérida. Le général espagnol ne manqua pas une si belle occasion; mais la fortune trahit ses espérances. Ses troupes, croyant sans doute retrouver devant Lérida les Français de Vique, osèrent à peine combattre : la seule charge d'un régiment de cuirassiers suffit pour décider leur entière déroute. (23 avril.)

Le siége de Lérida ne fut plus troublé. La ville fut emportée d'assaut; et le château, qui était bien plus fort que la ville, mais où le gouverneur, plus humain que militaire, avait reçu les habitants qui fuyaient la fureur du soldat, fut rendu sans coup férir. (14 mai.)

L'approvisionnement de Barcelone occupa les premiers moments du maréchal Macdonald en Catalogne. Cette place, qui depuis le commencement de la guerre était dans un état permanent de blocus plus ou moins resserré, tirait presque en entier ses vivres de la France : elle était fort mal approvisionnée, et l'armée osait à peine en approcher, de peur de l'affamer. Pour mettre un terme à cet état de dénûment qui nous faisait perdre presque tous les avantages de sa possession, le maréchal y conduisit lui-même par terre plusieurs convois, qui exigeaient toutes ses troupes pour escorte; mais il fit encore plus pour Barcelone en y plaçant comme gouverneur le général Maurice Mathieu.

Depuis le départ du général Duhesme, la garnison de cette place s'était à peine écartée de ses murs. Sous Maurice Mathieu, elle étendit de nouveau ses courses : elle mit très-souvent en fuite et enleva plus d'une fois les gouverneurs espagnols des villes qui se trouvaient dans un rayon de huit à dix lieues. Le champ de ses opérations s'agrandit par degrés rapides; et bientôt il ne se passa presque plus en Catalogne d'événement d'une importance majeure, auquel elle ne prît une plus ou moins grande part.

Avare du sang des soldats, le maréchal Macdonald évitait de livrer des combats dont le succès n'eût pas été douteux, mais qui n'eussent pas avancé le terme de la guerre. Il mettait tous ses soins à bien munir les places que nous occupions.

et à préparer les moyens de nous emparer de celles que nous ne possédions pas encore, lorsqu'il reçut l'ordre de se porter dans la partie méridionale de la Catalogne, pour couvrir le siége de Tortose qui fut entrepris par le général Suchet. Ce siége fut mené très-rapidement, et la place capitula le 1er janvier 1811.

L'Angleterre et l'Espagne étaient en guerre depuis la fameuse attaque, en pleine paix (1802), de quatre frégates espagnoles, qui portaient à la métropole les trésors de ses colonies ; mais lorsqu'ils virent au grand jour en 1808 les desseins de Napoléon contre la Péninsule, les Espagnols ne connurent plus d'autre ennemi que celui qui attaquait leur indépendance ; et en se levant partout à la fois pour le combattre, ils implorèrent le secours des Anglais. Ceux-ci, de leur côté, sentant qu'il ne pouvait rien arriver de plus favorable à leurs intérêts que la guerre qui s'allumait au-delà des Pyrénées, ne négligèrent rien pour l'y fomenter de toutes parts.

Leur marine seule coopéra d'abord à cette guerre en Catalogne. Nous l'avons vue, en 1808, seconder les opérations des Espagnols contre Barcelone. Dans les campagnes suivantes, mais surtout en 1809, elle renouvela souvent ses canonnades contre cette place. Quelque mal qu'elle pût faire aux habitants, elle canonnait également les villes maritimes où nous nous arrêtions dans nos expéditions ; et partout où notre route suivait le bord de la mer, nous étions assurés de trouver les frégates anglaises, comme si elles avaient eu d'avance le secret de notre marche. Quelquefois nous bravions leur feu : plus souvent nous faisions un détour, ou nous ne passions que de nuit pour l'éviter. Elles gênaient ainsi nos mouvements ; mais elles ne firent jamais manquer une opération importante [1].

Ce fut par sa croisière sur la côte, et surtout par le blocus du port de Barcelone, que la marine anglaise rendit les plus grands services aux Espagnols en Catalogne ; car l'ennemi le plus terrible pour nous dans ce pays fut toujours le défaut de vivres ; et nous ne l'aurions pas connu, si la croisière anglaise n'eût pas coupé nos communications par mer. On a vu cependant qu'elle ne put empêcher le contre-amiral Cosmao de ravitailler une fois Barcelone ; mais elle fit échouer une seconde tentative semblable, faite la même année par le contre-amiral Baudin.

L'armée de terre anglaise n'envoya d'abord que des officiers isolés en Catalogne. Au commencement de 1809, le colonel Doyle, qui avait déjà figuré dans nos guerres civiles, parut dans les environs de Tortose : il prenait le titre de commissaire-général en Aragon, et il faisait sous ce titre des proclamations aux Espagnols pour les appeler à la défense de Sarragosse qui était alors as-

---

[1] Dans une des courses que nous faisions de Barcelone à Mataro, les frégates anglaises blessèrent mortellement le colonel du régiment de Nassau, dont le successeur devait trouver aussi la mort en Catalogne.

siégée. Il se disait dans ces proclamations le grand ami de Palafox ; mais il se garda bien d'aller se joindre à son ami, et il se borna à souffler la guerre contre les Français.

Vers le milieu de la même campagne de 1809, un autre colonel anglais (Marshal) voulut faire en faveur de Gérone plus que des proclamations : il tenta d'amener lui-même quinze cents hommes dans cette place. Il fut enveloppé par les Français, et forcé de demander à capituler ; mais il s'échappa pendant les pourparlers, abandonnant sa troupe à la discrétion du vainqueur.

En décembre 1810, nous vîmes enfin pour la première fois en Catalogne un détachement de l'armée de terre anglaise. Onze cents hommes débarquèrent devant Palamos, ville maritime autrefois fortifiée, et encore facile à mettre en état de défense. Elle n'était gardée que par un bataillon français ; mais ce bataillon tomba sur les Anglais au moment où ils se formaient eux-mêmes pour l'attaquer ; il les culbuta, en prit ou tua la plus grande partie, et rejeta le reste dans la mer.

CAMPAGNE DE 1811.

Affaires de la Bisbal et du fort Mont-Jouy de Barcelone. Surprise
et blocus du fort de Figuières. Siége de Tarragone. Attaques du
Mont-Serrat. Affaire de Saint-Célony et de Trenta-Passos.

Les Catalans ne pardonnaient point les revers à
leurs généraux. La bataille de Vique, que les
Français n'avaient gagnée que par des prodiges de
valeur hors des calculs ordinaires, n'avait pas
cependant ébranlé le crédit d'O'Donnel ; mais la
perte de la bataille de Lérida, dont on n'aurait
dû accuser que la terreur panique des troupes,
lui porta le coup le plus redoutable. La jalousie
du commandement et la roideur de son caractère
avaient d'ailleurs irrité contre ce général la junte
supérieure de la province. Il crut devoir céder
quelque temps à l'orage, et il s'éloigna sous prétexte d'aller chercher des secours ; mais, lorsqu'il
vit que l'anarchie qui avait suivi son départ le
faisait déjà regretter, il rentra brusquement dans
Tarragone, reprit le commandement, et fit jeter
en prison le successeur que la junte lui avait donné.

Un tel coup d'autorité avait besoin d'être justifié par des succès : O'Donnel sut en obtenir. Pendant que le maréchal Macdonald restait du côté
de Lérida, il fondit avec son armée sur la même
brigade allemande qu'il avait déjà failli prendre à
Manrése, et qu'on avait laissée imprudemment

cantonnée sur la côte en avant de Gérone. Il la surprit en détail au milieu des préparatifs qu'elle faisait pour rentrer dans cette place. Le général Schwartz, qui la commandait, capitula avec environ douze cents hommes dans la petite ville de la Bisbal ; et c'est de là que vient au général O'Donnel le titre de comte de la Bisbal, sous lequel il est connu aujourd'hui.

Ce fut son dernier exploit en Catalogne. Las de l'humeur indomptable des Catalans, il saisit le prétexte d'une blessure qu'il avait reçue, pour s'éloigner avec honneur d'un pays où l'on faisait un crime aux généraux des malheurs même qui ne pouvaient leur être imputés.

Les Catalans le remplacèrent par le marquis de Campoverde, qui n'avait pour lui que l'heureuse issue du combat de Mollet; et, toujours insoumis, ils refusèrent le frère d'O'Donnel, nommé général en chef par la régence de Cadix. (Cette régence était le pouvoir exécutif des Cortès, qui avaient pris les rênes du gouvernement de l'Espagne après la dissolution de la junte centrale du royaume [1].)

O'Donnel s'était fait principalement remarquer par son activité et son esprit entreprenant. Campoverde suivit une autre route pour se distinguer. Appelant à son secours la corruption et la trahison, il pratiqua des intelligences dans toutes les places occupées par les Français. L'éloignement du maréchal Macdonald lui laissait le champ libre dans

---

[1] La junte centrale du royaume s'était dissoute après l'invasion de l'Andalousie par les Français en 1810.

la haute Catalogne et contre Barcelone ; mais le général Maurice Mathieu commandait dans cette dernière place : il pénétra les intrigues et les complots de Campoverde, et sut le faire tomber dans ses propres filets. Tout le fruit des machinations du général espagnol contre Barcelone fut de venir perdre ses plus beaux grenadiers dans les fossés du fort Mont-Jouy, qu'il croyait avoir acheté au prix de six millions de réaux [1] (nuit du 19 au 20 mars).

Il s'était avancé lui-même avec toute son armée pour les soutenir, et pour entrer dans la ville, dont il croyait que la prise suivrait immédiatement celle du fort Mont-Jouy. Le général Maurice Mathieu sortit pour le contenir avec l'élite de la garnison, le repoussa, et poursuivit son arrière-garde jusqu'à Esplugas.

Ce qui acheva de montrer Campoverde aux Français sous le jour le moins honorable, c'est qu'en même temps qu'il tramait un complot pour surprendre le fort Mont-Jouy, il en avait ourdi un second pour empoisonner la garnison de la ville, et qu'il n'y renonça que par la crainte que l'effet du poison, se manifestant trop tôt, ne fît manquer le premier dont il croyait le succès assuré.

Les généraux qui commandaient dans nos places de Catalogne n'étaient pas tous aussi vigilants que

[1] Les six millions de réaux furent payés en lettres de change sur Tarragone ; mais, comme on devait s'y attendre, ces lettres ne furent jamais acquittées, quoiqu'on les remît plus tard au maréchal Suchet.

Maurice Mathieu. Les mêmes moyens qui avaient couvert Campoverde de mépris devant Barcelone, lui réussirent parfaitement ailleurs. L'entrée du fort de Figuières lui fut vendue par des employés subalternes des vivres; et les Espagnols surprirent ce fort, où l'on négligeait jusqu'aux plus simples précautions de sûreté usitées, même en temps de paix, dans les places fortes.

Le maréchal Macdonald venait de remettre toute son armée disponible au général Suchet, désigné par Napoléon pour faire le siége de Tarragone[1], et il se trouvait renfermé dans Barcelone, ne pouvant pas même, sans compromettre cette place, en sortir avec deux bataillons, lorsqu'il apprit la surprise du fort de Figuières. Dans de telles circonstances, cet événement pouvait avoir les conséquences les plus fatales pour les Français; mais ce fut au contraire pour les Espagnols qu'il fut la source de grands malheurs.

Le général Baraguey d'Hilliers, qui commandait dans la haute Catalogne, réunit à la hâte autour de Figuières toutes les troupes dont il put disposer, et il eut le bonheur de battre complétement (3 mai) Campoverde, qui, à la tête de son armée,

---

[1] Le maréchal Macdonald s'était attendu et préparé à assiéger Tarragone; mais, comme il n'avait pas de parc d'artillerie de siége, le général Suchet aurait dû lui remettre le sien. Les munitions et les vivres devaient aussi en très-grande partie être fournis par le chef de l'armée d'Aragon. Napoléon, à qui des exemples trop nombreux avaient appris combien nos généraux étaient peu disposés à contribuer aux succès les uns des autres, jugea convenable de confier la conduite du siége à celui qui devait fournir les moyens de l'entreprendre.

voulait y introduire un convoi de vivres. Après cette victoire, il put venir chercher à Barcelone le maréchal Macdonald, qui alla diriger en personne la suite des opérations. Le général espagnol, affaibli, épuisé par une garnison de six mille hommes qu'il avait jetée dans le fort de Figuières, et par les pertes qu'il avait essuyées dans la bataille livrée sous ses murs, ne put rien faire, ni pour troubler le blocus de ce fort, entrepris par Macdonald, ni pour secourir Tarragone, que le général Suchet s'était empressé d'assiéger, afin de diviser les forces de l'ennemi.

Pendant que Campoverde s'apprêtait à combattre devant Figuières, un corps d'Anglais débarqua près de Roses pour le seconder. Ce corps pouvait facilement aller joindre le général espagnol, ou faire en sa faveur une utile diversion; mais la faible garnison de Roses suffit pour le contenir, et il se rembarqua sans avoir rien fait, ni même rien tenté.

On eût dit que hors de leurs vaisseaux, les Anglais n'avaient plus ni force ni confiance. Ils devaient nous en donner devant Tarragone des preuves encore plus frappantes. Le général Suchet poussait le siége de cette ville avec une vigueur extraordinaire : un fort avancé construit pendant la guerre sur le mont Olivo, et une première enceinte qui défendait le port, étaient déjà tombés au pouvoir des Français : la brèche n'était pas encore faite au dernier corps de place; mais elle était imminente, lorsqu'une division de troupes anglaises, commandée par le général Skerret, arriva par mer au secours des assiégés. Effrayée de leur position critique, cette division n'osa débarquer pour s'associer à leurs dangers; et elle parut n'être venue là que pour assister au spectacle de la prise d'assaut de Tarragone, qui eut lieu deux jours après (28 juin). La voix du gouverneur indigné s'éleva pour accuser les Anglais d'avoir, par leur refus de débarquer, porté le découragement dans l'ame des défenseurs et causé ainsi le désastre de la place. Le général Skerret s'éloigna sans avoir pris terre sur aucun point de la Catalogne.

La prise de Tarragone ajouta le plus beau lustre à la gloire du général Suchet : le bâton de maréchal fut sa récompense. Nul autre général n'en obtint en Espagne une pareille.

Campoverde, couvert des malédictions des Catalans, fut obligé, pour échapper à leur fureur, de s'embarquer à Mataro et de ne plus reparaître en Catalogne. L'armée espagnole se débanda presque en entier; et pour achever de la disperser, le nouveau maréchal tourna ses armes contre le Mont-Serrat, où s'était réfugié ce qui en restait encore réuni.

On n'a sans doute pas oublié les expéditions des généraux Schwartz et Chabran en 1808 : elles firent croire aux Catalans que nous ne pourrions jamais aller jusqu'au couvent du Mont-Serrat. Mais, au commencement de 1809, l'adjudant-commandant Devaux, poussant une reconnaissance en avant de Casa-Masana, et ne rencontrant presque pas d'obstacles, pénétra jusqu'à ce couvent et rompit ainsi pour toujours le charme qui semblait nous en interdire l'approche [1].

Pendant plus d'un an, on parut ignorer dans les deux partis qu'il existât un Mont-Serrat. Mais un échec reçu par un détachement de nos troupes dans ses environs (du temps du maréchal Augereau), ramena l'attention des Espagnols sur cette position. Ne comptant plus sur des miracles, ils empruntèrent le secours de l'art, et multiplièrent les ouvrages de fortification pour la défendre. Elle recouvra une importance qui alla croissant de jour en jour; et bientôt au prestige religieux qui avait paru l'environner d'abord, succéda une espèce de prestige militaire, tel que les généraux français semblèrent redouter de nouveau d'approcher du Mont-Serrat, et que le maréchal Suchet crut devoir mettre la plus grande partie de ses troupes en mouvement et marcher lui-même pour l'attaquer.

Trois divisions de l'armée d'Aragon arrivèrent si-

[1] Comme je l'ai déjà dit dans une autre note, l'adjudant-commandant Devaux, ayant marché sans en avoir reçu l'ordre sur le couvent du Mont-Serrat, fut mis en prison dans le fort Mont-Jouy de Barcelone. Lui et ses soldats s'étaient conduits au Mont-Serrat, moins en ennemis avides à qui le sort de la guerre livre une riche proie, qu'en voyageurs fatigués qui demandent l'hospitalité. Ils avaient accepté un repas frugal, et s'étaient éloignés le lendemain, comme s'ils ne fussent allés qu'en simples pélerins pour accomplir un vœu. On voulut faire entendre cependant qu'ils n'avaient été guidés que par l'appât du pillage. Les Espagnols eux-mêmes prirent soin de les justifier, en insérant dans leurs journaux que tout avait été respecté dans le couvent; mais de peur que cela n'affaiblît la haine qu'ils voulaient nourrir contre les Français, ils se hâtèrent d'ajouter que c'était le plus grand des miracles qu'eût opérés la sainte Vierge.

multanément par les routes de Manrése et de Lérida, tandis que par la route de Barcelone s'avançait la garnison de cette place, conduite par le général Maurice Mathieu. Les ennemis avaient jeté le long du chemin principal du couvent une longue chaîne de redoutes, de batteries et de barricades. On s'attendait à une grande résistance; mais au moment décisif, elle s'évanouit à la vue de tant de forces, ou plutôt au seul nom de Suchet, qui, depuis l'assaut de Tarragone, faisait trembler les Espagnols.

Suivant peut-être la maxime qui dit de faire un pont d'or à l'ennemi qui se retire, le maréchal n'avait attaqué que par le chemin de Casa-Masana, et il avait laissé les sentiers de Collbato et de Monistrol ouverts à la fuite des défenseurs. Ceux-ci en profitèrent pour s'échapper. Les premiers ouvrages furent seuls défendus; et ils ne purent arrêter les troupes de l'armée d'Aragon, qui, triomphant de tout, entrèrent dans le couvent, et restèrent maîtresses de l'immense matériel qu'il renfermait (24 juillet).

Le maréchal Macdonald n'avait que très-peu de troupes devant le fort de Figuières; mais il suppléa à leur petit nombre, qu'une espèce d'épidémie diminuait encore tous les jours, par la force d'une ligne de contrevallation sans exemple dans ces derniers temps. La garnison, pressée par la famine, fit de vains efforts pour franchir cette ligne; et, après plusieurs mois de blocus, elle fut enfin forcée à capituler (19 août).

Les affaires des Espagnols en Catalogne paraissaient désespérées ; et elles l'eussent été réellement, si le maréchal Suchet y eût prolongé son séjour ; mais, déjà avant que le fort de Figuières fût repris, il s'était éloigné pour se préparer à la conquête plus brillante du royaume de Valence. Il avait laissé, il est vrai, sous les ordres du général Frère une division d'infanterie qui aurait pu suffire pour empêcher de se réunir les débris errants et fugitifs de l'armée ennemie ; mais en partant il ordonna à ce général de garder la position du Mont-Serrat : cet ordre, exécuté trop scrupuleusement, paralysa la division tout entière, et donna aux Espagnols, qu'aucun ennemi ne troublait plus, le temps de respirer et de réparer leurs forces.

Le Mont-Serrat ne leur rendit jamais d'aussi grands services que pendant qu'il était occupé par les Français. On vit bientôt leur armée renaître, pour ainsi dire, et reprendre l'offensive presqu'aussitôt. Elle échoua dans la première de ses attaques (21 septembre) : elle l'avait dirigée contre une redoute, à peine ébauchée, que le général Maurice Mathieu faisait construire pour garder l'entrée des eaux du canal de Moncade, souvent coupées par les Espagnols, et pour étendre enfin au-dehors d'une manière permanente l'influence de Barcelone. Mais l'armée ennemie fut plus heureuse contre la division du Mont-Serrat. Repoussée d'abord, quoiqu'elle l'eût surprise, elle tourna ses efforts contre les postes que cette division avait été obligée d'établir pour conserver sa communica-

17

tion avec la place de Lérida, d'où elle tirait ses subsistances, et la força ainsi d'évacuer le couvent et toutes les positions qui en dépendaient[1].

Le Mont-Serrat produisait toujours un effet magique sur l'imagination des Catalans. En le reprenant, ils crurent avoir recouvré le *palladium* de leur liberté : leurs forces en furent plus que doublées. La division Frère, qui, un mois plus tôt, employée en colonne mobile, aurait achevé d'anéantir leur armée, ne put plus tenir la campagne devant cette armée renouvelée et enhardie par des succès : elle fut obligée de venir se renfermer dans les murs de Barcelone.

Les troupes qui avaient fait le blocus du fort de Figuières s'étaient presque entièrement fondues par les maladies. Rien ne s'opposait plus aux Espagnols, et pour la première fois alors ils hasardèrent sur notre frontière une excursion qui porta l'alarme jusqu'aux portes de Toulouse[2].

[1] Le baron d'Éroles, que je vis en 1823 à Lérida (après le siége de Pampelune où j'étais chef d'état-major du génie), me parla avec une extrême complaisance des moyens qu'il avait mis en œuvre pour s'emparer des postes de la division du Mont-Serrat sur la route de Lérida, et notamment de celui qui avait été établi dans l'université de Cervéra. Je lui dis un mot à mon tour de la redoute de Moncade, que j'avais défendue contre lui avec les seules troupes employées à sa construction. Il attribua son mauvais succès au défaut de coopération du général Sarzfield; et il oublia entièrement les défenseurs de la redoute, qui avaient eu cependant quelque part à ce mauvais succès; car ils avaient repoussé plusieurs fois ses colonnes d'attaque, et ils avaient même fait une sortie audacieuse au devant de celle qui s'était le plus avancée et qui était déjà près de les aborder. Le général Maurice Mathieu, accouru de Barcelone à notre secours, acheva de décider la retraite des Espagnols, et culbuta leur arrière-garde au passage du Ripollet.

[2] Par la vallée de Carol.

Le maréchal Macdonald était tombé malade, comme presque tous ses soldats, au blocus devant Figuières : il n'avait pas voulu cependant remettre en d'autres mains la direction de cette entreprise ; mais le fort repris, il avait obtenu de rentrer en France. Le général Decaen le remplaça.

Bien qu'il eût déjà reçu quelques renforts, ce général n'osait encore entreprendre de conduire un convoi à Barcelone, où nous étions depuis sept mois sans communication avec la France ; mais, le général Maurice Mathieu, à la tête de sa garnison augmentée des troupes du Mont-Serrat, ayant été braver dans Mataro l'armée espagnole tout entière, il n'hésita plus, et se mit en marche de Gérone dans les premiers jours de décembre. Maurice Mathieu s'avança au devant de lui jusqu'au delà de Cardedeu.

Pour empêcher la jonction, les Espagnols nous présentent une bataille à double front auprès de Saint-Célony et de Trenta-Passos. Ils sont battus des deux côtés ; mais, voyant le général en chef Decaen retourner vers la France après avoir déposé son convoi dans Barcelone, ils ne perdent point courage et se préparent à d'autres entreprises [1].

---

[1] La campagne de 1811 fut la plus mémorable de la guerre de Catalogne et la plus désastreuse pour les Catalans ; mais jamais ils ne méritèrent mieux d'être proposés pour modèle au reste des Espagnols. La prise de Tortose avait ouvert pour eux cette année de calamités : des coups plus terribles encore les avaient frappés à Tarragone et à Figuières ; ils avaient perdu plus de trente mille hommes tués ou prisonniers, toutes leurs places fortes étaient tombées entre nos mains, excepté Cardone et la Seu-d'Urgel, qui ne furent jamais ni prises ni attaquées : l'asile que leur avaient long-

CAMPAGNE DE 1812.

Bataille d'Altafulla. Combat de Font-Rubia. Dernière attaque du
Mont-Serrat. Apparition d'une armée anglaise.

Profitant de l'éloignement du général Decaen,
qui avait établi à Gérone son quartier-général,
les Espagnols conçurent le projet de reprendre
Tarragone. Ils en formèrent le blocus; et cette
place mal approvisionnée, comme presque toutes

temps offert les rochers du Mont-Serrat venait aussi d'être forcé.
Loin de se décourager, ils en avaient cherché un nouveau plus inaccessible encore que ces rochers, et ils crurent l'avoir trouvé sur la
montagne de Busa entre Berga et la Seu-d'Urgel. Ils y installèrent la
junte supérieure et les principales autorités de la province : ils y
commencèrent des établissements militaires, en projetèrent d'autres,
et s'occupèrent à organiser pour l'avenir des moyens de résistance,
au moment même où toute résistance semblait devenue impossible.

Ce fut, je crois, une grande idée, qu'on ne remarqua pas assez,
que celle de transporter ainsi les dieux pénates de la patrie sur ces
montagnes reculées, en attendant que des temps plus heureux per-
missent de les rapporter en triomphe dans leurs temples accoutumés.
Lors de l'invasion de l'Espagne par les Maures, ces mêmes montagnes avaient déjà reçu dans leur sein les habitants du pays qui ne voulaient pas se courber sous le nouveau joug; elles avaient été les Asturies
de la Catalogne. C'était, après mille ans, les appeler à jouer encore
un rôle semblable; mais, grace à nos fautes, il ne fut pas de longue
durée.

Une circonstance remarquable, c'est qu'au moment où les Catalans, malgré les revers les plus accablants, ne désespéraient pas de
la fortune, Napoléon au contraire semblait en désespérer; car vers
le milieu de 1811, et par conséquent long-temps avant les désastres
de la campagne de Russie, il avait ordonné qu'on se préparât à démolir les fortifications de la ville et de la citadelle de Barcelone,
prévoyant sans doute déjà qu'il ne pourrait conserver ni l'Espagne,
ni cette place.

nos places en Espagne, était déjà aux abois, lorsque le général Maurice Mathieu marcha pour la
secourir avec trois mille hommes de la garnison
de Barcelone, et avec la division Lamarque, qui
était forte de quatre à cinq mille.

En lui envoyant cette division qu'il mit sous
ses ordres, le général en chef Decaen se dirigea
lui - même avec le reste de ses troupes sur Olot,
Vique et Saint-Féliu de Caudines. Il occupa ainsi
les troupes espagnoles qui se trouvaient dans la
partie supérieure de la Catalogne, et les battit dans
plusieurs rencontres.

Pour attirer au combat les ennemis qui étaient
commandés devant Tarragone par le baron d'É-
roles, le général Maurice Mathieu sut si bien cacher ses forces, qu'ils crurent n'avoir affaire qu'aux
trois mille hommes de la garnison de Barcelone;
et, se fiant sur leur nombre qui était plus que
quadruple, ils acceptèrent la bataille avec confiance auprès d'Altafulla (8 février).

Le général Maurice Mathieu les attaqua lui-
même avec impétuosité sur leur front, tandis qu'il
les faisait tourner sur leur gauche par le général
Lamarque [1]. Ils furent mis dans la plus complète
déroute, perdirent toute leur artillerie, ainsi qu'un

---

[1] Le capitaine du génie Laffitte indiqua au général Maurice
Mathieu le chemin par lequel il fit tourner l'armée ennemie, et
servit lui-même de guide à la division Lamarque. Il avait reconnu
ce chemin à la fin de 1808, lorsque les Français, sous le général
Saint-Cyr, avaient occupé Altafulla. Cet officier s'était aussi particulièrement distingué par sa bravoure et son dévoùement dans la
défense de la redoute de Moncadé.

très-grand nombre de prisonniers; et peut-être ne fût-il rien échappé de leur armée, si la plus grande partie n'eût tout-à-coup disparu aux yeux des Français par un *sauve qui peut* général, ordonné par les chefs dont il était la dernière ressource dans les cas désespérés, et favorisé par les accidents du terrain montueux qui entourait le champ de bataille.

Ces chefs assignaient auparavant aux soldats un point de ralliement et un terme plus ou moins éloigné pour s'y retrouver. Le plus grand nombre était fidèle au rendez-vous; et peu de temps après, on voyait reparaître presque en entier l'armée dont pendant quelques jours on n'avait plus aperçu de vestiges. Il en fut ainsi après la bataille d'Altafulla; mais, à moins de s'y trouver forcée par quelque circonstance imprévue, cette armée n'osa plus s'opposer de front à nos divisions.

Ce fut par suite d'une semblable circonstance qu'eut lieu quelque temps après, dans la même campagne, le combat de Font-Rubia. Le général en chef Decaen se portait, à l'époque de la moisson, dans la plaine de Lérida, pour protéger l'approvisionnement de cette place. Au lieu de suivre, comme à l'ordinaire, le chemin de Valls et de Monblanch, il en suivit un autre beaucoup moins fréquenté, qui passe à Santa-Coloma et à Cervéra. Il surprit ainsi l'armée ennemie, qui s'était postée à deux lieues de Villa-Franca sur notre flanc et qui ne nous attendait pas dans cette direction. Elle se défendit cependant avec opiniâtreté, et sa retraite fut couverte avec succès par un escadron de cuirassiers nouvellement formé. C'était le général Sarzfield qui la commandait en cette rencontre.

L'incursion des Espagnols sur notre frontière, en 1811, avait déterminé Napoléon à renforcer l'armée de Catalogne par deux régiments de l'armée de Navarre. Le général Reille, chef de cette dernière armée, les conduisit lui-même jusqu'à Lérida.

Ce renfort permit de donner un plus grand développement au système de postes fortifiés que nos généraux avaient déjà adopté. Après avoir construit la redoute de Moncade, Maurice Mathieu avait fortifié le point de Mongat. Il acheva d'occuper les principaux débouchés de la plaine de Barcelone, en retranchant le pont de Molins-de-Rey, un des points militaires les plus importants de la Catalogne, parce qu'il est le nœud de toutes les grandes communications qui la traversent.

Sous la protection de ces postes, et en payant des contributions très-modérées, les habitants des environs de Barcelone jouissaient d'une tranquillité qu'ils n'avaient pas connue depuis le commencement de la guerre : leur nombre, qui avait considérablement diminué, s'accrut d'une manière prodigieuse. Pour participer à la même tranquillité, les villes et les villages plus éloignés s'engageaient à payer de semblables contributions, et réclamaient eux-mêmes la construction de nouveaux postes fortifiés.

On en établit à Mataro, à Palamos, à Bagnolas,

et sur plusieurs autres points de la côte et de l'intérieur. Ils facilitaient surtout nos approvisionnements et nos communications, sans cesse trou-
blés auparavant par les bandes de l'ennemi, qui
rôdaient autour de nos places, et étaient même venues quelquefois enlever ou tenter d'enlever des
officiers jusque sur les glacis.

Ces bandes, qui furent si fameuses dans les autres parties de l'Espagne sous le nom de *Guérillas*,
ne prirent pas ce nom en Catalogne. Elles y furent
formées, ou du moins très-multipliées en 1809
d'après les ordres de la junte centrale du royaume;
mais la plupart ne furent jamais composées que
de véritables voleurs, qui, sous prétexte de faire
la guerre aux Français et d'empêcher l'entrée des
vivres dans nos places, exerçaient impunément
leur premier métier.

Cependant les partisans, et même de bons partisans, ne manquèrent pas en Catalogne. On a
déjà vu un ancien officier de Miquelets, Claros,
s'y faire un nom dès la première campagne. L'Ampourdan fut le principal théâtre de ses exploits;
mais il vit s'élever plus tard sur le même théâtre
un rival de gloire, dont l'influence devint supérieure à la sienne. Ce fut le curé Rovira, qui se
signala par la surprise du fort de Figuières, et fut
à la fin honoré du titre de brigadier des armées.

Dans la Basse-Catalogne, Manso fut le partisan
qui se fit le plus remarquer. Il était, à l'arrivée
des Français, simple garçon meunier : un soufflet,
reçu d'un de nos cuirassiers, le rendit soldat. D'a-

bord, pour se venger, il rôda autour de Barcelone avec cinq ou six compagnons. Leur nombre s'accrut bientôt : ils formèrent une compagnie, ensuite un bataillon. Enfin, leur chef, gagnant tous les jours en réputation et en talents, eut deux bataillons sous ses ordres immédiats. On y joignit souvent d'autres corps d'infanterie ou de cavalerie ; et, à la fin de la guerre, la renommée du garçon meunier éclipsait presque celle de l'officier de Miquelets et du curé de l'Ampourdan.

Mais les partisans ne pouvaient rien contre nos postes fortifiés. L'armée ennemie tout entière avait elle-même vainement dirigé une attaque avec de l'artillerie de siège contre celui de Mataro, pendant que le général Decaen s'était porté à Lérida. Repoussée dans un assaut, elle s'était enfuie au bruit du retour précipité de ce général[1]. L'influence de ces postes, une exacte discipline parmi les troupes, une administration ferme et modérée, la fidélité aux promesses surtout, étendaient chaque jour de plus en plus, et semblaient même devoir assurer tout-à-fait notre domination en Catalogne. Napoléon crut pouvoir diviser cette province en départements, comme la France ; et il y envoya, accompagnés de préfets et de plusieurs autres fonctionnaires civils, les deux conseillers d'état Chauvelin et Degérando, avec le titre d'in-

[1] Le jeune lieutenant du génie Leroy fut mortellement blessé à la défense du fort de Mataro. L'idée qui l'occupait le plus sur son lit de mort était la crainte de n'avoir pas montré assez de sang-froid : il s'était signalé par son activité et par la bravoure la plus brillante. C'était la première fois qu'il voyait le feu.

tendants, l'un de la Basse, et l'autre de la Haute-Catalogne[1].

Les Anglais, qui attisaient avec grand soin le feu de la guerre dans toutes les parties de l'Espagne, craignirent de le voir s'éteindre en Catalogne. Pour l'y ranimer, ils s'empressèrent d'annoncer l'arrivée d'une armée d'expédition qu'ils avaient réunie dans la Sicile; et, comme prélude de cette arrivée, ils envoyèrent un officier de leur nation, le colonel Green, avec de fortes sommes, pour lever dans le pays une légion à la solde de l'Angleterre, et pour fortifier de nouveau le Mont-Serrat, dont les Français avaient brûlé le couvent et détruit tous les ouvrages avant de l'évacuer.

Les Espagnols s'étaient étendus au loin pour défendre ce couvent. Le colonel anglais, suivant une autre méthode, se replia, pour ainsi dire, sur lui-même, et commença par se former un réduit de sûreté, une espèce de citadelle ou de fort intérieur en arrière du couvent. Quelqu'un lui apprit sans doute qu'il avait existé jadis un château-fort sur la cime des rochers de l'ermitage de Saint-Dimas. Il la choisit pour son réduit de sûreté, et

---

[1] La Catalogne formait l'un des six gouvernements généraux que Napoléon avait créés, en 1810, au nord de l'Espagne. A la même époque, le maréchal Augereau avait ordonné que dans cette province tous les actes et papiers publics ne fussent plus écrits qu'en catalan et en français : il voulait faire regarder l'espagnol comme la langue d'un peuple étranger, et préparer ainsi les Catalans à voir détacher leur pays du reste de la monarchie. Il fit briller à leurs yeux l'espoir de recouvrer leur ancienne indépendance; et cet espoir ne leur aurait peut-être point paru un leurre grossier, si par ses fautes militaires ce maréchal n'eût détruit tout l'effet de ses promesses politiques.

il ne pouvait mieux choisir; car elle était déjà, sans le secours de l'art, tout-à-fait inaccessible[1].

Un pont jeté sur un précipice y donnait seul entrée; et ce pont enlevé, il n'existait plus aucun moyen de l'aborder. Sur trois côtés, la hauteur démesurée des rochers y mettait à l'abri de tous les feux de mousqueterie comme d'artillerie. Sur le quatrième, qui regardait la crête de la montagne, et où cette hauteur était beaucoup moindre, quoique plus grande encore qu'il ne fallait pour rendre impossible toute espèce d'escalade, on était déjà naturellement couvert contre ces feux par les ressauts profonds de la partie supérieure des rochers; mais pour qu'on le fût mieux encore, le colonel anglais ajouta de ce côté un parapet en terre et en fascines.

Le fort de Saint-Dimas, si heureusement situé pour sa sûreté, l'était très-bien aussi pour la défense du couvent. Il en battait tous les accès, et surtout le chemin principal, venant de Casa-Masana, qui faisait un long circuit autour de sa base avant d'atteindre l'entrée des bâtiments.

Après avoir terminé ce fort et l'avoir approvisionné de tous points, le colonel anglais se mit à retrancher le couvent même; mais les Français, avertis de ces nouveaux travaux, ne lui laissèrent pas le temps d'achever son œuvre : le général Decaen marcha lui-même contre le Mont-Serrat avec la majeure partie de ses troupes disponibles, com-

[1] Voyez, dans la note sur le Mont-Serrat, ce qui concerne l'ermitage de Saint-Dimas.

mandées sous lui par le général Maurice Mathieu.

La colonne principale s'avança par Casa-Masana ; et, pour couper à l'ennemi toute retraite, des colonnes secondaires furent aussi dirigées par Monistrol et par Collbato.

Les Espagnols, postés sur les hauteurs de Casa-Masana, voulurent nous barrer le chemin ; mais ils furent culbutés et rejetés du côté de Manrése ; et nous marchâmes sans nous arrêter sur le couvent.

Les barricades et les retranchements nouvellement élevés devant son enceinte arrêtèrent quelques instants la tête de la colonne sous une pluie de feu, qui, tombant du haut de rochers extrêmement élevés, semblait descendre du ciel même ; mais, redoublant d'élan, nous eûmes bientôt franchi ces obstacles, et le couvent fut enlevé d'emblée.

Nous croyions l'affaire ainsi terminée, comme l'année précédente. Nous fûmes bientôt détrompés. La pluie de feu qui nous avait assaillis dès les premiers retranchements continuait de tomber sur nos têtes ; et déjà elle nous avait coupés du reste de la colonne et des chefs qui la dirigeaient. Elle nous révéla l'existence du fort de Saint-Dimas, qui nous était entièrement inconnue. Le colonel anglais s'y était retiré avec la légion anglo-catalane qu'il avait formée ; et le pont d'entrée n'existait déjà plus.

La cime de rochers qui formait ce nouveau fort semblait n'avoir été destinée par la nature qu'à servir de repaire à des oiseaux de proie. Il aurait fallu avoir leurs ailes pour l'emporter par une véritable attaque : nous le tentâmes par les démonstrations et les menaces. Des sommations, des reconnaissances, la vue de nos troupes accourant de tous côtés malgré les rochers et les précipices, le feu de nos voltigeurs qui s'étaient élevés sur les sommités dominantes de la partie supérieure de la montagne, tinrent tout le jour en inquiétude les défenseurs de Saint-Dimas. Pendant la nuit, deux canons de montagne furent portés à bras d'hommes sur l'une de ces sommités ; et au point du jour suivant, ils commencèrent à jouer, vivement secondés par la mousqueterie de nos voltigeurs.

Ce fut le coup de grace pour le fort. Entendant gronder notre artillerie là où les foudres du ciel semblaient seules devoir retentir, les ennemis étonnés nous envoyèrent bientôt un parlementaire, en rétablissant pour sa sortie un mauvais pont branlant très-facile à retirer ; et, après vingt-huit heures de siége, sans presque avoir osé l'espérer, nous vîmes capituler ce fort, que, mieux qu'aucun autre on aurait pu dire imprenable, s'il y en avait jamais de tels, lorsque les hommes qui les défendent manquent de cœur ou de tête[1]. (29 juillet.)

---

[1] Peut-être sans moi eût-on, suivant l'expression du général en chef, laissé les ennemis *perchés sur le haut de leurs rochers*, et se fût-on borné à la prise du couvent du Mont-Serrat. Entré avec les premières troupes dans ce couvent, j'avais bientôt jugé que la force ne pouvait rien contre Saint-Dimas ; mais, avant de désespérer, comme tous ceux qui m'entouraient, de le réduire, je crus qu'après avoir

L'insurrection était sortie, pour ainsi dire, tout armée des rochers du Mont-Serrat; et, bien que dans la suite elle se fût affaiblie partout ailleurs, jamais autour de ces rochers elle n'avait rien perdu de sa vigueur ni de sa férocité primitives. Le couvent avait toujours été l'un de ses foyers les plus ardents, et nos généraux durent enfin pourvoir sans retour à ce qu'un tel foyer ne pût plus se rallumer. Ils ordonnèrent, non-seulement la démolition des ouvrages élevés pour sa défense, mais encore l'incendie le plus complet de tous les bâtiments qui n'avaient été brûlés qu'en partie l'année précédente.

Nos troupes ne furent pas témoins de cet incendie : pour leur sûreté, on les fit partir avant de mettre le feu; mais les flammes, qui se réfléchissaient sur les montagnes voisines, leur annoncèrent assez que le rôle que le Mont-Serrat avait trop long-temps joué dans cette guerre avait enfin atteint son terme, et qu'elles n'auraient pas besoin d'y retourner une sixième fois.

« Ainsi les insurgés qui avaient profané l'un des « plus beaux édifices de la chrétienté, en le méta-« morphosant en forteresse et en arsenal, occa-

reconnu les lieux, il fallait encore reconnaître les hommes, et s'assurer si leur moral était aussi inattaquable que leur position. J'indiquai les points à occuper et les dispositions à prendre; je ne fus arrêté ni par l'excès des fatigues ni par celui des dangers : je gravis sur tous ces points, et la violence du feu dirigé sur le chemin que nous avions suivi empêchant nos généraux d'arriver jusqu'au couvent, je repassai deux fois sous ce feu que personne n'osait plus braver, pour aller provoquer et pour rapporter les ordres. En récompense, je reçus une lettre de compliments du ministre de la guerre.

« sionnèrent seuls la destruction de ce monument
« célèbre, objet de l'antique vénération des peu-
« ples.» Tels furent, pour justifier la ruine de cet
édifice, les termes de la relation de la dernière
attaque du Mont-Serrat qui fut publiée (le 13 août
1812) par les journaux français ; relation incomplète d'ailleurs, où les premiers chefs de l'expédition, les généraux Decaen et Maurice Mathieu,
ne sont pas même nommés.

A peine ces généraux étaient-ils rentrés à Barcelone, qu'ils apprirent que la flotte anglaise avait
jeté l'ancre devant Palamos, et qu'elle avait commencé le débarquement de l'armée de Sicile, dont
deux proclamations, déjà répandues avec profu-
sion, annonçaient l'arrivée et prônaient d'avance
les succès. Ils se mirent en marche aussitôt avec
les mêmes troupes qui revenaient du Mont-Serrat.

Las d'une guerre ingrate et interminable contre
des gens que nous ne pouvions presque jamais atteindre, et encore moins forcer à se battre de pied
ferme, nous allions avec enthousiasme au-devant de ces nouveaux ennemis : nous regardions
déjà comme assurés le succès, la gloire et les récompenses ; mais nous n'avions pas encore vu les
mâts de la flotte anglaise, lorsque nous apprîmes
qu'elle avait levé l'ancre et emporté avec elle l'armée de débarquement.

Nous en fûmes presque aussi consternés que les
Catalans eux-mêmes. A leur exemple nous accu-
sions la foi punique des Anglais, comme s'ils
eussent aussi manqué envers nous à des promesses

solennelles : nous supposions que l'annonce et l'apparition de leur armée de Sicile n'avaient eu d'autre but que de soutenir l'ardeur défaillante des insurgés, mais que leur projet n'avait jamais été de la faire mettre à terre en Catalogne. C'était cependant là sa véritable destination, et elle devait y revenir plus tard.

Le général Maitland la commandait. La prise du Mont-Serrat, en lui enlevant un point d'appui sur lequel il avait compté, contribua-t-elle à l'empêcher de débarquer? Ou bien fut-il seulement arrêté par la crainte de se compromettre contre notre armée de Catalogne? Cette armée cependant ne pouvait lui opposer que douze à treize mille hommes; et encore n'était-ce qu'en prenant la plus grande partie des garnisons des places. S'il remportait un premier succès, il l'obligeait à se dissoudre, pour ainsi dire, sur-le-champ, afin de rendre aux garnisons affaiblies les détachements qu'elle en avait tirés; et il restait alors sans contestation maître de la campagne. Mais ce premier succès, il faut le dire, n'était pas facile à obtenir. En Catalogne, une armée, ni même une division française ne savaient ce que c'était que d'être battues. Des corps isolés avaient pu recevoir des échecs; mais on ne pouvait citer une seule occasion où trois mille Français réunis n'eussent pas vaincu, quel que fût le nombre des Espagnols.

Quoi qu'il en soit des motifs qui déterminèrent le général Maitland, l'armée qu'il commandait n'en eut pas moins une influence très-marquée sur les affaires de Catalogne. Elle alla débarquer sans combat et sans danger sous Alicante, et grossit ainsi le nombre des troupes opposées au maréchal Suchet, qui avait conquis presque en entier le royaume de Valence. Ce maréchal, à qui, dans l'incertitude des véritables desseins des Anglais, et pour que les forces françaises de l'est de l'Espagne pussent agir au besoin avec plus de concert contre eux, Napoléon avait donné le commandement supérieur de l'armée de Catalogne [1], ordonna de faire marcher vers Valence quatre à cinq mille hommes de cette armée. Le général Decaen, affaibli par ce détachement, ne put plus continuer à s'étendre et à s'affermir en Catalogne par de nouveaux postes fortifiés. Il conserva cependant la supériorité sur les Espagnols. A la fin de la campagne il parcourut la partie la plus difficile du pays, et culbuta partout ceux qui voulurent l'arrêter.

Le général Lacy avait été nommé par la régence de Cadix pour succéder à Campoverde; et les Catalans qui s'étaient si mal trouvés d'avoir nommé ce dernier, dociles cette fois, avaient accepté le nouveau général en chef. Il présida avec une grande activité à la réorganisation, et, l'on pourrait presque dire, à la résurrection de leur armée; mais, après l'affaire de Saint-Célony, où la fortune ne s'était pas déclarée pour lui, il abandonna à ses lieutenants, le baron d'Éroles et le général

---

[1] L'armée de Catalogne n'en devait pas moins rester indépendante de celle d'Aragon, que le maréchal Suchet avait sous ses ordres immédiats.

Sarzfield, l'honneur de conduire cette armée aux combats; et il ne les seconda plus qu'en pratiquant des intelligences dans Barcelone, en cherchant à faire assassiner le gouverneur et empoisonner la garnison de cette place. Il fit quelques victimes; mais il ne put obtenir les résultats qu'il espérait; et il eut ainsi contre lui et le défaut de succès et l'infamie des moyens.

La guerre ne conservait plus la barbarie qui l'avait caractérisée dans les premiers moments; à peine entendait-on parler encore de tourments, de mutilations et de mort pour ceux de nos soldats qui tombaient entre les mains des habitants. Le général Lacy voulut ramener cette barbarie, ou une autre plus odieuse encore, puisqu'elle était plus réfléchie; mais il ne fit que révolter les Catalans eux-mêmes, qui provoquèrent son remplacement [1].

CAMPAGNE DE 1813.

Attaques du fort du col de Balaguer. Expédition des Anglais contre Tarragone. Évacuation de cette place. Combat d'Ordal.

L'armée française de Catalogne était organisée de la manière suivante. Le général Maurice Mathieu joignait au commandement particulier de

[1] Voyez à la fin, sous le n° 9, une note sur le général Lacy.

Barcelone le commandement supérieur de la Basse-Catalogne, qui comprenait les places de Tarragone, Tortose et Lérida. Le général de division Lamarque commandait dans la Haute-Catalogne, où se trouvaient Hostalrich, Gérone, Roses et Figuières. Quoique les insurgés eussent dans ce général un de leurs plus rudes adversaires, la guerre se soutenait aussi très-activement dans cette partie du pays, la plus voisine de la France : il s'y livrait de très-fréquents combats; et ce n'était pas seulement contre des bandes de partisans, mais quelquefois contre l'armée espagnole tout entière, qui, par la rapidité avec laquelle elle se portait de l'une à l'autre extrémité de la province, pouvait être considérée elle-même comme une armée de partisans. On vit à la Salud, entre Vique et Olot, un de ces combats, où il fallut toute la bravoure de nos troupes et la fermeté du général, pour qu'elles ne succombassent pas sous le nombre des ennemis.

Le général en chef Decaen se tenait habituellement dans la Haute-Catalogne. Lorsque les circonstances l'exigeaient, il envoyait un renfort au général Maurice Mathieu, ou bien il venait le joindre lui-même avec une brigade de réserve qu'il conservait toujours sous ses ordres immédiats. C'est ainsi qu'il s'était porté deux fois sur Lérida et qu'il avait marché contre le Mont-Serrat en 1812.

Déjà dans cette campagne les Espagnols avaient essayé une attaque contre le fort du col de Bala-

18.

guer, situé à l'entrée des montagnes qui se trouvent entre Tortose et la Campagne (*el Campo*) de Tarragone[1]. Ce fort, dont les Français s'étaient emparés au commencement de 1811, barrait la seule route qui existât entre ces deux places : il était par conséquent d'une extrême importance pour maintenir la communication entre nos armées de Catalogne et d'Aragon, dont Tortose était le point de contact. Le général Maurice Mathieu était accouru au bruit de l'attaque des Espagnols, et ils s'étaient éloignés à son approche.

En 1813, ils se portèrent encore devant le même fort, et ils le tinrent long-temps bloqué. Mais ce général ayant reçu un renfort de la Haute-Catalogne, marcha de nouveau à son secours, et fit lever le blocus.

Les ennemis s'étaient flattés de lui couper la retraite sur Barcelone. Les montagnes qui séparent la Campagne de Tarragone de la plaine de Villa-Franca, et à travers lesquelles il devait nécessairement passer, semblaient leur en donner la facilité ; mais à peine leur armée disputa-t-elle le passage. Il n'y aurait pas eu même de combat, si, emportés par leur impétuosité naturelle, et bientôt suivis de quelques troupes qu'attira le bruit du feu, nos voltigeurs n'eussent été insulter cette armée dans une forte position qu'elle avait prise sur notre flanc. Le général Maurice Mathieu fit cesser une

---

[1] On voit par la position du col de Balaguer qu'il n'a rien de commun que le nom avec la ville de Balaguer, située sur le Sègre au-dessus de Lérida.

attaque qui ne pouvait avoir de résultat avantageux.

La régence de Cadix avait remplacé Lacy par
le général Copons, qui s'était distingué en Andalousie à la défense de Tarifa. Ce nouveau chef
renonça aux moyens lâches et barbares que son
prédécesseur avait mis en usage contre les Français; mais il parut aussi décidé à ne rien hasarder
sur le champ de bataille, et à tout attendre du
temps ou plutôt de la coopération des Anglais,
qui sans doute lui était déjà annoncée. C'était
même probablement pour la rendre plus facile
qu'il avait cherché à s'emparer du fort du col de
Balaguer.

Vers le milieu de 1812, Wellington, généralissime des armées anglaises, espagnoles et portugai-
ses, et déjà maître de Ciudad-Rodrigo et de Bada-
joz, avait pénétré dans les Castilles, et forcé, par
la bataille de Salamanque, nos armées divisées,
les unes à se retirer vers l'Ébre; et les autres à évacuer Madrid et l'Andalousie pour aller se réunir
sur les frontières de Valence. Il entrait alors dans
ses projets de jeter en Catalogne une armée composée des troupes anglaises de Sicile et d'une division qui s'était réunie dans les îles Baléares; mais
la prudence du général Maitland en avait autrement décidé. Wellington, après avoir échoué dans
l'attaque du château de Burgos, et avoir vu ainsi ses
lauriers de Salamanque se flétrir devant une bico-
que, avait été obligé à son tour d'évacuer les Castilles à la fin de la campagne. Lorsqu'il voulut y

rentrer en 1813 et chasser enfin les Français du nord de l'Espagne, il revint à son plan primitif de faire agir en Catalogne l'armée qui avait été débarquer sous Alicante; et il confia l'exécution de ce plan au général Murray, qu'il crut sans doute plus audacieux que le général Maitland. Les résultats qu'il se promettait étaient d'expulser aussi les Français de cette province ou du moins de les renfermer dans les places, et en même temps d'obliger le maréchal Suchet, qui verrait une armée anglaise sur ses derrières, à évacuer le royaume de Valence et peut-être celui d'Aragon.

Cette armée, qui venait de repousser à Castalla une attaque du maréchal Suchet, et qui avait dû prendre ainsi plus de confiance en elle-même, se rembarqua le 31 mai dans le port d'Alicante, pour aller remplir ses destinées dans la Catalogne. Elle fut favorisée par le vent. Le 2 juin, elle était devant Tarragone: le 3, elle débarqua, fit de suite l'investissement et commença le jour même le siége de cette place.

Pour couvrir ce siége contre notre armée de Catalogne, le général Copons prit position au nord sur la chaîne de montagnes qui fait face à la plaine de Villa-Franca; et, afin de le couvrir contre le maréchal Suchet, une brigade de l'armée anglaise fut détachée au midi, pour s'emparer du fort du col de Balaguer, qui fermait la seule route que pût suivre ce maréchal. Elle s'en empara en effet, dès le 6 juin, après un jour de feu.

La prise de ce fort empêchait l'adversaire que les

Anglais devaient le plus redouter d'arriver directement sur Tarragone, et l'obligeait, s'il ne voulait renoncer à la secourir, de faire de longs détours à travers les montagnes, par des chemins impraticables pour l'artillerie. Tout semblait donc garantir le succès du siége, d'autant plus sûrement que la place ne pouvait opposer une longue résistance ; car les Français, après l'avoir prise en 1811, ne lui avaient laissé de fortifications que ce qu'il en fallait pour la mettre à l'abri d'un coup de main.

Le général en chef de l'armée de Catalogne, Decaen, qui, lors du débarquement des Anglais sous Alicante, avait dû envoyer vers le royaume de Valence le tiers au moins de ses forces disponibles, crut que ce n'était plus lui, mais le maréchal Suchet, qui pouvait et devait faire le principal effort pour sauver Tarragone. D'ailleurs plusieurs vaisseaux de ligne anglais se montraient en face de Palamos, et pouvaient faire craindre un débarquement dans la Haute-Catalogne. Il envoya cependant au général Maurice Mathieu, qui le pressait instamment de venir lui-même, deux mille trois cents hommes, pour qu'il tâchât d'opérer, par ses mouvements, une diversion avantageuse, pendant que le maréchal porterait les coups décisifs.

A peine Maurice Mathieu avait-il reçu le renfort de la Haute-Catalogne, qu'il se porta rapidement à Villa-Franca, prêt à franchir l'espace qui le séparait du maréchal Suchet, dès le premier avis qu'il aurait de sa marche ; car il ne doutait pas que le maréchal ne marchât de son côté sur Tarragone.

C'était le 11 juin. Autant l'année précédente, avant la bataille d'Altafulla, ce général avait mis d'art à diminuer aux yeux des Espagnols le nombre de ses troupes, autant et plus encore il en mit cette fois à le grossir, et il y réussit avec le même bonheur. Non-seulement les habitants de Villa-Franca crurent qu'il avait avec lui dix mille hommes, quoiqu'il n'en eût que six à sept mille; mais ils crurent encore que ce n'était que l'avant-garde de l'armée de Catalogne, et que celle-ci la suivait de près, conduite par le général en chef. Cette dernière opinion s'accrédita d'autant plus facilement, qu'elle était partagée par toutes nos troupes, excepté un très-petit nombre d'officiers mieux instruits.

Le 12 au point du jour, le général Maurice Mathieu poussa son avant-garde sur Arbos, et il prononça son mouvement, comme s'il avait eu le dessein d'attaquer sur-le-champ l'armée de Copons, pour tomber ensuite sur l'armée anglaise qui était occupée au siége de Tarragone. Murray, qui se fiait peu à la résistance des Espagnols, appréhenda d'avoir sur les bras, le lendemain ou peut-être le jour même, l'armée de Catalogne tout entière. Craignant, s'il perdait un instant, que l'état de la mer ou quelque autre obstacle imprévu ne s'opposât au rembarquement de ses troupes, il se détermina sur-le-champ à lever le siége. Il fit rentrer précipitamment l'infanterie dans les vaisseaux; et, pour n'être pas retardé, il abandonna l'artille-

rie de siége devant la place, et dirigea l'artillerie
de campagne et la cavalerie vers le col de Balaguer,
pour les faire rembarquer sur ce point, sous la
protection du fort. Il n'ignorait pas cependant que
le maréchal Suchet était arrivé à Tortose, et cela
avait sans doute aussi contribué à la résolution
qu'il avait prise; mais il comptait, avec raison, que
ce maréchal ne pourrait forcer le passage du col,
ni troubler leur rembarquement.

A la nouvelle de la descente des Anglais devant
Tarragone, Suchet partit de Valence avec la vitesse
de l'aigle. Le 10 juin, il était à Tortose. Le 12, il
se mit en marche vers le col de Balaguer; mais il
fut arrêté par le fort, tombé au pouvoir de l'ennemi. Ne pouvant plus avancer par la route, il fit diverses démonstrations sur les montagnes voisines et
alluma des feux sur leurs sommets. Il espérait que
la vue de ces feux, indices d'un prompt secours,
soutiendrait le courage de la garnison de Tarragone; mais ils ne furent point aperçus par cette
garnison, qui du reste en ce moment n'avait plus
besoin d'être encouragée, puisque le siége était
levé.

L'amiral de la flotte qui avait transporté l'armée anglo-sicilienne devant Tarragone voulait
que le général Murray attendît jusqu'à la nuit pour
se retirer, afin d'avoir le temps d'enlever les canons des batteries et de les rembarquer, ainsi que
les troupes. Si son avis avait été suivi, ni troupes
ni canons n'auraient été rembarqués; car, avant la
nuit, les Anglais eussent appris la marche rétro-

grade de la colonne de l'armée de Catalogne, dont ils avaient redouté l'attaque.

Notre avant-garde n'avait pas dépassé Arbos; elle était au contraire revenue à Villa-Franca. Le général Maurice Mathieu était trop sage pour s'aventurer seul contre deux armées, dont la plus faible était double de sa division. (On disait l'armée espagnole de treize mille hommes et l'armée anglaise de vingt mille.) Après avoir en vain attendu jusqu'à deux heures après-midi des nouvelles du maréchal Suchet, il était retourné avec toutes ses troupes sur le Llobrégat.

Avant notre départ de Villa-Franca, nous n'entendions plus dans le lointain le canon de Tarragone; et, connaissant l'extrême faiblesse de cette place, nous craignîmes qu'elle ne fût prise. C'était au contraire le signe de sa délivrance. Des avis répétés ne nous laissèrent bientôt plus de doute à ce sujet. Nous repartîmes sur-le-champ pour Tarragone, et nous y arrivâmes sans obstacle: l'armée espagnole avait quitté ses positions et s'était aussi éloignée.

Nous fûmes reçus aux cris de *Vive le général Maurice Mathieu! vivent nos libérateurs!* Rien n'égalait les transports et les acclamations des troupes de la garnison. Nous écoutâmes avec un avide intérêt tous les détails du siége. Le débarquement de l'armée anglaise s'était opéré avec un ordre et une célérité admirables. Les batteries d'attaque, dont la flotte avait apporté les matériaux tout préparés, avaient été construites avec une égale rapidité. Mais ces batteries étaient à de trop grandes distances de la place; et, pendant que la flotte la bombardait ou la canonnait par mer, elles ne s'attachèrent qu'à battre une redoute avancée, très-imparfaite, construite sur les décombres d'un fort extérieur (le fort Royal), démoli depuis le siége de 1811.

Les assiégés avaient d'abord mis en délibération s'ils n'évacueraient pas cette redoute, qui pouvait être facilement emportée de vive force; mais, dès qu'ils virent qu'on lui faisait tous les honneurs d'une attaque en règle, ils ne songèrent plus qu'à la conserver le plus long-temps possible; et, toutes les nuits, ils réparaient avec une infatigable activité les brèches que le canon ennemi y avait faites pendant le jour; car ce canon ne tirait pas la nuit.

Les assiégeants n'avaient tenté, pour s'emparer de la redoute, ni assaut ni aucune autre action de vigueur; et ce faible ouvrage n'était pas encore pris, après dix jours de tranchée et de feu, lorsqu'arriva la fin du siége.

Animée par l'exemple et les discours du général italien Bertoletti qui la commandait, la garnison avait montré le plus grand enthousiasme pendant la défense[1]. Mais après avoir vu décamper l'armée anglaise, elle n'avait pas été peu surprise de ne voir

---

[1] Après le général Bertoletti, l'officier qui prit la plus belle part à la défense de Tarragone fut le capitaine Rousselle, qui commandait le génie de la place et qui présidait lui-même toutes les nuits à la réparation des brèches de la redoute attaquée. Il fut nommé chef de bataillon.

paraître les Français d'aucun côté. L'inquiétude avait succédé à la surprise, et elle devint beaucoup plus vive, lorsqu'on sut que les Anglais étaient de nouveau descendus sous le col de Balaguer. Cette inquiétude était d'autant plus fondée, que, cédant à une ardeur irréfléchie, on avait commis à Tarragone la faute, d'ailleurs très-commune dans les places assiégées, de beaucoup trop prodiguer dès l'ouverture du siége les feux d'artillerie; et il ne restait presque plus de poudre pour une seconde défense, si elle devenait nécessaire.

On nous avait déjà annoncé à Vendreil le nouveau débarquement des Anglais; mais à peine avions-nous voulu y croire. A Tarragone, nous ne pûmes plus en douter. Le général Murray avait appris sans doute que nous nous étions éloignés au lieu de marcher sur lui; et de son côté, au lieu de faire rentrer à bord de la flotte l'artillerie de campagne et la cavalerie qui s'étaient rendues sous le col de Balaguer, il remit de nouveau son infanterie à terre sur ce même point.

La jonction de l'armée d'Aragon et de celle de Catalogne était complètement manquée. Ces armées n'avaient plus même de communications directes entre elles; et aucune des deux séparément n'avait assez de forces disponibles pour les rétablir. Le général Murray pouvait donc tout réparer et atteindre encore le but de son expédition; mais sur ces entrefaites il dut céder à un autre le commandement en chef de son armée.

Cependant Maurice Mathieu, quoiqu'il ne pût s'expliquer la conduite des Anglais, n'hésita pas à marcher vers le col de Balaguer. Les habitants du pays, qui ne savaient pas de quel poids peuvent être dans la balance des forces le courage des troupes et les talents du général, ne pouvaient revenir de leur étonnement, en voyant une seule division oser s'avancer contre une armée trois ou quatre fois plus nombreuse, et ne pas même s'inquiéter d'une autre armée (celle des Espagnols), qui pouvait tomber sur ses flancs ou sur ses derrières[1]. Pour concevoir notre mouvement, ils étaient tentés de croire à une trahison de leurs alliés.

Vers la fin du jour, nous arrivâmes dans la petite ville de Cambrils, à deux lieues du col de Balaguer, et nous nous trouvâmes ainsi presque en face

---

[1] Pour les expéditions importantes, il ne sortait de Barcelone que l'élite des corps de la garnison. Les officiers et même les soldats qui désiraient ne pas être de ces expéditions trouvaient facilement des prétextes plausibles pour s'en dispenser. Mais pour un seul qui faisait usage de ces prétextes, combien n'y en avait-il pas qui désertaient les hôpitaux, n'étant qu'à moitié guéris, ou qui, au risque d'aggraver leurs maladies, les cachaient pour ne pas manquer une occasion de se battre! L'empressement était encore plus grand lorsqu'il s'agissait des Anglais.

Le général Maurice Mathieu pouvait d'autant mieux compter à toute épreuve sur de pareilles troupes qu'elles avaient en lui une confiance sans bornes. Il ne la devait pas seulement au succès qui sous sa conduite avait toujours couronné leurs entreprises, mais peut-être plus encore au soin religieux avec lequel il leur épargnait toute fatigue et tout danger inutiles, à la loi qu'il s'était faite de ne jamais entrer dans une ville, dans un gîte quelconque, qu'il n'y eût vu entrer avant lui le dernier homme de sa colonne, à une suite enfin d'attentions sages et bienveillantes qui n'avaient pas échappé à l'œil pénétrant de nos soldats, et dans lesquelles ils croyaient reconnaître la sollicitude d'un père encore plus que la prudence d'un chef.

des Anglais, dont les vaisseaux nous envoyèrent plusieurs bordées. Le général Maurice Mathieu poussa des reconnaissances sur leurs avant-postes, qu'il fit reculer jusqu'au-delà d'Hospitalet, comme s'il eût médité une attaque pour le lendemain. C'en fut assez pour décider de nouveau leur rembarquement : ils l'opérèrent dans la nuit, en faisant sauter le fort (17 au 18 juin).

Ils prirent encore ce parti au moment où nos troupes s'éloignaient elles-mêmes de leur côté ; car le général français, qui ne pouvait prévoir cette prompte retraite , mais qui connaissait tout le danger qu'il y avait à rester long-temps enfourné entre deux armées ennemies, était sorti de Cambrils vers le milieu de cette même nuit ; et, par une marche de flanc, il s'était brusquement jeté sur Reus.

Le général en chef espagnol, sur la nouvelle du second débarquement des Anglais, s'était rendu dans cette ville avec sa compagnie des gardes et une partie de son armée. Surpris par notre avant-garde, il faillit tomber dans nos mains, et ne dut son salut qu'à l'obscurité de la nuit.

Depuis l'apparition des Anglais devant Tarragone , nos communications avaient été interceptées avec tant de soin par les ennemis, que, malgré tous les émissaires envoyés de part et d'autre, nous n'avions pu recevoir une seule nouvelle du maréchal Suchet. La cruauté des Espagnols semblait s'être réveillée avec leurs espérances de succès : ils égorgeaient inhumainement tous ceux qu'ils soupçonnaient d'être nos messagers. Nous avions déjà trouvé deux ou trois de ces malheureux étendus morts sur notre route. Mais enfin, à Reus, il en parvint un jusqu'à nous : il était porteur d'un billet du maréchal.

La prise du fort du col de Balaguer par les Anglais avait déconcerté tous les projets du chef de l'armée d'Aragon pour la délivrance de Tarragone. Son chemin était fermé par ce fort, et il n'avait avec lui qu'environ six mille hommes. Il se borna à pousser des reconnaissances, qui donnèrent lieu à quelques escarmouches; et, au bout de trois jours, n'ayant pas de nouvelles de l'armée de Catalogne, et se trouvant dans des déserts où l'eau même manquait à ses troupes, il se détermina à se rapprocher de Tortose[1].

Ce fut le 15 Juin qu'il écrivit, de Pérello, le billet que Maurice Mathieu reçut à Reus, et dont l'adresse était *au général en chef Decaen à Villa-Franca* : il ignorait encore alors la levée du siége de Tarragone, qui avait eu lieu le 12 au matin.

« Je n'entends plus le feu de Tarragone, écrivait-il. Tarragone serait-il pris? J'espère encore que non. Faites avec vos faibles moyens tout ce que vous pourrez. Quant à moi, le fort de Balaguer pris, je ne puis plus rien. »

Le général Maurice Mathieu, en répondant au maréchal Suchet, ne put lui apprendre encore le second rembarquement des Anglais; car nous n'en

---

[1] Les montagnes dans les environs du col de Balaguer sont entièrement incultes et arides.

étions nullement assurés. Nous pouvions seulement le conjecturer par une forte détonation, que nous avions entendue, à deux heures du matin, pendant notre marche sur Reus, et qui était produite en effet, comme nous l'avions soupçonné, par l'explosion des mines qui avaient détruit le fort du col de Balaguer.

Pour mieux dérouter l'ennemi en ne restant jamais vingt-quatre heures sur le même terrain, et en même temps pour se rapprocher à tout événement de Tarragone, le général Maurice Mathieu, après avoir passé la plus grande partie de la journée du 18 à Reus, en partit le soir au moment où l'on s'y attendait le moins, sans que l'on sût où il voulait porter ses pas; et il alla camper à Constanti, ville située sur une hauteur, et qui, bien que son ancienne enceinte n'existe plus, offre toujours une forte position. C'est là que la retraite définitive des Anglais nous fut enfin confirmée par la vue de leur flotte, qui, longeant pendant quelque temps la côte que nous apercevions très-bien, vint, pour ainsi dire, défiler sous nos yeux avant de prendre le large et de s'éloigner tout-à-fait[1].

Nous passâmes la journée du 19 à Tarragone, et nous en sortîmes à l'approche de la nuit, pour retourner à Barcelone, enthousiasmés nous-mêmes

---

[1] Notre séjour à Reus fut marqué par un accident plus affligeant encore que singulier. Au milieu du jour, en plein air, et sans aucune cause apparente, le général Devaux, l'un des vétérans de la guerre de Catalogne, cessa tout-à-coup de voir d'un œil. Il s'adressa en vain aux meilleurs médecins de Barcelone et de Montpellier : bientôt il cessa aussi de voir de l'autre.

des heureux résultats que nous venions d'obtenir ;
car si Tarragone n'avait pas succombé, si une armée anglaise ne s'était pas établie en Catalogne,
on le devait principalement à notre division, et
surtout à notre chef, qui, par un mélange habile
d'audace et de prudence, sans jamais comprome t-
tre ses troupes, avait déterminé deux fois la retraite de cette armée.

Avant de marcher vers le col de Balaguer, le
général Maurice Mathieu avait envoyé à Barcelone,
par un émissaire, l'ordre de préparer un convoi
de poudre pour Tarragone, qui en avait, comme
nous avons vu, le plus pressant besoin. Au-delà de
Villa-Franca, nous trouvâmes le général en chef
Decaen qui le conduisait lui-même. Nous retour-
nâmes sur nos pas pour introduire avec lui ce
convoi dans la place. Nous en fîmes également
entrer un de vivres et de munitions, expédié de
Tortose, et nous repartîmes aussitôt.

Le reste de la Catalogne était entièrement dégarni. Il fallait, par la célérité de nos mouvements,
prévenir toute entreprise des Espagnols. Nous ne
pûmes cependant y réussir : le baron d'Éroles s'é-
tait déjà porté au-delà de Gérone à la tête de cinq
mille hommes. Mais le général Lamarque était
resté là ; et quoique les troupes dont il pouvait
disposer fussent bien inférieures en nombre à celles
du baron, il marcha contre lui et le battit complétement devant Bagnolas. (23 juin.)

J'ai déjà dit que Murray ne commandait plus
l'armée anglaise : il avait été remplacé par lord

Bentinch, fameux par son gouvernement de Sicile et par sa conduite envers la reine de Naples [1].

Ce fut ce nouveau général qui ordonna le second rembarquement sous le fort du col de Balaguer, et qui le fit effectuer pendant la nuit, comme s'il y avait eu le plus imminent danger à le différer jusqu'au jour. Il alla de nouveau prendre terre du côté d'Alicante, et dans le trajet il perdit par une tempête plusieurs bâtiments de transport.

Cette perte, celle de l'artillerie du siége de Tarragone, le mépris de leurs propres alliés, tels furent les résultats de l'expédition maritime des Anglais en Catalogne [2].

Jamais les Français ne parurent mieux affermis dans cette province, et jamais on n'y eut une plus haute idée de leurs armes qu'après cette expédition. Fatigués d'une trop longue guerre, les Catalans désespéraient enfin de nous résister plus long-temps, lorsque la déroute de Vittoria et la retraite du maréchal Suchet vinrent changer la face des événements.

L'évacuation définitive des Castilles par nos armées entraîna celle du royaume de Valence. Su-

---

[1] Lord Bentinch faisait le maître absolu en Sicile, et il y avait imposé une constitution. Le vieux roi de Naples, toujours destiné à accepter malgré lui des constitutions, n'opposa point de résistance; mais la reine, moins docile, ne voulut pas courber le front sous la main du proconsul britannique. Pour prix de son opposition, elle fut séparée de son époux, chassée du royaume, et obligée d'aller passer à Constantinople pour regagner Vienne, sa première patrie. Elle y finit bientôt après des jours dont ces violents procédés avaient sans doute avancé le terme.

[2] Voyez à la fin, sous le n° 10, une note sur cette expédition.

chet se retira dans la Catalogne; et il y fut suivi, mais de loin, par l'armée anglaise aux ordres de lord Bentinch. Il se replia jusque dans la plaine de Villa-Franca, et cette armée reparut devant Tarragone dont elle forma le blocus. Elle s'était grossie des armées espagnoles de Valence et de Catalogne, et présentait une masse de forces très-imposante.

Le maréchal Suchet résolut de débloquer Tarragone. Il appela à lui le général Decaen, et se mit en mouvement avec les deux armées d'Aragon et de Catalogne; armées peu nombreuses, il est vrai, mais habituées depuis long-temps à mépriser les obstacles et les dangers, n'ayant connu de revers ni l'une ni l'autre, et les meilleures sans contredit que comptât alors la France. Déjà, en 1811, une armée de Catalogne s'était unie à l'armée d'Aragon pour prendre Tarragone sur les Espagnols, et des prodiges de valeur avaient été le résultat de cette fusion. Les deux armées s'unissaient encore pour délivrer la même place menacée par les Espagnols et les Anglais : le même résultat était certain. Même ardeur, même émulation, même désir de combattre les animaient toutes deux; et elles étaient encore guidées par le même général à qui la fortune avait été constamment fidèle.

C'était le 16 août, jour de la fête de Napoléon. Nous espérions la célébrer par une grande victoire; mais notre attente fut trompée : l'armée ennemie, qui avait voulu d'abord accepter la bataille, changea bientôt de dessein, en nous voyant marcher sur elle, et reconnaissant déjà la supériorité des manœuvres de notre chef. Après de faibles escarmouches, elle se retira sur tous les points, et regagna le col de Balaguer. Le maréchal Suchet ne jugea pas à propos de la poursuivre, au grand regret des généraux et des soldats des deux armées.

Tarragone, plus d'à moitié démantelée, ne pouvait pas être abandonnée à ses propres forces. Le maréchal, aussitôt après sa retraite de Valence, avait déjà ordonné d'achever d'en démolir les fortifications. Mais il contremanda cet ordre, lorsqu'il sut que le général Clausel, qui était arrivé trop tard pour se trouver à la bataille de Vittoria, s'était retiré sur Sarragosse avec son corps d'armée. Il fondait peut-être sur sa jonction avec ce corps l'espoir de réparer par une puissante diversion le malheur de cette journée; mais le général Clausel étant rentré en France par Jaca, cet espoir s'évanouit. Le maréchal n'hésita plus alors à retirer la garnison de Tarragone et à faire sauter les remparts de cette ville. Peut-être était-ce aussi le meilleur parti à prendre pour Dénia, Sagunte, Péniscola, Monzon, Méquinenza, Tortose et Lérida, où il laissa une partie de son armée, comme Napoléon avait laissé dans les places de l'Allemagne plus de troupes qu'il n'en eût fallu pour repousser l'invasion qui le renversa.

Après avoir abandonné Tarragone, les Français se retirèrent derrière le Llobrégat. Les Anglais alors s'avancèrent de nouveau. Ils concentrèrent dans les environs de Villa-Franca leurs forces unies à celles des Espagnols, et ils portèrent leur avant-garde sur le col d'Ordal, point culminant de la route de Tarragone à Barcelone qui descend ensuite à travers les montagnes jusqu'au Llobrégat. Ils ne songeaient nullement à venir nous troubler dans nos positions ; mais le maréchal Suchet alla les attaquer lui-même dans les leurs [1].

Pendant qu'il les faisait tourner sur leur gauche par la garnison de Barcelone conduite par le général Maurice Mathieu, il dirigea sur la grande route de Villa-Franca l'armée d'Aragon, qui culbuta dans un combat de nuit l'avant-garde postée au col d'Ordal. Lord Bentinch ne jugea pas à propos de risquer un engagement plus sérieux ; et il fit une nouvelle retraite jusqu'à Tarragone.

Le combat d'Ordal fut le dernier événement remarquable de la campagne de 1813. A quelques coups de partisans près, les deux derniers mois se passèrent dans une complète inaction des deux côtés.

Le général Decaen quitta la Catalogne : il n'y eut plus d'autre général en chef que le maréchal Suchet. C'était le sixième que nous voyions à notre tête. Un changement si fréquent de généraux, suite ordinaire du défaut de succès décisifs, indi-

---

[1] Le maréchal Soult, que Napoléon, après la défaite de Vittoria, avait envoyé aux Pyrénées avec le titre de son lieutenant, et qui soutenait en avant de Bayonne l'effort des armées commandées immédiatement par Wellington, avait expédié un aide-de-camp au maréchal Suchet pour lui demander des secours. Ce dernier maréchal voulut, en attaquant l'armée anglo-espagnole, faire voir à l'aide-de-camp qu'il avait trop d'ennemis devant lui pour pouvoir se dégarnir.

que assez combien ces succès étaient difficiles à obtenir en Catalogne. On avait déjà pu le reconnaître au même signe dans les longues guerres de Louis XIV, dans la première surtout, pendant laquelle les Français étaient également maîtres de Barcelone; et cependant parmi leurs généraux en chef figura le grand Condé.

CAMPAGNE DE 1814.

Retraite du maréchal Suchet en France. Reddition de Lérida et de Méquinenza. Remise de Barcelone et des autres places aux Espagnols. Résumé.

L'armée anglaise avait encore changé de chef en Catalogne. C'était le général Clinton qui la commandait [1]. Il attaqua, de concert avec le général espagnol Sarzfield, le pont retranché de Molins-de-Rey. Sarzfield l'avait déjà attaqué en 1812, le jour même où l'on en commençait les travaux. Sa nouvelle attaque avec les Anglais se borna à une longue canonnade, qu'ils jugèrent sans doute suffisante pour faire abandonner un simple poste de campagne; mais elle n'amena

[1] Lord Bentinck retourna en Italie, où la défection de Murat lui ménageait des triomphes plus faciles qu'en Catalogne. Il alla signer avec ce roi de création nouvelle un armistice, par lequel les Anglais, pour prix de sa perfidie envers son beau-frère et son pays, lui assuraient la possession du trône de Naples; trahissant ainsi de leur côté les intérêts et les droits de l'ancien roi, qui n'avait perdu ce trône que pour s'être allié avec eux.

pas ce résultat; et le pont de Molins-de-Rey ne fut
évacué que lorsque Barcelone, réduite à sa garnison, ne crut plus devoir garder de postes aussi
éloignés.

Le maréchal s'éloigna définitivement de cette
place le 1er février : il avait dû envoyer sur Lyon
une partie de son armée.

Plus tard, il évacua Gérone, après en avoir
fait sauter le fort Mont-Jouy. Les autres forts et
une grande partie des fortifications de la ville
avaient été déjà démolis auparavant. Roses fut
également démantelée.

Enfin le maréchal se retira en France, et son
quartier-général était à Narbonne lors de la fameuse bataille de Toulouse. Le général Copons
l'avait suivi jusqu'à la frontière, sans troubler
sa retraite par aucune attaque. L'armée anglaise
était restée devant Barcelone avec une partie de
l'armée espagnole.

Le général Maurice Mathieu avait obtenu, vers
la fin de 1813, l'autorisation de rentrer en France.
Il laissa cette place pourvue de vivres pour près
d'un an. Avant qu'il y arrivât, elle avait été souvent à la veille d'en manquer ; et une fois entre
autres, elle n'en avait plus que pour huit jours,
lorsque le maréchal Macdonald y conduisit un de
ses convois [1].

Le maréchal Suchet la fit mettre dans l'état de

---

[1] Les Espagnols disaient du général Maurice Mathieu, qu'il était
previdente y providente; ce qui signifie qu'il savait tout prévoir et
pourvoir à tout.

défense le plus formidable. Il y laissa une garnison de huit mille hommes d'excellentes troupes, et il remplaça Maurice Mathieu par le général Habert, que son extrême bravoure avait fait surnommer l'Ajax de l'armée d'Aragon.

Si Barcelone eût été assiégée, cet intrépide général se fût immortalisé par une de ces belles défenses dont cette place a offert plus d'un exemple ; mais les premières opérations de l'armée ennemie indiquèrent déjà qu'elle voulait se borner à un blocus. Loin de songer à attaquer, elle ne parut occupée qu'à se mettre en sûreté contre les attaques ; et il n'y eut d'autres combats que ceux qui furent provoqués par la garnison.

Les Anglais s'éloignèrent de Barcelone pendant un jour, pour aller, dans les gorges de Martorell, envelopper d'un côté les garnisons de Lérida et de Méquinenza, pendant que le général Copons les enveloppait de l'autre. Un officier espagnol, employé à l'état-major général de l'armée d'Aragon, avait déserté, emportant le chiffre dont le maréchal Suchet se servait pour la correspondance avec les places bloquées : et il avait été lui-même porter de faux ordres du maréchal pour la remise de ces places aux Espagnols, en vertu d'une prétendue convention conclue avec eux. L'emploi seul d'un chiffre en cette circonstance aurait dû découvrir la fraude ; car on n'avait certainement nul besoin de chiffre pour faire passer au milieu des ennemis un ordre qui aurait prescrit de leur remettre les forteresses. Cependant les gouverneurs de Lérida et de Méquinenza se laissèrent prendre au piége qui leur était tendu, et ils rendirent ces deux places aux Espagnols.

Les garnisons, fortes de près de trois mille hommes, marchaient avec la plus grande sécurité, croyant aller se réunir à celle de Barcelone pour rentrer en France, lorsqu'elles furent tout-à-coup arrêtées par l'armée anglaise. Feignant d'ignorer le but de leur marche, le général Clinton les amusa par des pourparlers, jusqu'à ce que l'armée de Copons fût arrivée sur leurs derrières; et ces malheureuses troupes, victimes de la crédulité de leurs chefs, furent obligées de rendre les armes sans combattre [1].

Son expédition terminée, l'armée anglaise alla reprendre ses positions, ainsi que son rôle passif, devant Barcelone.

Le général Habert fit rentrer tous les postes extérieurs, lorsque Ferdinand VII, qui, en vertu du traité de Valencey, avait été remis aux avant-postes de l'armée de Copons, passa, le 30 mars, sous les murs de cette place. La captivité de ce prince avait fait courir, en 1808, tous les Espagnols aux armes : en 1814, ni sa délivrance, ni

---

[1] Peut-être (et cela fut ainsi réclamé sans succès par le maréchal Suchet) les lois mêmes de la guerre, ou du moins celles de la générosité et de l'honneur eussent-elles exigé qu'on laissât rentrer en France les garnisons de Lérida et de Méquinenza, considérant comme une capitulation les conventions particulières faites par les gouverneurs pour l'exécution de la convention générale supposée. Mais à la guerre malheur aux hommes qui se laissent tromper, comme à ceux qui se laissent battre : il y a de plus encore une honte certaine pour les premiers.

ses ordres, ne purent les leur faire déposer. Les puissances continentales qui, en 1808, fléchissaient sous Napoléon, étaient toutes soulevées contre lui en 1814 : elles faisaient cause commune avec les Espagnols et les Anglais : un traité commun à tous pouvait seul mettre un terme à la guerre du côté des Pyrénées comme sur le reste de l'Europe.

Les événements qui se passèrent en France ayant amené ce traité, une convention fut conclue, le 19 avril, à Toulouse, entre le maréchal Suchet et le général Wellington, pour l'évacuation des places de Barcelone, Tortose, Sagunte, Péniscola, Hostalrich et Figuières, que les Français occupaient toujours à l'est de l'Espagne.

Le 16 avril, on se battait encore devant Barcelone, la garnison ayant fait ce jour-là une forte sortie. Ce ne fut que le 26 de ce mois que les hostilités furent enfin suspendues pour ne plus recommencer.

Croyant sans doute qu'on est toujours à temps pour rendre une place, le général Habert ne voulut remettre celle qui lui avait été confiée qu'après avoir reçu plusieurs ordres, tous très-impératifs, du maréchal Suchet et du ministre de la guerre; et il la remit enfin, non en homme qui reçoit, mais qui dicte des lois; car il voulut auparavant avoir la certitude que les garnisons des autres places retourneraient en France sans obstacle, et qu'on ne se conduirait pas à leur égard comme on avait fait ailleurs avec les garnisons de Dresde et de

Dantzig. Malgré l'impatience où ils étaient de rentrer dans la capitale de la Catalogne, les généraux espagnols furent obligés d'y consentir [1].

Le général Habert ne stipula point de garanties pour les troupes sous ses ordres. Elles étaient fortes encore de sept mille quatre cents hommes, et portaient au besoin ces garanties au bout de leurs bayonnettes.

La remise de Barcelone eut lieu le 28 mai, presque deux mois après l'entrée des alliés à Paris. Ce fut le dernier acte de la guerre d'Espagne, dont son occupation avait été l'un des premiers. Nous avions conservé cette place pendant plus de six ans malgré les efforts de tout genre des Espagnols pour nous l'arracher; et ce ne furent ni les Espagnols ni les Anglais, mais uniquement les traités de Paris et les ordres du gouvernement français qui nous forcèrent enfin à l'évacuer [2].

[1] Ayant reçu à la fin de 1813 l'ordre de me rendre à Besançon qui était menacé par les armées étrangères, je quittai la Catalogne avec le général Maurice Mathieu, auprès duquel j'avais été comme chef de mon arme pendant près de quatre ans. Ainsi je ne fus pas témoin de ce qui se passa en 1814 à Barcelone; mais j'en ai été instruit par deux officiers de la garnison, tous deux mes amis depuis longues années, et tous deux en position et en état de bien voir et de bien juger : le chef de bataillon Rousselle, qui y était déjà avec moi depuis l'évacuation de Tarragone et qui m'y succéda dans le commandement du génie, et le capitaine Menu, aide-de-camp du gouverneur, qui rédigeait le journal de siége et qui était investi à juste titre de toute la confiance de son général.

[2] Deux membres de l'auguste famille des Bourbons, le prince de Conty et madame la duchesse de Bourbon, se trouvèrent enfermés pendant toute la guerre dans Barcelone. Le prince mourut au commencement de 1814, et madame la duchesse de Bourbon eut seule le bonheur de revoir la France. Jetée par l'exil sur une terre étran-

Les Anglais avaient, dès le milieu du mois d'a-
vril, rembarqué leur armée pour la ramener en
Sicile, ou pour la transporter dans d'autres contrées de l'Italie dont ils voulaient sacrifier l'antique
indépendance[1].

On a vu qu'ils ne jouèrent point en Catalogne
un rôle très-brillant. En revanche les Espagnols
ne montrèrent mieux nulle part cette opiniâtreté
de caractère que ne purent dompter les rigueurs
de la fortune, et qui finit par en triompher.
Quant aux Français, malgré de nombreux sujets
de découragement, jamais dans leurs guerres les
plus glorieuses ils ne déployèrent plus de constance et de valeur.

Je crois ne pouvoir mieux terminer et résumer,
pour ainsi dire, mon récit, qu'en rappelant le plus
brièvement possible les noms et les faits les plus
marquants des principaux chefs des armées qui
combattirent en Catalogne.

Les généraux en chef de l'armée française furent
Duhesme, qui occupa et sut garder Barcelone;
Saint-Cyr, qui débloqua cette place et remporta
plusieurs victoires; Augereau, qui reçut les clefs
de Gérone; Macdonald, qui ravitailla Barcelone
et reprit le fort de Figuières; Decaen, dont le
commandement fut marqué par de brillants succès
et par de grands pas vers la soumission du pays;

gère, elle y avait donné l'exemple de toutes les vertus, et surtout
celui de l'amour le plus touchant pour une patrie, à laquelle son
cœur avait toujours été fidèle, et dont elle ne parlait jamais qu'avec
attendrissement.

[1] Gênes.

et enfin Suchet, qui, lorsqu'il prenait Lérida, Tortose et Tarragone, ne devait guère s'attendre qu'il lui serait réservé d'évacuer la Catalogne.

Le nombre des généraux en chef espagnols fut encore plus grand que celui des Français. Le premier de ces généraux fut le marquis de Palacio ; la prise du camp de Saint-Boy par le général Duhesme lui enleva sans retour la confiance des Catalans. Vivès justifia encore plus mal cette confiance devant Barcelone et à Cardedeu. Réding, digne d'un meilleur sort, fut également trahi par la fortune, et ne put survivre à ses défaites. Aucun fait d'armes ne signala le commandement temporaire de Coupigny. Blake, après la perte de Gérone, ne put plus rester en Catalogne. Portazgo y apparut à peine. O'Donnel fut encore plus malheureux dans les batailles qu'heureux dans les coups de partisan. Sous Campoverde, la surprise du fort de Figuières ne servit qu'à ruiner les affaires des Espagnols. Lacy voulut les rétablir par des moyens que réprouvent également les lois de la guerre et les lois de l'honneur et de l'humanité. Enfin Copons, sans livrer volontairement un seul combat, sut patiemment attendre en faveur de sa cause l'effet des événements qu'amenaient sur des points éloignés la guerre et la politique.

Au nombre des généraux en chef ennemis, il faut compter encore en Catalogne ceux qui commandèrent l'armée anglo-sicilienne. On en vit quatre en moins de deux ans. Maitland ne fit que paraître à la côte, et n'osa débarquer. Murray au-

rait mieux fait pour sa gloire d'imiter son prédécesseur. La conduite de Bentinch participa de
celle de l'un et de l'autre; et Clinton, plus encore
que son collègue Copons, sembla vouloir tout attendre du bénéfice du temps, et rien du courage
de ses troupes.

Les généraux français qui, sans avoir le titre de
généraux en chef, parurent avec le plus d'éclat en
Catalogne, furent Reille, qui conduisit sous le général Saint-Cyr le siége de Roses, et qu'on re-
gretta beaucoup de ne pas voir conduire aussi, en
1809, celui de Gérone; Souham qui, avec sa seule
division, gagna la bataille de Vique contre l'armée
espagnole, commandée par O'Donnel; Baraguey
d'Hilliers, qui gagna la bataille de Figuières contre
la même armée, guidée par Campoverde; Lamarque, qui en battit des corps plus ou moins nombreux à la Salud, à Bagnolas, et dans plusieurs
autres occasions; Maurice Mathieu qui, par l'affaire du fort Mont-Jouy, par la bataille d'Altafulla, par ses manœuvres contre les Anglais, et
mieux encore par tout l'ensemble de sa conduite
militaire et administrative, mérita d'être mis au
premier rang parmi les plus habiles et les plus
dignes; Habert enfin, qui ne ferma la scène des
combats au-delà des Pyrénées que lorsque déjà la
paix régnait partout ailleurs.

Parmi les généraux espagnols qui, sans commander en chef, se firent une réputation plus ou
moins distinguée, on doit citer l'émigré français
Caldagués, le seul qui eut des succès dans la pre-

mière campagne; Milans-del-Bosc qui, à la tête de
ses Miquelets, se signala rarement par des victoires,
mais qui se fit toujours remarquer par la plus
infatigable activité ; les défenseurs de Gérone
et de Tarragone, Alvarez et Contréras; Sarzfield qui, sachant maintenir l'ordre parmi ses
troupes, même dans les retraites, nous fit repen-
tir quelquefois de l'avoir attaqué ou poursuivi avec
trop de témérité; et enfin le baron d'Éroles, plus
fameux encore depuis cette guerre, qui, de simple
étudiant, devint l'un des premiers chefs de l'armée
espagnole, et qu'on vit, heureux ou malheureux,
courir sans cesse à de nouvelles entreprises.

Bien d'autres officiers généraux ou particuliers
se signalèrent encore en Catalogne ; mais, pour
les faire connaître, il faudrait sortir des bornes
que je me suis imposées dans ce Précis.

FIN DU PRÉCIS DES CAMPAGNES DE CATALOGNE
DE 1808 A 1814.

NOTES

ET

DOCUMENTS HISTORIQUES.

I. SUR BARCELONE.

Suivant les historiens catalans, Barcelone a été fondée par Hercule. S'il fallait en croire une tradition populaire qui semble confirmée par le nom d'une place et d'une des portes de cette ville, un ange serait descendu du ciel pour en désigner l'emplacement; mais l'opinion la plus commune en attribue la fondation à Amilcar Barca, père d'Annibal, dont on prétend qu'elle tire son nom.

Quoi qu'il en soit de ces trois origines, dont la dernière n'est guère mieux prouvée que les deux autres, Barcelone ne joue dans l'histoire un rôle un peu considérable qu'à l'époque des rois Visigoths, dont elle fut quelque temps la résidence. A la chute de ces rois, elle tomba, comme le reste de l'Espagne, au pouvoir des Maures[1]; mais Charlemagne la leur enleva, et la réunit avec son territoire à ses vastes états.

Il créa les comtes de Barcelone, qui ne furent sous lui que gouverneurs temporaires, mais qui, sous ses faibles descendants, devinrent princes héréditaires de la Catalogne; toujours cependant à titre de fief de la couronne de France. Après sa

[1] Une rue de Barcelone porte encore le nom d'un roi des Maures, del *Rè-Gomir.*

mort, Barcelone fut encore menacée plus d'une fois, et même prise de nouveau par les Sarrasins; mais ses comtes la reprirent sans secours étranger et surent la conserver.

Dans la suite, les comtes de Barcelone devinrent, par des mariages, rois d'Aragon et enfin de toute l'Espagne; mais les Catalans regrettèrent toujours (et ils regrettent même encore) le temps où sous ces princes ils formaient un état indépendant, jouissant de grands priviléges et d'une espèce de gouvernement représentatif. Ce fut la première cause de ces longues révoltes qui les ont rendus fameux, et dans lesquelles la ville de Barcelone figura toujours au premier rang.

La première de ces révoltes eut lieu sous les rois d'Aragon, vers le milieu du quinzième siècle. Le prince de Viane, fils aîné d'un de ces rois (Jean II), ayant été empoisonné par une marâtre ambitieuse qui voulait faire passer la couronne sur la tête de son propre fils [1], les Catalans, qui avaient déjà pris une fois les armes pour lui faire rendre la liberté, les reprirent aussitôt pour venger sa mort. La guerre qui s'ensuivit, et pendant laquelle ils se donnèrent successivement divers souverains, dura onze ans, et ne finit que par la reddition de Barcelone, après un siége de onze mois. (1472.)

En 1640, la Catalogne, irritée par les vexations du ministère espagnol, se souleva de nouveau. Voyant peu après leur capitale menacée par une armée espagnole, les Catalans se souvinrent que c'étaient des princes français qui l'avaient délivrée du joug des Maures, et ils se donnèrent au roi de France Louis XIII, qui accepta le titre de comte de Barcelone, et peu de temps après transmit en mourant ce titre à son successeur.

Après douze ans d'une guerre féconde en événements fameux, cette capitale se vit de nouveau assiégée par les Espagnols et forcée enfin de se rendre; mais ce ne fut qu'après avoir soutenu un siége de quinze mois. (1652.)

Elle en eut quatre encore à soutenir sous le règne de

[1] Si célèbre depuis sous le nom de Ferdinand le catholique, qui, par son mariage avec Isabelle de Castille, réunit toute l'Espagne sous ses lois.

Louis XIV. Elle n'avait point alors de citadelle. Le fort Pio n'existait pas non plus , et le fort Mont-Jouy ne se composait que d'un ancien château avec une enceinte avancée d'une cons-truction très-imparfaite.

Le premier de ces sièges fut fait, en 1697, par le duc de Vendôme. Il fut très-meurtrier et dura près de deux mois de tranchée ouverte.

La paix de Riswick rendit Barcelone à l'Espagne ; mais la guerre de la succession s'alluma bientôt après , et pendant cette guerre, il éclata dans la Catalogne une nouvelle rébel-lion , dans laquelle cette ville joua un plus grand rôle encore que dans les précédentes.

En 1704, le prince de Darmstadt, qui avait commandé dans cette province avant l'avénement de Philippe V à la couronne d'Espagne , parut devant Barcelone avec une es-cadre. Il lança des bombes sur la ville, et débarqua quelques mille hommes dans les environs ; mais il n'avait pas de forces suffisantes pour une attaque, et il ne comptait réellement que sur les intelligences qu'il avait dans l'intérieur de la place. Ces intelligences ayant été découvertes et quelques-uns de ses partisans arrêtés, il se rembarqua, voyant que rien ne remuait en sa faveur.

L'année suivante, ce prince retourna devant Barcelone, mais cette fois avec l'archiduc d'Autriche, compétiteur de Philippe V , et avec une armée de débarquement commandée par le général anglais Péterboroug. Il conduisit une attaque de vive force contre le fort Mont-Jouy. Il entra, par surprise ou par trahison, dans l'enceinte avancée ; mais ce fut-là le terme de ses succès ; il périt en voulant les pousser plus loin. Péterboroug dirigea des attaques régulières contre le châ-teau, et il le prit après trois jours de feu.

Il attaqua la ville du côté du Mont-Jouy, et de ses pre-mières batteries il fit au corps de place une brèche consi-dérable. Le gouverneur n'attendit pas que les approches fus-sent poussées jusqu'au pied de la brèche. Il capitula après quatorze jours de tranchée ouverte contre la ville , et vingt jours de siége en tout, en y comprenant les attaques du fort Mont-Jouy.

Ce siége ne coûta qu'environ cinq cents hommes aux assiégeants et aux assiégés. Dans celui de 1697, il en avait péri des deux côtés près de vingt mille.

D'après la capitulation, une porte fut livrée aux Anglais ; mais les Espagnols ne devaient sortir de la place que dans six jours. Ils faisaient leurs préparatifs pour l'évacuer, lorsqu'on sema le bruit que le gouverneur voulait embarquer avec lui les Catalans arrêtés en 1704, lors de la première apparition du prince de Darmstadt. Aussitôt une émeute se déclare parmi les habitants. Ils attaquent la garnison dans ses postes et dans ses casernes, et assiégent le gouverneur lui-même dans son palais. Péterboroug est obligé d'entrer dans la ville avant le terme fixé par la capitulation, pour apaiser le tumulte et sauver la vie des généraux espagnols [1].

La prise de Barcelone fut le signal du soulèvement général de la Catalogne. L'année suivante, Philippe V voulut reprendre cette place. Il en fit le siége en personne. Une flotte, commandée par le comte de Toulouse, fils naturel de Louis XIV, sortit des ports de France, alla débarquer, à l'embouchure du Llobrégat, l'artillerie et tous les approvisionnements nécessaires pour le siége, et seconda par mer les opérations de l'armée de terre.

On crut d'abord pouvoir attaquer la ville du côté du Mont-Jouy, sans s'être auparavant emparé du fort. Cette erreur, dont on ne fut convaincu qu'après qu'elle eut fait perdre huit jours, fut regardée depuis comme la principale cause de la malheureuse issue de l'entreprise.

---

[1] Voltaire raconte, dans le Siécle de Louis XIV, que Péterboroug et le gouverneur étaient à la porte de la ville, traitant de la capitulation dont les articles n'étaient pas encore signés, lorsque l'émeute éclata ; que Péterboroug entra dans la ville avec ses Anglais, apaisa tout, et retourna ensuite à la porte pour signer la capitulation. Cette anecdote romanesque, répétée à l'envi par plusieurs écrivains, est aussi peu conforme à la vérité qu'à la vraisemblance. On peut s'en convaincre en lisant les journaux du siége de 1705, les Commentaires du marquis de Saint-Philippe, et les autres historiens contemporains, tant espagnols et français que catalans.

On en revint à l'attaque du fort Mont-Jouy ; mais la première enceinte, qui avait été enlevée d'emblée l'année précédente, ne fut prise qu'après dix-huit jours de siége ; et le château ne le fut que quatre jours plus tard.

On espérait que la ville capitulerait après la prise du fort Mont-Jouy. On l'espéra en vain, il fallut en recommencer l'attaque. On y avait ouvert des brèches considérables, lorsque, à l'approche d'une flotte ennemie, la flotte française s'éloigna avec la plus grande précipitation. Aussi heureux pour conserver que pour faire sa conquête, Péterboroug débarqua dans la ville avec un renfort de troupes. Les assiégeants, privés de leur flotte, n'osèrent plus continuer le siége et le levèrent à la hâte, abandonnant leur artillerie et leurs blessés ; il avait duré plus de seize jours depuis la prise du fort Mont-Jouy.

L'archiduc était renfermé dans Barcelone pendant le siége. S'il avait voulu s'éloigner, les habitants s'y fussent opposés. Ils montrèrent pour la défense un enthousiasme qui allait quelquefois jusqu'à une témérité aveugle. Ils provoquaient les sorties, même avec violence, et donnaient tête baissée dans les plus grands dangers.

La levée du siége de Barcelone faillit entraîner pour Philippe V la perte de sa couronne. Cependant, après plusieurs années de combats et de succès divers, la possession de l'Espagne lui fut assurée par des traités solennels ; mais Barcelone refusa de se soumettre à ces traités. Abandonnée de tous ses alliés, elle conçut l'espoir de résister seule aux rois d'Espagne et de France réunis. Elle porta même l'audace, ou plutôt le délire, jusqu'à leur déclarer en son nom la guerre dans toutes les formes, et se prépara fièrement à faire tête à l'orage dont ils la menaçaient.

Le roi d'Espagne envoya une armée pour assiéger cette ville opiniâtre ; mais, au bout d'un an, à peine cette armée était-elle parvenue à s'emparer des couvents bâtis autour de ses murs, qui avaient été transformés en autant de forts plus ou moins respectables. Il y en eut qui exigèrent toutes les formalités d'un siége.

Une flotte espagnole bloquait et bombardait Barcelone du côté de la mer ; mais elle ne put empêcher les habitants de faire passer à l'île de Mayorque une grande partie de leurs femmes, de leurs enfants et de leurs vieillards. Débarrassés ainsi des bouches inutiles, ils paraissaient se rire de tous les efforts du roi d'Espagne, lorsque Louis XIV envoya contre eux le maréchal de Bervick avec ses généraux les plus renommés dans l'art des siéges, et une nombreuse armée composées des vieilles bandes qui avaient survécu à ses longues guerres.

Bervick, en arrivant, fit cesser le bombardement, persuadé sans doute que ce moyen ne peut avoir de succès que contre des gens déjà disposés à se rendre ; et il commença un siége dans toutes les règles. Il n'attaqua point par le fort Mont-Jouy, comme on avait fait dans les deux siéges de 1705 et 1706. Il dirigea au contraire ses attaques contre le côté de la ville adjacent à la mer, qui était le plus éloigné de ce fort. Des brèches furent bientôt ouvertes aux bastions, qui n'avaient devant eux qu'un mauvais chemin couvert ; mais elles furent défendues avec tant d'acharnement, qu'il y eut, dit-on, quinze cents hommes de tués à l'assaut d'un seul de ces bastions.

Le maréchal renonça à des assauts particls si meurtriers, et malgré les murmures de son armée, il eut la constance d'attendre qu'il y eût aux bastions et aux courtines qui les séparaient quatre-vingts toises de longueur de brèche praticable, pour livrer un assaut général. Cet assaut, dans lequel toutes les troupes furent obligées de donner, dura depuis quatre heures du matin jusqu'à quatre et demie du soir. Il fut soutenu avec le plus grand courage par les assiégés. Repoussés dans le premier moment de toutes les brèches, ils firent des efforts inouis pour les reprendre. N'ayant pu y parvenir, ils capitulèrent enfin, après soixante-deux jours de tranchée ouverte, derrière les coupures et les barricades qu'ils avaient pratiquées à l'entrée des rues aboutissant aux fronts d'attaque.

Philippe V était à peine redevenu maître de Barcelone qu'il

óta aux Catalans tous leurs priviléges, et qu'il fit travailler sur-le-champ à la construction de la citadelle. Aux deux cavaliers qu'on voit élevés sur le front qui regarde la ville, on juge aisément que c'est à contenir les habitants qu'elle est principalement destinée. On fortifia aussi les Atarazanas, ainsi que les portes de la ville, du côté de l'intérieur. Avec de pareilles gens, on ne croyait pouvoir jamais prendre assez de précautions.

Plus tard, on s'attacha à augmenter aussi la force de la place contre le dehors. Entre autres nouveaux ouvrages, on éleva le fort Pio, en avant des points d'attaque de Vendôme et de Bervick [1], et le fort Mont-Jouy fut reconstruit entièrement à neuf vers le milieu du siècle dernier.

Barcelone se trouvait ainsi en 1808 beaucoup mieux fortifiée qu'elle ne l'était à l'époque de la guerre de la succession; mais il eût sans doute suffi du souvenir de ce qu'en avait coûté la reprise à la fin de cette guerre, pour que Napoléon en regardât l'occupation comme un des préliminaires les plus importants de la conquête de l'Espagne.

2. SUR LES RECONNAISSANCES DE CARDONE ET DE LÉRIDA FAITES EN 1808 AVANT LE COMMENCEMENT DES HOSTILITÉS.

Pour visiter les places de Cardone, Berga, la Seu-d'Urgel et Puycerda, il fallait de Barcelone se jeter dans les plus hautes montagnes de la Catalogne, qui ne sont traversées que par des chemins impraticables pour les voitures. Le général Marescot me confia la reconnaissance de ces places; il voulait, pour ma sûreté, que je fusse accompagné d'un officier espagnol; mais le capitaine-général de la Catalogne se défendit d'envoyer cet officier. Je partis, simplement muni d'une lettre qu'il me donna pour les gouverneurs des places que je devais reconnaître; et je les reconnus toutes en effet, à

---

[1] Vendôme n'embrassa dans son attaque qu'un front de fortification formé par le bastion de la Porte-Neuve et par le bastion de Saint-Pierre, situé à la gauche du premier. Bervick embrassa dans la sienne deux fronts formés par le bastion de la Porte-Neuve et par deux autres bastions qui étaient situés à sa droite sur l'emplacement actuel de la citadelle.

l'exception du château de Berga, auquel les Espagnols eux-mêmes n'attachaient aucune importance, et qu'ils détruisirent dans le cours de cette guerre.

A cette époque, une escorte était peu nécessaire. C'était dans les premiers jours d'avril. Les Catalans croyaient encore alors que les Français avaient contribué à la chute du prince de la Paix, qui était abhorré jusque dans le moindre hameau : leur haine contre eux en était, pour ainsi dire, suspendue. Je n'en remarquai de traces qu'à Solsone, où un chasseur qui m'accompagnait, s'étant un instant éloigné de moi, fut poursuivi par les clameurs d'un attroupement nombreux.

Cet attroupement n'était composé que de gens de la dernière classe du peuple, qui, guidée uniquement par une espèce d'instinct national, ne savait écouter que son antipathie contre les étrangers. Quant aux classes plus élevées, aux hommes occupant des emplois, et à tous ceux qui étaient en état de calculer les forces de Napoléon à cette époque, on les voyait déjà s'incliner devant le nouveau pouvoir qu'ils croyaient près de s'affermir dans la Péninsule.

J'en vis un exemple frappant dans un adjudant de place à Cardone. Cet homme, nous regardant déjà comme maîtres de l'Espagne, cherchait à me faire la cour en disant du mal du gouvernement espagnol. Il se plaignait bassement à moi de la modicité de sa solde : il semblait m'en demander l'augmentation, et vouloir d'ailleurs acheter ma faveur par les attentions et les complaisances les plus serviles. J'appris dans la suite, d'officiers français qui, faits prisonniers de guerre, avaient été conduits dans le château de Cardone, que, tour-à-tour bas ou insolent au gré des caprices de la fortune, ce misérable, après les premiers succès de l'insurrection, les avait accablés de mauvais traitements, et qu'il avait même porté la brutalité jusqu'à les frapper de sa main. Pour rendre hommage à la vérité, je dois ajouter que cet homme n'était pas Espagnol : il était Italien.

En me rendant de France à Barcelone, et en allant ensuite de Barcelone jusqu'à Mont-Louis par Cardone, la Seu-d'Urgel et Puycerda, j'avais traversé la Catalogne dans deux sens différents. J'eus encore occasion de la parcourir dans une nouvelle direction avant les hostilités.

Vers la fin du mois de mai, le général Duhesme me donna l'ordre d'aller reconnaître la ville et le château de Lérida. L'indignation des Espagnols, portée à son comble par les événements de Madrid et de Bayonne, était alors au moment de produire l'explosion la plus terrible. Cependant l'idée ne vint pas à ce général, comme au général Marescot, de me faire accompagner d'un officier espagnol, ni même de me faire donner par le capitaine-général une lettre pour les gouverneurs ou corrégidors des villes que je devais traverser. Il ne me remit qu'un ordre ostensible, signé de lui seul, pour aller visiter les quartiers de cavalerie de ces villes, comme s'il se fût proposé d'y envoyer des troupes de cette arme. Je sentais combien un tel ordre était loin d'être une sauve-garde pour moi ; mais je ne crus pas devoir le faire observer au général.

En faisant la visite des casernes de Tarréga, j'eus occasion de voir des officiers suisses de la garnison. L'un d'eux (très-jeune encore, et à qui j'avais parlé dans sa langue et de son pays) vint, accompagné d'un de ses camarades, me trouver au milieu de la nuit, pour m'engager à ne point pousser jusqu'à Lérida. Il m'apprit que l'on avait juré d'assassiner le premier Français qui s'y présenterait, et que l'on était déjà prévenu de mon arrivée. Ce bon jeune homme insista pour m'arrêter avec une chaleur dont je fus attendri ; mais mon parti était déjà pris dès Barcelone [1].

J'arrivais à peine à Lérida (c'était un jour de marché), que plus de cinq cents personnes assiégeaient déjà la porte du château, croyant que j'y monterais tout de suite, et disant, dans leur grossière ignorance, que j'étais bien hardi de vou-

---

[1] Quatre ans plus tard, à Tarréga, j'eus le plaisir d'entendre parler, de la manière qui pouvait le plus me flatter, de l'officier français qui, en 1808, avait osé aller seul à Lérida. On ne pouvait croire qu'il n'eût pas été tué depuis ; et ce ne fut qu'en rappelant toutes les circonstances de mon passage à Tarréga que je pus persuader que j'étais ce même officier.

loir le prendre tout seul. Le lendemain, au point du jour, un nouveau rassemblement se forma devant l'auberge où j'étais logé : il ne se dissipa que sur le bruit qui fut répandu que j'avais été assassiné. Personne n'osait communiquer avec moi qu'en prenant, pour n'être point vu, des précautions qui indiquaient la plus extrême frayeur. Les mendiants même, dans les rues, loin d'implorer ma pitié ne me lançaient que des regards furieux.

La veille de mon départ, deux officiers suisses vinrent me proposer de me déguiser : je refusai avec fierté. Je partis au point du jour. Je trouvai répandue sur toute ma route la nouvelle de ma mort : mon retour était regardé comme un miracle, qui fit faire, sous mes yeux même, plus d'un signe de croix. Je courus encore quelque danger à Igualada ; mais enfin je rentrai sain et sauf à Barcelone, ayant rempli toute ma mission.

Si, à l'occasion de Cardone, j'ai rapporté d'un officier mercenaire des traits dignes d'un profond mépris, je puis en revanche, à l'occasion de Lérida, citer la belle conduite d'un véritable Espagnol, du gouverneur Hérédia, un de ces beaux caractères, de ces modèles de loyauté castillane, qu'on ne retrouve presque plus que dans l'histoire. Quand je me présentai chez lui, il venait de recevoir la nouvelle des abdications et des dernières scènes du drame de Bayonne. Il était navré d'une profonde douleur ; elle se lisait dans tous ses traits, et je ne pus m'empêcher d'en être vivement touché. Ma présence ne pouvait qu'en aggraver le sentiment. Cependant je ne pus presque point douter que je ne lui dusse ma vie ; car elle n'eût sûrement pas échappé au poignard déjà aiguisé des assassins, s'il ne l'eût arrêté d'une main qu'il croyait invisible pour moi, et que le hasard seul me fit découvrir [1].

Connu par sa justice sévère et par une intégrité qui con-

---

1 Des soldats allemands, que des Suisses d'Espagne avaient recrutés dans les dépôts des prisonniers de guerre en France, vinrent en secret me demander à passer sous nos drapeaux. L'un d'eux témoignant la crainte que lui inspiraient les habitants de la ville, un second lui dit pour le rassurer : « Ils s'étaient bien

trastait avec la vénalité avérée des magistrats du pays, il était également craint et respecté des habitants. J'appris qu'il s'était hautement prononcé contre l'assassinat qu'ils avaient projeté ; et en y réfléchissant, je me rappelai plusieurs circonstances qui prouvaient qu'il ne s'en était pas tenu à une stérile improbation.

Un homme qu'il me donna pour m'accompagner au château et au fort Garden était, je n'en puis douter, quelque alcade ou commissaire de police chargé de veiller à ma sûreté. Un Italien, ancien exempt d'une compagnie des gardes-du-corps supprimée, et qui pour cela était fort mécontent du gouvernement, avait seul osé se montrer avec moi sur une promenade publique (ce qui me donna le moyen d'achever de reconnaître la ville). Il m'avait ensuite invité à entrer chez lui. C'était sur le déclin du jour, et, quoique je visse que c'était une imprudence, je ne sus pas refuser. Ce fut dans sa maison que les deux officiers suisses vinrent me proposer de me déguiser. Ces officiers ne pouvaient avoir été envoyés que par le gouverneur. Ils étaient à peine sortis qu'ils furent remplacés par un adjudant de place provençal, qui ne me quitta plus qu'il ne m'eût, avec l'ancien exempt des gardes-du-corps, conduit dans mon logement.

Je remarquai avec quelle sollicitude ils m'éloignaient, en m'accompagnant, des portiques, déjà obscurs, qui bordaient la rue que nous suivions, me tenant toujours étroitement serré contre eux, et jetant sans cesse des regards scrutateurs et inquiets sur les groupes nombreux qui s'étaient formés sous ces portiques. Ne voulant pas qu'on pût soupçonner la moindre crainte dans un officier français, je feignis de ne m'apercevoir ni du danger que je courais ni des soins qu'on prenait pour l'écarter ; mais dans le cours de la guerre j'aurais été heureux de payer de mon sang l'occasion de m'acquitter par quelque service signalé envers le respectable gouverneur de Lérida.

» vantés d'assassiner le capitaine : eh bien ! l'ont-ils fait ? Oh ! s'ils ne l'ont pas
« fait, reprit le premier, c'est parce qu'ils savent que le gouverneur le pro-
« tége. »

Il n'était pas moins distingué par ses connaissances et ses talents que par ses vertus. Il fut dans la suite nommé par les Cortès directeur-général des fortifications du royaume. Il paraissait les avoir étudiées toute sa vie avec une prédilection particulière. Quoiqu'il fût avec tout le monde d'un laconisme extrême, il ne le fut point avec moi. Après avoir soulagé son cœur par quelques plaintes trop justes contre Napoléon, il me parla long-temps, et avec une complaisance marquée, de systèmes de fortification, d'attaque et de défense des places. Peut-être l'intérêt que je lui inspirai dans ces entretiens aurait-il influé sur sa conduite à mon égard, si déjà elle ne lui eût été dictée par sa loyauté naturelle et par les plus honorables motifs.

Un mot de sa bouche, s'il eût consenti à se mettre à la tête de l'insurrection, aurait suffi pour la faire éclater sur-le-champ ; mais il eût craint de né donner ainsi que le signal de la dévastation de son pays, qu'il aimait de l'amour le plus noble et le plus touchant. Le jour où je partis de Lérida, il s'en éloigna lui-même, ne pouvant plus espérer d'y maintenir la tranquillité.

Ces détails paraîtront peut-être de trop ici ; mais je n'ai pu résister à la tentation, et je dirais presque au besoin d'y déposer un hommage de reconnaissance et de vénération pour le vertueux Hérédia.

3. SUR LE MONT-SERRAT.

Le Mont-Serrat est situé sur la rive droite du Llobrégat, à huit lieues de Barcelone. C'est une des montagnes les plus élevées de la Catalogne ; mais elle est encore moins remarquable par sa hauteur que par sa singulière configuration. Sa crête, qui court du nord au midi, est surmontée par une suite de pyramides ou d'aiguilles, tantôt isolées, tantôt réunies, qui ressemblent, vues de loin, aux tours à demi ruinées d'une ancienne forteresse. La montagne, du côté de l'occident, présente une immense paroi de roches nues et arides. Du côté opposé, au pied duquel coule le Llobrégat, elle paraît s'être écroulée sur ses fondements dans un grand bouleversement de la nature, et ne présente qu'un amas informe de rochers amoncelés les uns au-dessus des autres de la manière la plus bizarre. Des arbustes, des arbres, une végétation assez forte, sont entremêlés parmi ces rochers, au centre desquels se trouvent un grand nombre de grottes et de cavernes. Ce côté est profondément coupé sur toute sa hauteur par le ravin de Sainte-Marie, qui a fait donner à la montagne le nom de Mont-Serrat, parce qu'il paraît la scier en deux. (*Serrat* en catalan veut dire scié.)

Le couvent était bâti sur la rive gauche et au bord de ce ravin, à peu près à égale distance de la base et de la crête de la montagne. Il occupait un enfoncement qui ne lui laissait de vue que du côté du levant. Ce n'en était pas moins un très-bel édifice, et il le paraissait encore davantage par le contraste des rochers et des précipices dont il était entouré. Outre l'église et le cloître, il comprenait plusieurs bâtiments secondaires, où des milliers de pélerins trouvaient à se mettre à couvert.

Au-dessus du couvent on voyait, épars des deux côtés du ravin de Sainte-Marie, treize ermitages, composés chacun d'une chapelle, d'une sacristie et d'un logement plus ou moins commode. Tous présentaient quelque particularité remarquable; mais le plus étonnant était celui de Saint-Dimas. Il était bâti sur les sommités irrégulières d'un énorme rocher qui s'élevait à pic au-dessus du couvent; l'on n'y pouvait entrer que par une étroite ouverture taillée sur l'une des faces de ce rocher, et cette entrée était séparée du reste de la montagne par un précipice d'une profondeur effrayante, que l'on traversait sur un pont en bois.

Comme dans le cours de la guerre il sera question de cet ermitage, je crois devoir rappeler la manière dont l'*Histoire de Notre-Dame du Mont-Serrat* rapporte son origine, et achever de donner ainsi une juste idée de sa position. « Il y avait anciennement sur la cime des rochers de Saint-« Dimas, dit cette *Histoire*, un château où l'on ne pouvait

« entrer que par deux ponts-levis. Lorsque ces ponts étaient
« levés, des précipices affreux tenaient lieu de fossés et de
« remparts : la meilleure forteresse ne pouvait offrir plus de
« sûreté. Trente voleurs, ayant remarqué la situation et la
« force de ce château, en firent leur repaire. Ils en sortaient
« secrètement pour voler, assassiner et commettre toute sorte
« d'excès dans les environs, sans qu'on pût leur faire aucun
« mal. Ils n'épargnaient pas même le couvent : et en y jetant
« des pierres du haut d'un énorme rocher qui s'avançait au-
« dessus des bâtiments, ils obligeaient les religieux à leur
« porter des vivres, des provisions et tout ce qu'ils désiraient·
« Ils infestèrent ainsi le pays, jusqu'à ce que sept hommes,
« déterminés à le délivrer d'un tel fléau ou à périr, ayant
« épié le moment où il ne restait dans le château que deux
« ou trois voleurs qu'on y laissait de garde, s'y introduisirent
« sans être entendus, en gravissant à travers mille dangers
« les rochers escarpés avec l'aide des arbres et des arbustes,
« et s'en rendirent maîtres. La bande de voleurs fut exter-
« minée : l'abbé du Mont-Serrat fit démolir le château et bâtit
« sur les mêmes rochers un ermitage en l'honneur de Saint-
« Dimas, le bon larron. »

La route de Barcelone à Lérida longe le Mont-Serrat à
l'occident. Arrivée au pied des hauteurs de Casa-Masana, qui
sont situées au nord de cette montagne, elle se détourne à
gauche pour se diriger sur Igualada. Le grand chemin de
Manrése, une des villes les plus considérables de la Catalogne,
vient aboutir au même point.

Le couvent est éloigné de ces routes de plus de deux lieues.
On n'y peut arriver que par deux chemins. L'un, qui part
de Casa-Masana, contourne presque entièrement la montagne.
C'est le chemin principal : il est praticable pour les voitures.
L'autre ne peut être suivi que par les piétons et les mulets :
il quitte la route de Barcelone avant qu'elle atteigne le village de Bruch, traverse celui de Collbato, et s'élève ensuite
par de nombreux zigzags jusqu'à la crête de la montagne,
d'où il redescend transversalement vers le couvent. Du côté

du Llobrégat et du village de Monistrol, qui est bâti sur sa rive, quelques sentiers vont, par de plus ou moins longs détours, à travers les rochers, gagner l'un ou l'autre de ces chemins.

Trois sentiers d'une montée très-rude conduisent aux ermitages. Celui qui s'élève directement vers l'ermitage de Saint-Dimas est si raide et si escarpé, qu'une vieille chronique du couvent rapporte, comme un fait extraordinaire, que le prince de Condé le monta en bottes et en éperons.

Tous les chemins et sentiers que nous venons de décrire sont constamment dominés, bordés de rochers et de précipices très-faciles à couper ou à rendre impraticables par d'autres moyens.

Le Mont-Serrat était célèbre dans toute l'Espagne et même en deçà des Pyrénées. Aux yeux des Catalans, tout était miraculeux dans cette montagne. Elle avait ouvert ses flancs et déchiré, pour ainsi dire, ses entrailles à la mort de Jésus-Christ; et c'est ainsi que furent formés le ravin profond qui la coupe par le milieu, les nombreuses cavernes qu'elle recèle, ces horribles escarpements et ces affreux précipices qui la rendent inaccessible de presque tous les côtés. Les aventures du frère Guérin, racontées avec le plus grand détail dans l'*Histoire de Notre-Dame du Mont-Serrat*, et jouées sur tous les théâtres d'Espagne sous le titre du *Monstre de Catalogne*; la découverte de la statue de la Sainte-Vierge dans l'une des cavernes de la Montagne[1]; les vains efforts qu'on fit pour la transporter plus loin que l'endroit où devait s'élever le couvent; plusieurs autres miracles, enfin, qui précédèrent la fondation de ce couvent, n'étaient que le prélude de ceux qui devaient la suivre. L'*Histoire* que j'ai déjà citée, en raconte trois cent soixante-cinq; mais la tradition populaire

[1] Ce miracle, qui fut très-commun en Espagne, est facile à expliquer. Lors de l'invasion des Maures, les chrétiens cachèrent les images des saints dans les endroits les moins accessibles des montagnes, afin de les dérober à la profanation des infidèles. Le secret de ces retraites se perdit avec le temps, et lorsqu'ensuite le hasard les faisait découvrir, c'étaient toujours de nouveaux miracles.

La statue de la Sainte-Vierge du Mont-Serrat était noire et en bois.

perpétue le souvenir d'une foule d'autres, que cette histoire paraît avoir omis à dessein pour en rendre le nombre égal à celui des jours de l'année.

Vingt-sept villes ou villages appartenaient à l'abbaye du Mont-Serrat. C'était la plus riche de la Catalogne, après celle de Poblet cependant, qui avait été la sépulture des rois d'Aragon. Elles étaient toutes deux de l'ordre de Saint-Benoît.

Des milliers de pèlerins accouraient chaque année au Mont-Serrat, de toutes les parties de l'Espagne et du midi de la France. Dans leur nombre on a compté à différentes époques plusieurs personnages célèbres. Saint-Ignace de Loyola, lorsqu'il voulut se retirer du monde, alla chercher l'absolution de ses péchés auprès de l'ermite de Saint-Dimas; et ce fut peut-être là qu'il conçut le plan de la Compagnie de Jésus, dont il fut le fondateur. Charles-Quint visita plus d'une fois le sanctuaire du Mont-Serrat: Philippe II en fit l'objet de sa dévotion particulière, et don Juan d'Autriche y déposa une partie des trophées de la victoire de Lépante. En commémoration de cette victoire, on y conservait un grand nombre de sabres d'abordage, auxquels les habitants du pays donnaient le nom de *sabres de don Juan.*

Peut-être cette circonstance fit-elle naître le bruit qui, lors des premiers symptômes de l'insurrection de la Catalogne, annonça l'existence d'un grand dépôt d'armes dans le couvent du Mont-Serrat, et fut cause que le général Duhesme ordonna de reconnaître et de fouiller ce couvent.

4. TRADUCTION D'UNE LETTRE INTERCEPTÉE, QUI FAIT CONNAÎTRE CE QUI SE PASSA A TARRAGONE APRÈS LE DÉPART DE LA DIVISION CHABRAN.

Cette lettre, écrite le 19 juin de Tarragone, et à laquelle se trouvaient joints une proclamation et d'autres imprimés, était adressée par un nommé Cyprien Casal à son frère, qui habitait sur la côte au nord de Barcelone. Après lui avoir demandé des nouvelles de ses parents, et lui avoir dit qu'on pouvait être tranquille sur son compte, parce qu'il était plein de courage et résigné à mourir, s'il le fallait, pour la religion, la patrie et *Ferdinand VII*, il rendait compte ainsi de ce qui s'était passé à Tarragone.

« Le 7 de ce mois, quatre mille Français entrèrent dans « cette place. Il en entra également à Manrése six mille dont « il ne s'est échappé que très-peu et encore tous blessés, sui- « vant le rapport d'un envoyé de cette ville qui s'est présenté « hier à la junte pour lui offrir toute la poudre dont elle « aurait besoin. Ceux qui étaient venus ici en partirent le 9, « sans qu'il en restât un seul ; ce qu'on attribue à un miracle « de Sainte-Thècle. Le 10, ils arrivèrent à Arbos, où ils brû- « lèrent plus de trente personnes et presque toutes les mai- « sons. Ils n'épargnèrent pas même le temple du Seigneur : « ils tiraient des coups de fusil sur les images de la Sainte- « Vierge et des autres saints, et ils allèrent jusqu'à jeter par « terre le saint-ciboire, qu'ils emportèrent ensuite, ainsi que « les calices et les autres joyaux d'or et d'argent ! Je ne puis « l'écrire sans pleurer. Mais que leur sort futur sera malheu- « reux [1] !

« Aussitôt qu'on en fut instruit à Tarragone, on commença « à se soulever. On se rendit chez le gouverneur Schmith, « pour l'en prévenir ; et lui annoncer qu'on voulait sonner le « tocsin. Il dit que cela ne convenait point et qu'il valait « mieux envoyer des exprès dans les communes des environs, « pour qu'elles prissent les armes ; ce qu'elles firent en effet, « de sorte qu'il se réunit, à ce qu'on assure, cent mille hommes « à Ordal. Tarragone a fourni à la subsistance de tous ; ce « qui lui a coûté plus de vingt mille livres. (Livres catalanes, dont chacune vaut deux livres tournois.)

« Le même jour, on proclama que tous ceux qui avaient des « voitures ou des mulets devaient, sous peine de mort, les « fournir pour transporter les canons et les munitions à leurs « emplacements respectifs sur les remparts de la ville. Ce ne

[1] Tous les coups de fusil tirés sur les images, ainsi que la plupart des sacrilé- ges attribués aux Français, étaient autant de fables inventées pour les rendre de plus en plus odieux à la masse des habitants.

« furent pas seulement les hommes requis ainsi qui prêtèrent
« leur secours, mais encore un grand nombre de religieux,
« de chanoines et d'autres ecclésiastiques, ainsi que plus de
« six cents femmes; et tous travaillaient avec plaisir. Le gou-
« verneur manda de suite à tous les couvents que les religieux
« eussent à en sortir et à se répandre dans les rues de la ville,
« pour encourager les habitants, recevoir affectueusement les
« Somatens du dehors, et les conduire aux maisons où l'on avait
« préparé leur nourriture; et tous le firent ainsi. En moins
« de quatre heures, les remparts furent armés. Nous y avons
« en batterie cinquante canons, je crois, la plupart de vingt-
« quatre. Nous avons trois cents quintaux de poudre et une
« très-grande quantité de boulets et de mitraille : en un mot la
« ville est bien munie. Nous avons pour nous deux mille
« Suisses, trois cents gardes espagnoles, qui sortirent de Bar-
« celone pour ne pas servir l'indigne Napoléon, et un nombre
« suffisant de canonniers pour la place, sans compter ceux
« qui s'enrôlent à l'envi dans tout le corrégiment.

« On a envoyé des députés vers les Anglais, comme tu verras
« par la proclamation; mais on n'a pas encore de leurs nou-
« velles. Le général des troupes de Valence arriva hier avec
« le chef de celles de Tortose. Ils arrêtèrent avec la junte que
« six mille hommes qui viendront de Valence, avec ceux qui
« seront fournis par les corrégiments de Tortose et de Tarra-
« gone, formeront, au nombre de douze mille, un cordon
« devant Barcelone, et qu'il en sera formé un autre sur la
« frontière par les corrégiments de Manrése, Villa-Franca,
« Vique, Mataro, Gérone et le reste du pays situé au-delà
« de Barcelone.

« Il est certain que vingt mille Valenciens ont marché sur
« Madrid, qu'ils se sont joints aux habitants de la Castille,
« qu'on dit tous soulevés, et qu'ils ont mis l'armée française
« dans une grande déroute. On dit même que Murat est pris.
« La gazette de Valence annonce que Joseph *Malaparte* est
« mort. Elle dit aussi que la Russie, je crois, et l'Allemagne,
« ont déclaré la guerre à la France; ce qui serait la nou-

« velle la plus importaute. Tout cela, je l'ai lu moi-même

« Il est arrivé avant-hier ici une barque venant de Cadix,
« qui rapporte que quatre vaisseaux français, poursuivis par
« les Anglais, se réfugièrent dans le port de Cadix ; mais comme
« cette ville avait déjà conclu une trève avec les Anglais,
« ceux-ci entrèrent aussi après eux et s'en emparèrent. On
« dit que ces vaisseaux avaient à bord douze mille hommes,
« qu'on tient à présent enfermés dans quatre forts, et qu'on a
« écrit à Bonaparte que, si Ferdinand VII ne revient pas en
« Espagne, ils seront tous passés au fil de l'épée. Je ne fini-
« rais jamais, si je voulais conter toutes les nouvelles favora-
« bles qui nous arrivent aujourd'hui de tous côtés. »

5. EXTRAIT LITTÉRAL DE LA RELATION OFFICIELLE DE LA PRE-
MIÈRE ATTAQUE DE GÉRONE, PUBLIÉE PAR LES ESPAGNOLS.

« L'armée française, composée de cinq à six mille hommes
« d'infanterie et de cavalerie, de huit pièces d'artillerie et
« deux caissons de munitions, partit de Barcelone, le 17 juin,
« sous les ordres du général en chef Duhesme et des géné-
« raux Léchi et Schwartz.

. . . .

« Le 20, elle se présenta à notre vue à neuf heures du
« matin. . . . .

« Elle plaça sur les hauteurs de Palau une batterie qui ne
« causa qu'un léger dommage au toit de l'église de Saint-Fran-
« çois d'Assise, parce qu'elle fut bientôt démontée par les
« coups bien dirigés de l'artillerie de la place. . . . .

« Une colonne s'avança par la droite, et traversant l'Ogna,
« attaqua la place avec beaucoup de furie, dans le dessein de
« forcer et d'incendier la porte dite del Carmen. Elle fut reçue
« avec tant de valeur et de sang-froid par nos illustres défen-
« seurs, et particulièrement par le régiment d'Ultonia, qu'a-
« près avoir essuyé quelque perte, elle se débanda et s'enfuit
« à toutes jambes, pour se mettre à couvert de notre feu.

« On ne peut donner assez d'éloges à la fermeté, au dévoue-
« ment, à la bravoure avec lesquels combattirent les habi-

« tants, ainsi que les valeureux officiers et soldats de ce ré-
« giment, dont le lieutenant-colonel, don Pédro O'Dally, fut
« blessé. . . . .

« . . . .

« . . . . A l'entrée de la nuit, le feu cessa des deux
« côtés.

« On ne peut se figurer une nuit d'une obscurité plus pro-
« fonde. Malgré toute notre vigilance, il était impossible de
« distinguer aucun mouvement de l'ennemi. Se fiant sur cette
« espèce d'avantage, entre neuf et dix heures du soir il
« attaqua la place sur différents points dans un si grand silence
« et avec tant de bravoure et d'impétuosité, que le voir au
« pied des remparts et commencer le feu ne fut qu'un seul
« et même instant. L'obscurité, le bruit épouvantable de l'ar-
« tillerie et de la mousqueterie, les cris aigus des combattants,
« tout augmentait l'horreur de l'attaque : la ville entière sem-
« blait une nouvelle Troie, embrâsée par le feu terrible des
« ennemis et de nos intrépides défenseurs.

« On combattait avec une espèce de fureur qui tenait du
« désespoir. La colonne ennemie s'acharna tellement au combat,
« qu'elle eut la témérité d'appliquer des échelles au bastion
« de Sainte-Claire pour donner l'assaut. Quelques soldats
« montent : déjà ils sont sur les remparts.... Quelle audace¹ !
« Mais un détachement du régiment d'Ultonia arrive, tue tous
« ceux qui montaient à l'escalade, répand la terreur parmi les

« ¹ Le général Duhesme choisit, pour donner l'assaut, les hommes les plus
« braves de son corps d'armée, en leur promettant des récompenses pécuniaires et
« l'étoile de la légion d'honneur. Ceux qui parvinrent à s'établir sur le rem-
« part s'effrayèrent outre mesure, en voyant entrer par la gorge du bastion
« de Sainte-Claire les troupes du régiment d'Ultonia. » (Note de la relation
espagnole).
Tout ce que prouve cette note, c'est que notre assaut avait fait abandonner le
rempart, puisqu'on nous y crut établis. Quant aux troupes du régiment d'Ultonia qui nous auraient tant effrayés, elles ne firent ni peur ni mal à personne :
car si elles arrivèrent dans le bastion de Sainte-Claire, ce ne fut qu'après que nous
étions retirés : nous n'en reçûmes pas un seul coup de fusil. Du reste le général Duhesme n'avait fait pour l'assaut ni choix d'hommes ni promesse de décorations, et encore moins de récompenses pécuniaires, qui pour des Français en
pareille occasion seraient plutôt une injure qu'un encouragement.

« autres , et les fait renoncer à leur téméraire entreprise. Le
« feu continua cependant jusqu'à ce que le bastion de Saint-
« Narcisse, par trois coups à mitraille, rompit l'ennemi, le
« dispersa et l'obligea à se retirer, laissant les fossés et les
« champs voisins couverts de cadavres et de blessés.

« Non encore rebuté par tant de carnage , il renouvela son
« attaque vers minuit, contre le bastion de Saint-Pierre ; mais
« le feu de ce bastion et de la redoute de Saint-Jean, qui
« semblaient une des bouches de l'enfer, le repoussa d'une
« telle manière qu'il dut de nouveau renoncer à l'assaut et se
« retirer à Sainte-Eugénie [1]. Nos illustres militaires du régi-
« ment d'Ultonia, dont, à cause de leurs talents reconnus ,
« l'opinion doit être du plus grand poids dans cette matière,
« disent que l'action ne pouvait être plus chaude, plus terrible,
« ni plus glorieuse pour Gérone. Un canonnier , qui compte
« quarante ans de service, assure que dans aucune campagne
« il n'a vu un feu si vif ni si bien dirigé.

« En comptant du moment où nos batteries ouvrirent le feu
« contre les Français, l'action dura depuis dix heures du matin
« jusqu'à deux heures après minuit, les attaques se succé-
« dant presque sans interruption et sans que, pour ainsi dire,
« le feu cessât un seul instant. Nous ne sachons pas qu'on
« puisse en citer d'autres exemples semblables ; et nous sommes
« persuadés que la vigoureuse défense qu'a faite Gérone
« tiendra une place très-distinguée dans l'histoire militaire de
« notre patrie.

« Tout fut grand, surnaturel, merveilleux. L'invincible ré-
« giment d'Ultonia, sans excepter un seul homme, fit des pro-
« diges de valeur, bien que sa force ne fût pas de trois cents
« hommes. Nos jeunes nobles imitèrent sa bravoure et dé-
« ployèrent au combat une fermeté héroïque, qui les rend
« plus dignes des titres d'honneur que leur ont légués leurs
« ancêtres, et de l'estime de tous les bons citoyens. Les canon-

---

[1] Il n'y eut ni nouvelle attaque ni démonstration d'attaque vers minuit ; mais
le moindre mouvement de nos troupes, surtout dans l'obscurité , semblait une
attaque aux Espagnols.

« niers militaires et les marins de Saint-Féliu de Guixols et autres
« lieux, qui servaient l'artillerie, se tranformèrent en autant
« de lions, décidés à mourir plutôt que de céder à l'ennemi un
« seul pouce de terrain. Le clergé séculier et régulier, enflammé
« d'un saint zèle et d'une ardeur admirable, se portait aux
« points du plus grand danger ; et partout on voyait des re-
« ligieux de tous les couvents, dont la voix et l'exemple inspi-
« raient l'énergie la plus extraordinaire et répandaient l'espé-
« rance dans tous les cœurs.

« Les habitants, tant de la ville que des villages qui étaient
« venus à son secours, se comportèrent avec la même con-
« stance et le même courage. On les eût tous pris pour des
« soldats vétérans et aguerris. Les Somatens, dispersés dans
« les environs, jouèrent aussi un beau rôle, harcelant sans
« cesse l'ennemi et l'empêchant de passer le Ter, comme il
« le tenta plusieurs fois, dans le dessein sans doute d'aller
« secourir le fort de Figuières qui est aux derniers abois.

« Que dirons-nous de plus ? Nos femmes, dépouillant la
« faiblesse naturelle et la timidité de leur sexe, méprisaient
« les boulets et la mitraille, et couraient spontanément de tous
« les côtés, pour porter des munitions et des vivres, et ra-
« nimer le courage de leurs pères, de leurs fils et de leurs
« époux.

« Le 21, vers sept heures du matin, l'ennemi réunit toute
« son armée au pied des hauteurs de Palau, où il avait laissé
« ses caissons et ses bagages. Sa cavalerie fit quelques mou-
« vements qui firent croire à une nouvelle attaque ; mais,
« contre toute espérance, il reprit le chemin de Barcelone.

« Nous eûmes à regretter de notre côté un sous-lieutenant
« et l'aumônier du régiment d'Ultonia, ainsi qu'un canonnier
« de la ville de Bagu, morts glorieusement au champ d'hon-
« neur. Nous n'eûmes que trois ou quatre blessés ; ce qui
« remplit d'admiration et nous fait reconnaître dans cette série
« d'événements la main de Dieu toute puissante et la protec-
« tion de saint Narcisse, notre ange tutélaire. »

Ici finit la relation officielle, publiée le 28 juin dans le

Courrier de Gérone, où l'on ne dit rien des parlementaires envoyés et reçus ; mais l'historien de l'armée espagnole de Catalogne ajoute :

« Le général Duhesme envoya divers parlementaires à Gé-
« rone, tous dans le dessein d'amuser la junte et de l'empê-
« cher de prendre des dispositions bien assurées ; mais il n'y.
« réussit point. Par suite des propositions qu'il fit , quelques-
« uns des membres sortirent à différentes reprises pour ré-
« pondre avec la dignité et l'énergie propres à une ville qui
« sait se défendre. Il est à remarquer que la dernière fois
« ils ne trouvèrent plus ni le général Duhesme ni son ar-
« mée [1].

« Les officiers français envoyés en parlementaires furent
« faits prisonniers, parce que, pendant les pourparlers, le
« général Duhesme avait ordonné à ses troupes d'attaquer la
« place [2]. »

6. SUR LES SIÉGES DE GÉRONE.

Le premier siége authentique , et le plus célèbre encore des siéges de Gérone, est de la fin du treizième siècle. Les Catalans font dater de cette époque l'animosité de saint Narcisse, ancien évêque et patron de cette ville, contre les Français.

Les Vêpres siciliennes, en livrant la Sicile au roi d'Aragon, lui avaient attiré l'inimitié de la France et l'excommunication du pape, qui publia contre lui une croisade et donna son royaume héréditaire au second fils de Philippe-le-Hardi. Mais il n'était pas aussi aisé de prendre ce royaume que de le

---

[1] Les parlementaires ne vinrent point répondre au nom de la junte avec l'*énergie d'hommes qui savent se défendre* , mais protester au contraire, que, s'il n'avait tenu qu'à la junte et à eux , Gérone aurait ouvert ses portes aux Français.

[2] Les Espagnols cherchèrent à se justifier aux dépens de la vérité d'avoir violé les lois de la guerre. De nos deux parlementaires, le premier, le lieutenant de la Ville-sur-Illon , envoyé avant qu'on eût essayé aucune attaque , fut seul retenu prisonnier ; et le second , le capitaine Vautrin , ne le fut pas, quoiqu'il eût été envoyé au moment de l'attaque de la ville basse.

On n'en finirait pas si l'on voulait remarquer tout ce qu'il y avait de contraire à la vérité dans les rapports des Espagnols.

donner. En 1285, Philippe passa les Pyrénées en personne pour le conquérir à la tête d'une armée de plus de cent mille hommes, et il mit d'abord le siége devant Gérone [1].

La place fut défendue par Raymond de Cardone, qui se montra le digne adversaire d'un roi de France, et dont les Catalans citent toujours le nom avec un juste orgueil. Il avait rasé les faubourgs et fait sortir tous les habitants inhabiles à porter les armes : il s'était enfin préparé de tous points : et la défense répondit à ses préparatifs. Après avoir fait chèrement acheter la prise des postes extérieurs, il repoussa vigoureusement tous les assauts, et les Français furent obligés de changer le siége en blocus.

Le roi d'Aragon de son côté rôdait continuellement autour d'eux, les harcelait sans cesse et leur faisait cette guerre de partisans qui s'accorde si bien avec la nature du pays et le caractère de ses habitants. N'étant pas assez fort pour les attaquer en face, il cherchait à les affamer en occupant tous les passages. Couvrant d'ailleurs la plaine et les montagnes de partis et de camps volants, il les tenait eux-mêmes comme assiégés.

Mais l'ennemi le plus terrible des Français se trouvait dans leur camp même. On était au cœur de l'été. Les chaleurs excessives firent naître une épidémie qui chaque jour moissonnait un grand nombre de soldats. La mortalité s'étendait aux chevaux : on raconte qu'ils étaient tourmentés sans relâche par une multitude infinie de mouches venimeuses, qui, pénétrant dans leurs naseaux, les faisaient périr par milliers. L'infection que répandaient les cadavres était encore une nouvelle source de maladies. Tout le monde dans l'armée, rebuté, découragé, regardait le succès du siége comme impossible ; mais, justifiant par sa fermeté dans cette circonstance le surnom que l'histoire lui a donné, Philippe fit le serment solennel

---

[1] Gérone est située sur la seule route praticable qui existe entre Barcelone et la frontière de France, et par conséquent sur la seule ligne d'opérations que puisse suivre une armée française pour s'avancer en Catalogne. Telle est la première cause de l'importance de cette place dans tous les temps.

de ne point rentrer en France que la ville ne fût prise ; et, le roi d'Aragon ayant été défait dans une bataille extrêmement sanglante et opiniâtre, elle se rendit enfin faute de vivres, après plus de deux mois de résistance.

Gérone succomba ainsi ; mais elle avait sauvé le reste de la Catalogne et peut-être la couronne du roi d'Aragon. Les Français vainqueurs n'en furent pas moins en proie aux maladies, dont les ravages allaient toujours croissant. Une disette affreuse, causée par la perte de leur flotte qui fut brûlée dans le golfe de Roses par les Catalans, vint mettre le comble aux maux qui les accablaient : *presque toute l'armée était sur la litière*, disent nos historiens. Au lieu de marcher, suivant son premier dessein, sur Barcelone et l'Aragon, Philippe ne songea plus qu'à repasser les Pyrénées. Les chemins en étaient fermés : l'armée dut se les ouvrir l'épée à la main. Le roi, atteint déjà lui-même par l'épidémie, en mourut bientôt après, ou plutôt du chagrin d'avoir vu périr son armée et avorter tous ses projets.

Quoique les Français se fussent la plupart engagés dans cette guerre contre un roi excommunié, pour gagner des indulgences, comme dans celles de la Terre-Sainte, ils avaient commis toute espèce de désordres et d'excès, et ils n'avaient même épargné ni les églises ni les images des saints. Entrés dans Gérone, ils auraient, suivant les historiens du pays, mis le comble à leurs sacriléges, « en traînant le corps de saint Nar- « cisse dans un égoût. Mais ils furent bien punis. Il sortit de « cet égoût des essaims innombrables de mouches d'une gros- « seur démesurée. Leurs piqûres étaient mortelles et firent « périr quarante mille hommes et quarante mille chevaux. » La mort du roi compléta la vengeance du saint [1].

La mort de Philippe-le-Hardi fut suivie dans la même année de la perte de sa conquête. La garnison qu'il avait laissée à Gérone se vit bientôt assiégée à son tour. N'ayant point

---

[1] Je dois prévenir que tout ce qui est rapporté dans cette note des miracles de saint Narcisse est fidèlement extrait des *Annales de la Catalogne*, et fermement cru par la généralité des Catalans.

d'espoir de secours, elle consentit à se rendre à condition qu'elle serait reconduite en France.

En 1462, les Catalans, s'étant révoltés, assiégèrent dans Gérone la reine d'Aragon, qui était le principal objet de leur haine et la première cause de leur révolte. Ils prirent la ville; mais la reine se retira dans le fort de la Gironelle, et quoi qu'ils fissent pour s'emparer de ce fort, ils ne purent y parvenir. Un corps de troupes venues de France les força d'en lever le siége [1].

Ce corps s'étant éloigné, les Catalans retournèrent la même année devant Gérone (la reine n'y était plus). Ils se rendirent encore maîtres de la ville; mais la garnison, s'étant de nouveau retirée dans les forts, tint jusqu'à l'arrivée de nouveaux secours. Le siége fut encore levé.

Les Catalans, opiniâtres dans leur révolte, s'étaient successivement choisi divers souverains, entre autres René, duc d'Anjou et comte de Provence. Ce prince leur envoya un corps de troupes et le duc de Lorraine son fils, qui mit en 1467 le siége devant Gérone; mais il fut cette fois obligé de le lever.

Il assiégea de nouveau et prit cette place deux ans plus tard; mais une mort prématurée ayant terminé la carrière de ce prince, la ville se rendit au roi d'Aragon, malgré la garnison française, en 1471.

En 1640, à la veille d'un des grands soulèvements de la Catalogne, un corps d'insurgés voulut surprendre la ville de Gérone pendant la nuit; mais elle fut sauvée par un miracle de saint Narcisse. « Les cloches sonnèrent d'elles-mêmes pour « avertir les habitants du danger qui les menaçait. Ils accou-« rurent à la défense, et les assaillants furent repoussés. »

Gérone eut plusieurs siéges à soutenir pendant les guerres de Louis XIV. Le maréchal d'Hocquincourt l'assiégea le premier en 1653. Il attaqua du côté du midi par le Mercadal,

---

[1] Pour obtenir ce secours, le roi d'Aragon engagea, pour trois cent mille écus, la Cerdagne et le Roussillon à Louis XI, qui comptait bien ne jamais les lui rendre; et ils ne furent pas en effet rendus de son vivant.

où il ouvrit une large brêche; mais, ayant été repoussé dans un assaut, il convertit le siége en blocus, et finit par lever ce blocus même, à l'approche d'une armée de secours.

Les historiens français se bornent à dire que ce siége fut long et malheureux. Les Catalans en attribuèrent le mauvais succès « à la valeur que saint Narcisse inspira aux défenseurs, « et aux essaims de mouches qu'il déchaîna contre les che- « vaux, dont la plupart périrent. Le miracle fut constaté, « disent-ils, par les informations et les actes les plus authen- « tiques. Les chefs français l'attestèrent eux-mêmes. »

En 1675, les Français se présentèrent de nouveau devant Gérone et enlevèrent d'emblée un fort en fascines, situé sur l'emplacement actuel du fort Mont-Jouy. « La place était mal « approvisionnée et n'avait d'espoir qu'en saint Narcisse. Il « ne l'abandonna point. Les Français se retirèrent d'eux- « mêmes, sans qu'on pût en deviner le motif. » (Le maréchal Schomberg, qui les commandait, n'avait voulu que mettre à contribution les faubourgs de Gérone.)

En 1684, le maréchal de Bellefonds tenta d'enlever cette place par un siége brusqué. Il ouvrit deux brèches à la ville basse et donna un vigoureux assaut; mais ayant fini par être repoussé, il leva le siége, qu'il avait entrepris sans avoir tout ce qu'il fallait pour le continuer, et qui ne dura en tout que six jours.

Ce fut encore, suivant les Catalans, un miracle de saint Narcisse qui le fit décamper. Afin que personne ne pût en douter, lorsque toute la ville alla lui rendre des actions de grâces, « il apparut sur son corps sacré une énorme mouche « tigrée avec des ailes verdâtres. »

En 1694, les Français, conduits par le maréchal de Noail- les, furent enfin plus heureux contre Gérone. Ils l'attaquèrent du côté de l'est par le fort du Connétable, et par le fort des Capucins, qui n'était alors qu'un couvent retranché. Un jour de feu et l'approche d'une colonne d'assaut suffirent pour faire évacuer le couvent des Capucins. Le fort du Connétable fut de même abandonné cinq jours plus tard, aussitôt qu'il y eut une brèche; et deux jours après, la ville elle-méme capitula, sans avoir soutenu d'assaut.

Il n'est parlé dans ce siége ni de saint Narcisse ni de ses mouches. Il crut sans doute indignes de son secours des gens qui ne savaient pas mieux se défendre. *Aide-toi, le ciel t'aidera.*

Pendant la guerre de la succession, à la fin de 1710, le duc de Noailles, fils du maréchal, entreprit à son tour le siége de Gérone. Le côté que son père avait attaqué ayant été renforcé depuis par quelques ouvrages extérieurs, entre autres le fort de la reine Anne construit par les Anglais, il attaqua du côté du nord par le fort Mont-Jouy, appelé alors le fort de Briques ou le fort Rouge. Ce fort n'opposa pas une plus longue résistance que n'avait fait en 1694 celui du Connétable; mais la ville ne se rendit que vingt-sept jours plus tard (janvier 1711), après avoir soutenu l'assaut au corps de place et obligé les Français à se loger sur les brèches.

Ce siége fut fait au fort de l'hiver. On n'eut point à craindre ainsi les maladies qu'engendrent dans les environs de Gérone les chaleurs de l'été; mais des pluies extraordinaires inondèrent les tranchées; et le Ter, rompant les ponts des assiégeants, tint leurs quartiers séparés pendant plusieurs jours : la ville dut se flatter un instant qu'un nouveau miracle allait la délivrer.

Les Impériaux et les Catalans voulurent la reprendre, en 1712, sur les Français. Ils la tinrent bloquée pendant sept mois et firent différentes tentatives contre les forts; mais ils furent toujours repoussés. Le maréchal de Bervick leur fit enfin lever ce blocus au commencement de 1713.

Dans la guerre de l'indépendance de l'Espagne contre Napoléon, Gérone soutint, surpassa même son ancienne réputation; et ses habitants purent croire que saint Narcisse n'avait point encore pardonné aux Français leurs anciens outrages.

7. TRADUCTION DE LA LETTRE ADRESSÉE PAR LE GÉNÉRAL EN CHEF
ESPAGNOL VIVÉS AU GÉNÉRAL LÉCHI, ET RÉPONSES.

« Général Léchi, le grade et les appointements dont vous
« jouissez, de l'avancement, un million de piastres fortes,
« asile perpétuel en Espagne, ou votre passage en Angleterre
« ou en Amérique, si vous craignez de tomber entre les mains
« des Français, vous sont promis, si vous rendez la citadelle
« et le Mont-Jouy, si vous venez joindre la nation outragée.
« Les troupes italiennes le désirent; elles vous suivront. Vous
« avez en vos mains l'occasion d'être un héros et de devenir
« riche. Si vous acceptez, vous vous assurez pour toujours la
« plus brillante fortune, et vous vous délivrez du danger qui
« vous menace. Si vous voulez traiter ou faire des proposi-
« tions, répondez par le porteur, où, comment, et avec qui
« vous désirez le faire. La loyauté espagnole vous garantit l'ac-
« complissement de tout ce que vous stipulerez, et le général
« en chef en son nom vous en donne l'assurance. »

Réponse qui fut insérée dans le *Moniteur* du 17 janvier
1809, comme étant du général Léchi.

« J'ai reçu, M. le général, la lettre que vous m'avez fait
« remettre; elle ne peut déshonorer que celui qui l'a écrite :
« elle explique clairement la cause des malheurs actuels de
« l'Espagne, où nous voyons prodiguer tant de faux serments,
« et faire tant de choses contraires à l'opinion que l'Europe
« avait conçue du caractère des Castillans. Les sujets du
« royaume d'Italie n'ont de guide que l'honneur. Dévoués à
« la personne de leur roi et francs sur le champ de bataille,
« la victoire récompense leurs sentiments, et leur sera tou-
« jours fidèle. Si nous étions vous et moi de simples particu-
« liers, je vous demanderais compte de cette insulte. Dans ma
« position je ne lui dois que le plus profond mépris. »

Réponse qui fut réellement faite par le général Léchi au
général Vivés.

« J'ai reçu, monsieur le général, une lettre portant votre
« signature. Il est indigne d'un militaire de chercher des cou-

« pables et des traîtres parmi des hommes d'honneur. S'il
« arrive un jour où nous puissions nous rencontrer, vous me
« rendrez raison de cette insulte, si la lettre est véritable-
« ment de vous. »

8. SUR LE GÉNÉRAL DUHESME [1].

A la première époque de la guerre de la révolution, où l'on
vit tant de Français voler à la frontière, Duhesme, alors âgé
de vingt-cinq ans, partit comme capitaine d'une compagnie
franche : moins de deux ans après, il était officier-général.
Cet avancement extraordinaire dont on vit plusieurs exemples, il le dut à ses blessures et à sa belle conduite dans la
forêt de Mormal; et il le justifia à la bataille de Fleurus, au
siége de Maëstricht, et dans les nombreux combats qui fon-
dèrent la réputation de l'armée de Sambre et Meuse.

Général de division à l'armée de Rhin et Moselle, il se
conduisit dans la fameuse retraite de Moreau et à la défense
du fort de Kehl de manière à mériter que, l'année suivante,
ce général lui confiât le poste d'honneur dans l'opération difficile du passage du Rhin. Il franchit le fleuve avec les premières embarcations. Attaqué sur la rive ennemie par des
forces très-supérieures, il rallie sa troupe et la mène en
avant. Son tambour tombe frappé d'une balle. Saisissant la
caisse lui-même, il bat la charge avec le pommeau de son épée,
repousse les Autrichiens; et quoiqu'il eût le poignet percé
d'un coup de feu, il ne quitte le champ de bataille qu'après
avoir vu le deuxième débarquement opéré et le succès du
passage assuré.

La guerre, qu'avait terminée le traité de Campo-Formio,
s'étant de nouveau rallumée, le général Duhesme prit, sous
Championnet et Macdonald, une part glorieuse à la première
conquête de Naples. Dans la même campagne, il combattit
encore à l'armée des Alpes, qu'il commanda même momenta-

---

[1] Le rôle que le général Duhesme a joué dans les campagnes de 1808 et 1809
m'a fait penser qu'on ne lirait pas sans intérêt quelques détails sur ses services
antérieurs et sur sa fin, quoiqu'ils soient étrangers aux affaires de Catalogne.

nément, et il se tira avec beaucoup d'habileté de positions très-difficiles.

Lieutenant-général à la première armée de réserve, il observa et contint les Autrichiens du côté de Mantoue, pendant que Bonaparte gagnait sur eux la célèbre bataille de Marengo. Employé avec le même titre à l'armée gallo-batave, il commanda au combat de Reichenbach, le plus brillant qui fut livré par cette armée.

Après la paix de Lunéville, il eut le commandement de la division de Lyon, dont il fut peut-être moins flatté à cause de son importance, que parce que son pays natal (le Bourgneuf, près de Châlons-sur-Saône) s'y trouvait compris. Lors de la création de la Légion-d'Honneur, il fut nommé grand-officier; ce qui était alors le grade le plus élevé, les grands cordons ayant été créés depuis.

Rappelé en Italie lors de la campagne d'Austerlitz, il se signala particulièrement à la sanglante bataille de Caldiéro, où il commandait les grenadiers et voltigeurs réunis. Il y acquit à un haut degré l'estime et l'amitié de Masséna, qui l'emmena avec lui à la seconde conquête de Naples.

Tels étaient les services militaires du général Duhesme, lorsque Napoléon lui confia, en 1808, le commandement du corps d'armée des Pyrénées-Orientales.

Après son départ de la Catalogne, ce général ne fut plus employé qu'à la fin de 1813.

Depuis long-temps il désirait combattre dans une armée commandée en personne par Napoléon; et c'était moins dans l'espoir des récompenses que pour voir de près devant l'ennemi les *généraux de l'Empereur*, et les comparer aux *généraux de la République*, à la tête desquels il avait vu briller Hoche, Moreau, Pichegru, Kléber, Desaix et Masséna. Ce désir, dont il m'avait parlé plusieurs fois à Barcelone, fut enfin satisfait en 1814. Mais ce n'était pas l'époque la plus brillante des généraux de l'Empereur, qui la plupart, las de ses guerres éternelles, ne soupiraient plus qu'après le repos. Lorsque je revis le général Duhesme immédiatement après la chute de Napo-

léon, « .... J'ai été comblé d'éloges, me dit-il, pour des
« choses qui n'eussent pas été remarquées à l'armée de Sambre
« et Meuse. »

Il avait en effet prouvé dans la campagne de 1814 que la
France possédait peu de généraux d'une trempe aussi vigoureuse. Il reçut enfin dans cette campagne le titre de Comte,
que Napoléon avait prodigué avec les dotations aux chefs qui
étaient autour de lui, mais dont il avait été fort avare pour
ceux qui combattaient loin de ses yeux.

A la restauration, le général Duhesme s'était attaché de
cœur aux Bourbons. Il les vit s'éloigner dans les cent jours
avec un vif regret. J'en reçus moi-même l'expression à Douay [1]
à son retour de Lille, où il avait cru ramener pour la défense
du roi les troupes de la 16ᵉ division militaire : il les commandait en chef par *interim*, le duc d'Orléans ayant emmené
avec lui le maréchal Mortier dans les places du nord.

Il désirait ne point servir dans l'armée active : il eût voulu
commander dans une province éloignée ou dans quelque grande
place, et m'avoir avec lui comme à Barcelone. Mais une espèce de fatalité entraîne les hommes : il fut nommé pair de
France par Napoléon ; il reçut le commandement de deux
divisions de la jeune garde, et il périt enfin à Waterloo [2].

On peut voir ce qu'en dit Napoléon dans ses Mémoires. Il
l'appelle *soldat intrépide et général consommé :* il le loue
surtout d'avoir été *ferme et inébranlable dans la mauvaise
comme dans la bonne fortune;* et l'on sent qu'il fait ainsi l'é-
loge des qualités dont, à l'approche de ses grandes catastro-
phes, il avait le plus éprouvé le besoin et la rareté.

Outre ces qualités et des connaissances militaires qui le mettaient également bien au-dessus du commun des généraux, le
général Duhesme possédait un talent précieux dans un chef

---

[1] Nous fûmes l'un et l'autre reçus le même jour chevaliers de Saint-Louis à
Douay par S. A. R. le duc Berry.

[2] Le général Duhesme ne fut point assassiné par des hussards de Brunswick ,
comme on le lit dans les relations venues de Sainte-Hélène : il mourut le lendemain de la bataille des blessures qu'il avait reçues.

d'armée ; c'était de se faire aimer des soldats qui le voyaient partager tous leurs dangers. Il se plaisait au milieu d'eux, et il aimait à les haranguer dans les grandes occasions. Ses discours brillaient alors par des traits d'éloquence qui n'eussent pas déparé les belles harangues militaires que l'antiquité nous a laissées.

On trouve aussi un grand nombre de ces traits dans son *Essai sur l'infanterie légère*, dont il publia l'édition complète en 1814. Pour achever de faire connaître ce général, sur lequel les affections de famille ne perdaient rien de leur empire au milieu des soins et des dangers de la guerre, je terminerai cette note par les paroles qu'il adresse à son fils dans un chapitre de cet ouvrage, après avoir proposé pour modèle aux officiers français le dévouement de d'Assas. « O mon fils ! ô « mon cher Eugène ! toi qui fais ma joie, mon espérance et le « bonheur de ta mère ; si je dois te perdre au commencement « de ta carrière, si les sentiments d'honneur et de courage « dont je nourris ton enfance te portent à un de ces sublimes « et malheureux élans de dévouement et de valeur, je pleu- « rerai ta mort avec des larmes bien amères sans doute ; mais « je ne maudirai pas ta noble destinée. Je t'élève avec tous les « soins et la tendresse d'un bon père ; mes travaux militaires « m'empêchant de veiller moi-même à ton éducation, je l'ai « confiée à la vigilance d'un ami, et j'ai su de bonne heure « faire le sacrifice du spectacle de tes jeunes années : je veux « te voir heureux ; mais le repos et le plaisir ne font pas le « bonheur. Tu hériteras de mon amour pour la patrie, de ma « fidélité pour ton prince ; je te laisserai la noblesse des fils « des premiers soldats de Clovis, et ce titre te donnera des « droits aux bontés et à la bienveillance de ton souverain. Ainsi « tout m'annonce que tu suivras la carrière de ton père avec « honneur ; c'est, je l'avoue, mon plus doux espoir, et s'il « fallait te voir vieillir sans distinction ou mourir jeune et « illustre, je ferais pour toi le choix d'Achille [1]. »

1. Comme le général Duhesme l'avait prévu, son fils suit la carrière des armes : il est officier dans le premier régiment de carabiniers.

9. SUR LE GÉNÉRAL LACY.

Lacy était capitaine dans un régiment irlandais au service d'Espagne, lorsque la guerre commença. Il passa d'abord aux Français, et repassa ensuite des Français aux Espagnols. Pour prix de cette seconde désertion et de papiers importants qu'il avait, dit-on, dérobés à l'état-major général de l'armée française, où il était employé comme interprète, il fut fait colonel. Plus tard il fut nommé maréchal de camp, et enfin commandant en chef de l'armée de Catalogne après la prise de Tarragone et la fuite de Campoverde.

Il sut d'abord avec beaucoup d'activité et d'adresse tirer parti des moindres avantages, pour prévenir le découragement et relever les esprits abattus par de grands revers; mais il ne se montra que dans une ou deux occasions à la tête des troupes. Il désespéra bientôt de la fortune des armes, et il eut recours à d'autres moyens qui, n'étant inspirés ni par le fanatisme religieux, ni par la haine nationale, puisqu'il était étranger en Espagne, ne pouvaient être chez lui que le fruit d'un calcul atroce.

La reprise de Barcelone, leur capitale chérie, était toujours le vœu le plus ardent des Catalans : les généraux espagnols se fussent perdus dans leur esprit, s'ils avaient cessé d'en faire le premier but de leurs efforts. Aussi depuis le commencement de la guerre avaient-ils presque constamment menacé cette place d'une attaque ou d'une surprise; mais le triste résultat de la tentative de Campoverde contre le fort Mont-Jouy leur avait prouvé que la force, la ruse et la trahison seraient également inutiles, tant qu'ils auraient affaire au général Maurice Mathieu. Lacy résolut de s'en défaire par l'assassinat.

Il trouva un instrument pour exécuter son dessein. Ce fut un homme qui connaissait parfaitement l'intérieur de l'hôtel qu'habitait le général français, y ayant logé long-temps lui-même en qualité de domestique d'un de ses aides-de-camp.

Le scélérat s'introduisit dans cet hôtel pendant la nuit;

mais ayant trouvé trop de danger ou quelque obstacle imprévu à porter ses coups sur le général, il les détourna sur l'aide-de-camp, son ancien maître, qui l'avait comblé de bienfaits. Il le trouva endormi et l'égorgea lâchement dans son lit. Il parvint à s'échapper à la faveur des ténèbres, et il alla se vanter à celui qui l'avait envoyé d'avoir blessé le général Maurice Mathieu, après avoir tué l'aide-de-camp qui lui barrait le chemin, et de s'être ensuite fait jour à travers la garde accourue pour secourir le général.

Non-seulement Lacy donna un commandement à cet infâme sicaire; mais encore il fit publier dans les journaux une relation détaillée de son lâche forfait, qu'il ne rougit pas de peindre comme *un acte d'héroïsme digne d'un véritable Espagnol* [1].

N'ayant pu priver de leur chef les troupes de Barcelone, il employa contre ces troupes mêmes un moyen que Campoverde avait déjà voulu essayer. Il fit placer des tonneaux de vin empoisonné dans des maisons situées sur les lieux où elles devaient s'arrêter dans leurs expéditions : il fit jeter de l'arsenic dans les fontaines et les aquéducs qui alimentaient d'eau nos forts et nos postes retranchés, entre autres celui de Mataro : enfin, dans Barcelone même, par des connivences qui ne furent pas bien dévoilées, il parvint à faire faire à la garnison une distribution générale de pain empoisonné. Heureusement le poison excita des vomissements presque subits, et fut ainsi très-promptement découvert : il ne périt qu'un très-petit nombre de soldats.

Cette tentative d'empoisonnement se rattachait à des intelligences nouées depuis long-temps dans l'intérieur de la place. Les hommes qui l'avaient préparée et exécutée furent connus, et la plupart arrêtés; mais le général Lacy se déclara hautement leur défenseur. Il déploya, pour leur sauver la

---

[1] Au moment même où Lacy envoyait un assassin pour égorger Maurice Mathieu, il écrivait à ce général pour le remercier de son humanité envers les Espagnols, et de la générosité des mesures qu'il avait prises pour la sûreté de leurs blessés dans un hôpital établi à Caldas.

vie, tout ce qu'il put trouver de ressources dans son esprit et dans son pouvoir : il finit par y réussir.

Ce même général Lacy conspira plus tard contre Ferdinand VII en faveur de la constitution des Cortès, et il paya de sa tête le mauvais succès de son entreprise. On lui décréta des monuments pendant le triomphe éphémère de cette constitution; mais ces monuments n'étaient pas encore commencés, lorsqu'elle succomba pour la seconde fois.

10. SUR L'EXPÉDITION MARITIME DES ANGLAIS CONTRE TARRAGONE EN 1813.

L'expédition maritime de l'armée anglo-sicilienne en 1813 est fort inexactement racontée par presque tous les historiens de nos dernières guerres. La plupart attribuent la levée du siége de Tarragone à la jonction de nos deux armées d'Aragon et de Catalogne, qui cependant n'eut pas lieu, comme on l'a vu par mon récit.

Le premier qui ait parlé de cette prétendue jonction est le général Sarrasin, tristement fameux à plus d'un titre. Pour disculper le général anglais, il dit dans son *Histoire de la guerre d'Espagne et de Portugal* : « Si Murray avait pu empêcher « la jonction de Suchet avec Maurice Mathieu et les battre « séparément, il est coupable de ne l'avoir pas entrepris. « Mais je soutiens que dès que leur jonction fut effectuée, il « n'y avait plus qu'une prompte retraite qui pût sauver les « alliés d'une destruction totale. »

A l'erreur commise par le général Sarrasin, les auteurs des *Victoires et Conquêtes des Français* en ajoutent plusieurs autres. « Le maréchal Suchet, disent-ils, était parti à mar- « ches forcées pour secourir Tarragone. Maurice Mathieu, con- « formément aux *ordres qu'il avait reçus* de seconder ce mouve- « ment, arriva par Villa-Franca, et *menaça de couper aux* « *Anglais leur point de débarquement sur Salou et l'Hospitalet.* « Des feux allumés sur toutes les montagnes environnantes aver- « tirent la brave garnison de Tarragone que les *troupes réu-* « *nies du maréchal et de Maurice Mathieu* allaient la délivrer.

« Ces marches exécutées avec tant de précision répandi-
« rent la terreur parmi les Anglais, et, le 12 juin, ils se rem-
« barquèrent en toute hâte, après avoir abandonné trente
« pièces de canon, ainsi que d'immenses approvisionnements
« de vivres, *coupé les jarrets à bon nombre de chevaux, et
« fait sauter le fort de Balaguer.* »

On a vu que Maurice Mathieu ne *reçut point d'ordre* du
maréchal Suchet avant la levée du siége de Tarragone ; que
leurs troupes ne furent point réunies devant cette place ; et
que les Anglais ne *firent point sauter le fort du col de Balaguer le 12 juin,* mais bien dans la nuit du 17 au 18. L'ins-
pection seule de la carte fait voir que le général Maurice
Mathieu ne pouvait *menacer de couper aux Anglais leur
point de débarquement sur Salou et l'Hospitalet*, puisque
Salou et l'Hospitalet sont situés sur le côté de Tarragone
opposé à celui par lequel il s'avançait.

Les auteurs français qui ont parlé de la jonction de Suchet
et de Maurice Mathieu se sont montrés conséquents, en ne
disant pas un mot du second débarquement de l'armée anglaise sous le col de Balaguer, qui n'aurait pu se concilier
avec cette jonction. Mais à défaut de ces auteurs, voici comme
le lieutenant-colonel du génie anglais John Jones le rapporte
dans son *Histoire de la guerre d'Espagne et de Portugal,* tra-
duite par Beauchamp. « .... Le général Murray leva le siége
« de Tarragone le 12 juin, laissant dix-neuf pièces d'artillerie
« dans les tranchées, ne les jugeant pas d'une assez grande
« importance pour attendre à la nuit d'effectuer sa retraite ;
« ce qui l'eût exposé à risquer un engagement. La cavalerie
« et l'artillerie marchèrent jusqu'au col de Balaguer, comme
« étant plus favorable pour leur embarquement. Peu après
« leur arrivée, un détachement de cavalerie française, venant
« de Tortose, escarmoucha avec les postes avancés, ce qui en-
« gagea sir J. Murray à débarquer son infanterie pour couvrir
« le rembarquement de la cavalerie et de l'artillerie ; et suc-
« cessivement toute l'armée débarqua une seconde fois au col
« de Balaguer, où lord W. Bentinch la trouva le 17 juin ; et à

« son arrivée il prit le commandement en chef. Il fit sauter
« le fort *sur-le-champ* et rembarqua les troupes pour Ali-
« cante. »

Je n'ai pas besoin de faire observer que, pour protéger
le rembarquement de l'artillerie et de la cavalerie, l'armée
anglaise n'avait pas besoin de débarquer tout entière, et
encore moins de rester plusieurs jours à terre sous le col de
Balaguer. Lord Bentinch ne fit pas sauter le fort *sur-le-champ*,
le 17 : il ne le fit sauter que le 18 vers deux heures du
matin. Du reste ce fut le 17 que le général Maurice Mathieu
marcha vers le col de Balaguer.

D'autres inexactitudes ont encore été commises par divers
écrivains, militaires et non militaires, dans le récit des mêmes
événements ; mais je crois inutile d'en relever un plus grand
nombre.

FIN DES NOTES ET DOCUMENTS.

TABLE DES MATIÈRES.

FIN DE LA TABLE.

ERRATA.

Pages.	Lignes.			
72 et 81.	2 et 24.	de suite,	*lizez :*	tout de suite.
82 et 90.	5 et 2.	Félin,	*lisez :*	Féliu.
97.	10.	batterie,	*lisez :*	pièce.
312 et 314.	titre.	Précis,	*lisez :*	Notes.

CARTE DE CATALOGNE.

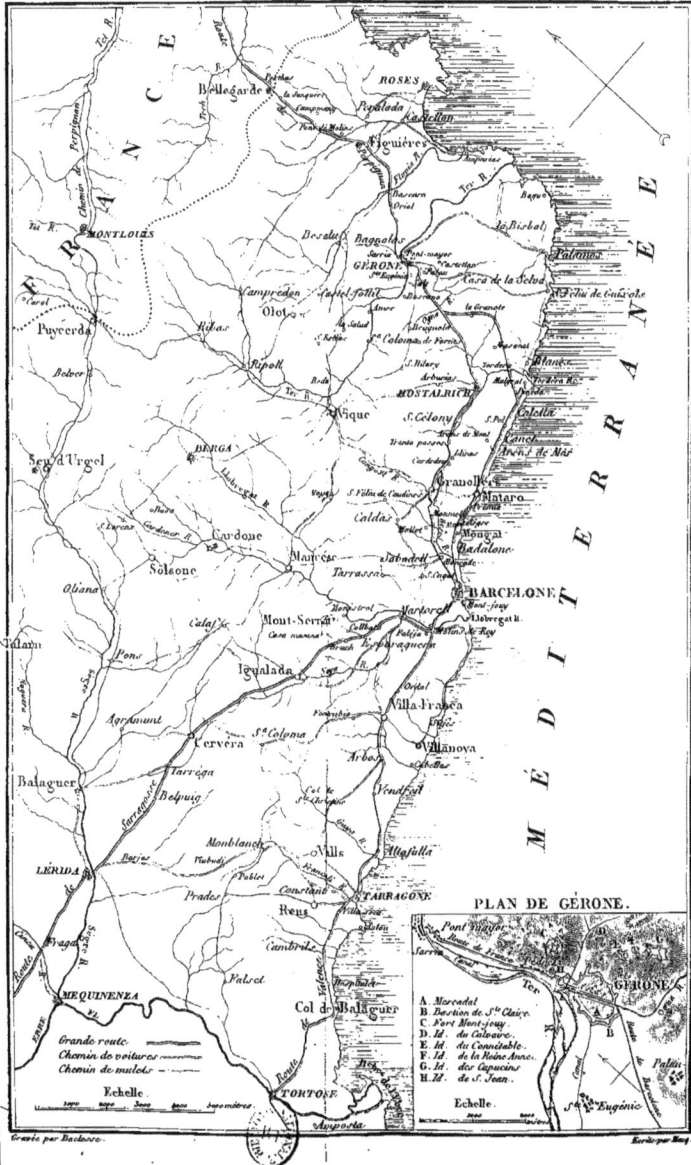

FRANCE

MÉDITERRANÉE

ROSES
Bellegarde
Popalada
Castellon
Figuières

Montlouis
Besalu
Baggolas
GÉRONE
La Bisbal
Palamos

Campredon
Castel-follit
Olot
Cassa de la Selva
St Felia de Guixols

Puycerda
Ribas
Ripoll
Sta Coloma de Farné
Arbucias
Blanes

Bolver
Vique
MOSTALRICH
S. Celony
Calella
Canet
Arené de Mar

Seu d'Urgel
BERGA
S. Felix de Codines
Granollers
Mataro
Moncat
Badalone

Oliana
Solsone
Cardone
Manrèse
Caldas
Sabadell
Tarrassa

Calaf
Mont-Serrat
Martorell
BARCELONE
Llobregat R.

Pons
Igalada
Villa-Franca

Agramunt
Cervera
Sta Coloma
Villanova

Balaguer
Tarréga
Belpuig
Arbos
Vendrel

Monblanch
Valls
Altafulla

LÉRIDA
Prades
Constanté
TARRAGONE
Reus
Cambrils

MEQUINENZA
Falset
Col de Balaguer

TORTOSE
Amposta

Grande route.
Chemin de voitures.
Chemin de mulets.

Echelle.

Gravée par Baclosse.

PLAN DE GÉRONE.

Pont Major
Ter
GÉRONE

A. Marcadal
B. Bastion de S.te Claire.
C. Fort Mont-jouy.
D. Id. du Calvaire.
E. Id. du Connétable.
F. Id. de la Reine Anne.
G. Id. des Capucins.
H. Id. de S. Jean.

Echelle.

Ste Eugénie

Gravée par Boxy.

CARTE DE CATALOGNE.

PLAN DE GÉRONE.

A. Morcadal.
B. Bastion de Sᵗᵉ Claire.
C. Fort Montjouy.
D. Id.   du Calvaire.
E. Id.   du Connétable.
F. Id.   de la Reine Anne.
G. Id.   des Capucins.
H. Id.   de S. Jean.

Echelle.

PLAN DES ENVIRONS DE BARCELONE.

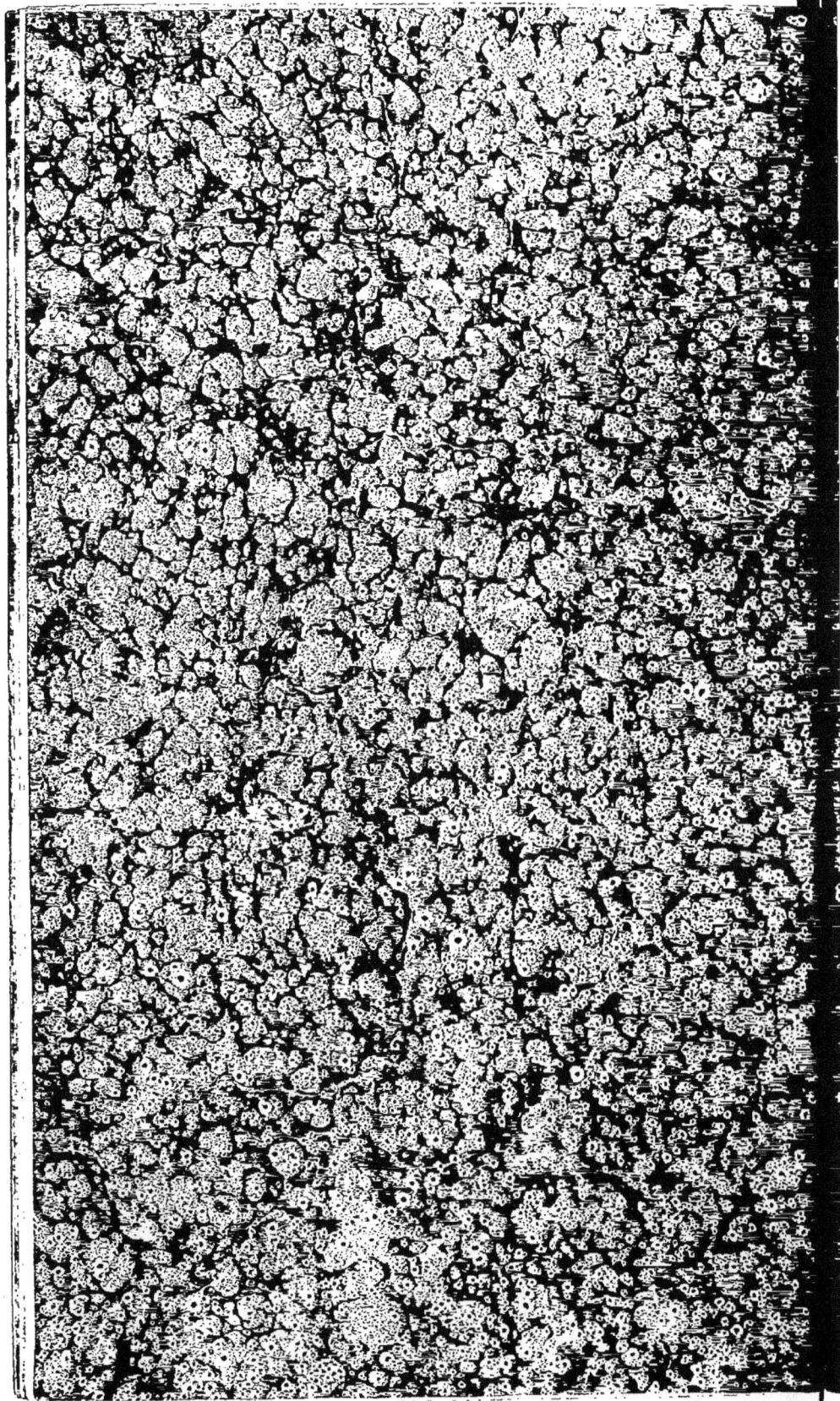

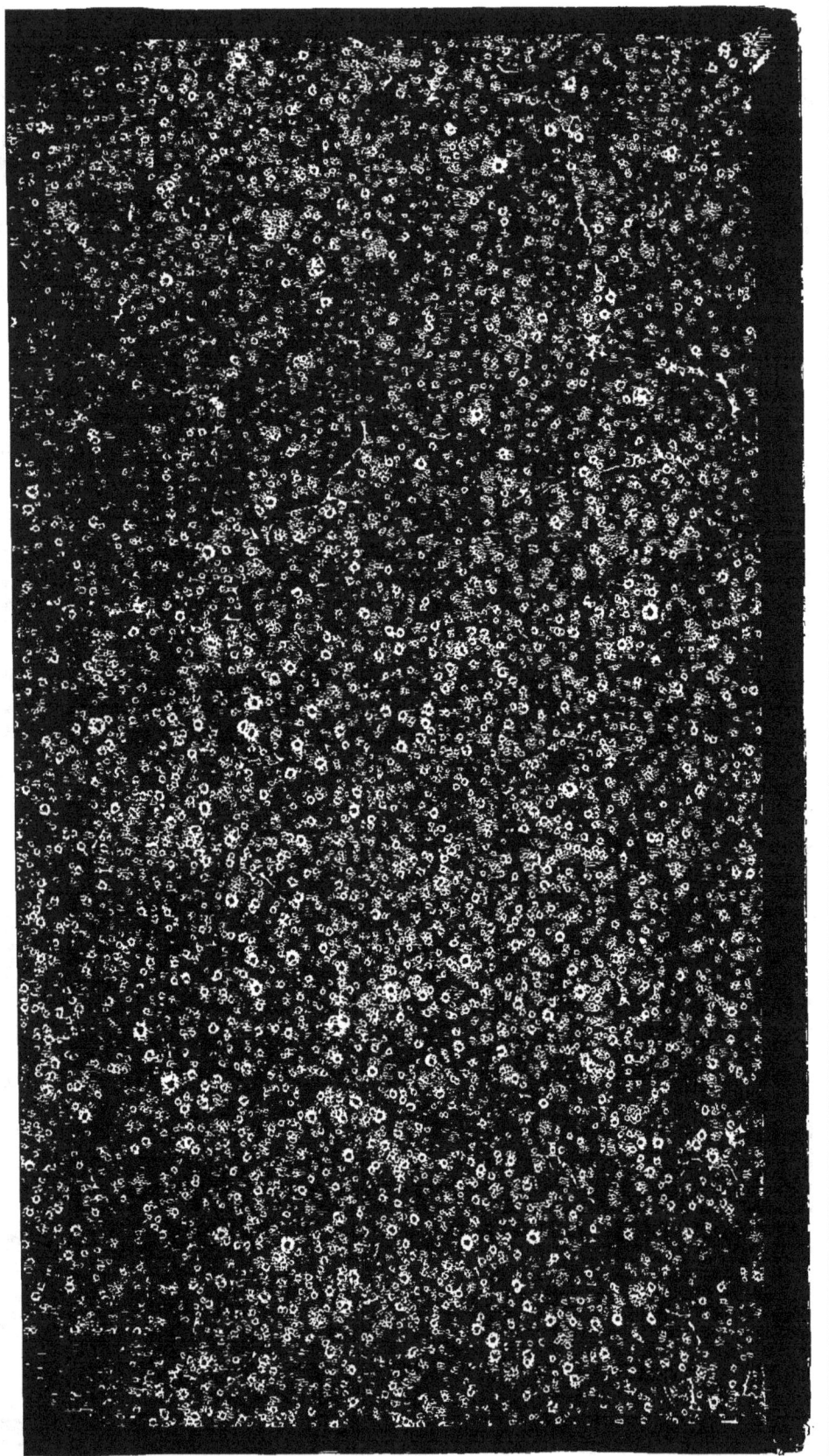